课题基金：系 2022 年度湖南省哲学社会科学基金一般项目
现状及性侵害防范机制研究（湘社科办【2023】1 号，22YBA23……研究成果。

家校社协同：
中小学生育人生态研究

覃兰燕　著

新 华 出 版 社

图书在版编目（CIP）数据

家校社协同：中小学生育人生态研究 / 覃兰燕著．

北京：新华出版社，2024. 8.

ISBN 978-7-5166-7519-9

Ⅰ．G636

中国国家版本馆 CIP 数据核字第 2024XC3825 号

家校社协同：中小学生育人生态研究

作　　者：覃兰燕

责任编辑：王依然　　　　　　　　封面设计：寒　露

出版发行：新华出版社

地　　址：北京石景山区京原路 8 号　　　邮　　编：100040

网　　址：http://www.xinhuapub.com

经　　销：新华书店、新华出版社天猫旗舰店、京东旗舰店及各大网店

购书热线：010-63077122　　　　　**中国新闻书店购书热线：010-63072012**

照　　排：寒　露

印　　刷：河北万卷印刷有限公司

成品尺寸：170mm×240mm

印　　张：17　　　　　　　　　　字　　数：260 千字

版　　次：2024 年 8 月第一版　　　　印　　次：2024 年 8 月第一次印刷

书　　号：ISBN 978-7-5166-7519-9

定　　价：98.00 元

前　言

　　中小学生经历了从儿童期过渡到成年期的过程，他们在生理、心理、社会及文化等多个层面经历了连续、渐进的变化过程，这一过程涵盖了身体发育、认知深化、情感成熟、社会关系构建以及价值观念形成等诸多方面。中小学生发展不仅受到遗传因素的影响，更受到环境、教育和社会文化等多重因素的共同塑造，是一个复杂的过程，涵盖了个体内在与外部环境之间的交互影响。《家校社协同：中小学生育人生态研究》一书旨在全面而深入地探讨家庭、学校和社区这三大基本系统在中小学生成长过程中的协同作用，以及它们如何共同支持和促进中小学生的全面发展。该书结合丰富的理论分析和实践经验，旨在提出切实有效的策略和建议，推动中小学生健康成长，并为相关领域的实践工作者提供深刻的启示。

　　《家校社协同：中小学生育人生态研究》一书共有八章内容，系统而深入地剖析了中小学生成长的复杂性和多维性。受到学校、家庭、社区三方面的影响，家校社协同共育对促进中小学生发展具有重要的意义与价值。

　　第一章作为研究的起点，简要介绍了中小学生育人生态研究的重要性，详细阐述了家庭、学校和社区在中小学生成长过程中所扮演的角色及这三者间的关联。阐述当前社会背景下，中小学生教育和成长面临的问题和挑战，以及研究这些问题的意义和价值。该章还论述了本研究的基本构思和重要性，为后续章节的深入探讨提供了坚实的理论基础。

　　第二章则聚焦支撑本研究的多种理论，包括马克思关于人的全面发展学说、中小学生发展的基本理论、教育生态学理论、多元智力理论与全景教育理念等重要理论。这些理论为人们理解中小学生育人生态系统提供了丰富的视角。

第三章深入剖析了家庭对中小学生成长的影响。详细分析了家庭环境与情感氛围、家庭教育与亲子关系、家庭结构与经济条件等因素对中小学生心理、认知、情感和社会化发展的影响，探讨了不同家庭背景下中小学生的成长特点和发展规律，生动地展示了家庭支持在中小学生成长中所起到的积极作用。

第四章聚焦学校教育对中小学生成长的影响，详细探讨了教育理念与教育方式、教师角色与师生关系、学校环境与设备设施等因素在中小学生成长过程中的重要性。本章通过学校教育实践探索案例研究，强调了教育文化系统在促进中小学生全面发展中的核心地位。

第五章分析了社区环境与氛围、社区资源与设施、社区文化与活动如何构成中小学生成长的外部支持系统，分析社区环境、社区资源、社区文化等因素对中小学生成长的作用，探讨社区参与、社区服务、社区组织等实践活动的意义和价值，以及如何通过社区支持促进中小学生的全面发展。

第六章进一步探讨了家庭、学校与社区在中小学生成长中的合作对话模式与保障机制，指出了当前家校社合作存在的问题和解决对策。

第七章通过家校合作与社区支持的实践案例，探索家庭、学校与社区对中小学生成长的具体影响，并提出了针对性措施，为实际工作者提供了宝贵参考。

第八章作为全书的总结，归纳了中小学生成长的关键要素和影响因素，针对教育政策和社会支持系统提出了切实可行的实践建议。同时，该章还对未来家校社协同的研究方向进行了展望，为相关领域的研究者提供了有益启示。

总体而言，本书通过系统而深入的研究，为理解和促进中小学生成长提供了丰富的理论支撑和实践指导，对于教育工作者、政策制定者以及关心中小学生成长的社会各界人士具有重要的参考价值。笔者衷心希望，《家校社协同：中小学生育人生态研究》一书能够为所有关心中小学生成长的人士提供有价值的见解和指导，激发社会中更多的探索与创新，共同构建一个有利于中小学生成长的环境，为中小学生的全面发展提供更有力的支持和保障，助力他们茁壮成长，使他们成为社会的栋梁之材。

目　录

第一章　导　言 ··· 001

　　第一节　中小学生的成长内涵与重要性 ················· 003

　　第二节　家庭、学校与社区的角色及其相互关系 ········· 014

　　第三节　家庭、学校、社区三者结合的基本构思 ········· 027

　　第四节　中小学生健康成长的意义 ····················· 033

第二章　家校社协同共育的理论基础 ····················· 037

　　第一节　马克思关于人的全面发展学说 ················· 037

　　第二节　中小学生发展的基本理论 ····················· 045

　　第三节　教育生态学理论 ····························· 055

　　第四节　多元智力理论与全景教育理念 ················· 062

第三章　构建中小学生成长的家庭环境 ··················· 070

　　第一节　家庭环境与情感氛围 ························· 070

　　第二节　家庭教育与亲子关系 ························· 075

　　第三节　家庭结构与经济条件 ························· 083

第四章　营造中小学生成长的校园生态 ··················· 090

　　第一节　教育理念与教育方式 ························· 090

　　第二节　教师角色与师生关系 ························· 098

　　第三节　学校环境与设备设施 ························· 109

第五章 重视中小学生成长的社区环境 ·········· 120

第一节 社区环境与氛围 ·········· 122

第二节 社区资源与设施 ·········· 132

第三节 社区文化与活动 ·········· 148

第六章 搭建家校社协同育人的对话机制 ·········· 156

第一节 家校社协同育人模式构建 ·········· 156

第二节 家校社协同育人的机制保障 ·········· 172

第三节 问题探讨与时代挑战 ·········· 190

第七章 家校社协同育人的实践探索 ·········· 209

第一节 搭建"教育讲堂"，写好"家庭"文章 ·········· 209

第二节 家校社联动下的中小学生法治教育 ·········· 214

第三节 家校社协同探索心理健康教育的新篇章 ·········· 219

第四节 乡村女童关爱行动 ·········· 225

第八章 结论与展望 ·········· 240

第一节 研究总结与主要观点 ·········· 240

第二节 理论与实践的结合点再思考 ·········· 247

第三节 对未来研究的建议和展望 ·········· 251

参考文献 ·········· 261

第一章 导 言

习近平总书记在 2018 年召开的全国教育大会上指出，办好教育事业，家庭、学校、政府、社会都有责任。2020 年，《中共中央关于制定国民经济和社会发展第十四个五年规划和二〇三五年远景目标的建议》明确提出，健全学校家庭社会协同育人机制，建设高质量教育体系。《高举中国特色社会主义伟大旗帜 为全面建设社会主义现代化国家而团结奋斗》强调，健全学校家庭社会协同育人机制，办好人民满意的教育。健全学校家庭社会协同育人机制是中国共产党中央委员会（以下简称"中共中央"）、中华人民共和国国务院（以下简称"国务院"）作出的重要决策部署，事关学生全面发展健康成长，事关国家发展和民族未来。2023 年 1 月，中华人民共和国教育部（以下简称"教育部"）等十三部门联合印发《关于健全学校家庭社会协同育人机制的意见》，对高质量推进协同育人工作提出了一系列要求，指出：学校充分发挥协同育人主导作用、家长切实履行家庭教育主体责任、社会有效支持服务全面育人。明确到"十四五"时期末，形成定位清晰、机制健全、联动紧密、科学高效的学校家庭社会协同育人机制。

学校家庭社会协同育人，就是通过发挥学校的枢纽和引导作用，促进家校合作，整合社会资源，使家庭、学校、社区形成有机联结，共同促进学生的全面发展和健康成长。家庭是第一个课堂，家长是第一任老师，家庭要在协同育人中主动尽责。家长要切实履行家庭教育的主体责任，就要积极传承优良家风，培育向上向善的家庭文化，主动协同学校教育，引导子女体验社会，为子女健康成长创造良好家庭环境。学校是教书育人的主阵地，在协同育人中起主导作用。社区教育是家庭教育和学校教育的补充与延伸，对儿童、青少年的成长至关重要，要为全面育人提供有效支持。强化社区教育资源建设和供给，就是要完善社区家庭教育服务体系，推进社区资源开放共享，保障社区育人资源充分利用，营造社区育人良好氛围。学校是对儿童、青少年进行教育的专门机构，所以学校在育人上具有主阵地作用，同时，学校在三方协同育人中起主导作用。家庭教育、学校教育、社区教育共同构成了为儿童、青少年提供良好成长性支持的环境要素，三者只有有机衔接、协同配合、形成合力，才能构建起良好的育人生态。三方各展优势、密切配合，形成相互支持、相互促进的良性互动，切实增强育人合力，是健全协同育人机制、推动教育高质量发展的关键。

教育是一种培养人的活动，教育的根本指向是培养人。教育不仅需要回到人，更需要回到具体场域中的人。广义的教育，作为人类社会特有的活动现象，旨在全方位提升个体的知识、技能、品德及身体素质。它不仅包括正规的学校教育，更包括家庭教育、社区教育等多个层面，形成一个立体而全面的教育体系。在这一体系内，各个环节相互衔接、互为补充，共同致力人的全面发展。广义上的教育不仅关注知识和技能的传授，更强调对个体思想品质、道德观念和身体健康的培养。它强调教育的整体性和系统性，既包括有组织的、系统的教育活动，也包括个体的、个别的教育影响。这些活动和影响相互交织、共同作用，构成了一个复杂而完整的教育网络。本研究基于生态系统理论，构建了一个多维度的理论框架，以全面分析家庭、学校与社区对中小学生成长的影响。生态系统理论强调个体发展与其所处环境之间的相互作用，认为家庭、学校和社区是中小学生成长过程中的重要系统，它们之间相互作用，共同影响中小学生的发展。家庭作为中小学生成长的起点，能够为他们提供基本的情感支持和价值引导；学校作为知识学习和社交技能发展的主要场所，对中小学生的认知和情感发展具有重要影响；社区则为中小学生提供了更广泛的社会化环境和资源，有利于促进中小学生的社会适应和全面发展。这三个系统之间的相互作用和协调，对于中小学生的健康成长至关重要。

第一节　中小学生的成长内涵与重要性

中小学生成长是一个从儿童期过渡到成年期的复杂过程，涵盖了生理、心理、社会和文化等多个维度的发展。这个阶段主要包括体格的增长、器官功能的成熟、性征的显现、认知能力的提高、情感表达的丰富、自我意识的觉醒以及社交技能的形成等。中小学生的成长是一个受到遗传、环境因素、教育背景和社会文化影响的动态过程。通过这一阶段的持续发展，他们逐渐形成独立的个性，为成年早期的发展奠定基础。

在生理发展方面，中小学生会经历明显的身体变化，包括身高和体重的增加，以及性发育的初步表现。这一时期的孩子逐渐从依赖父母的幼小个体，转变为具备一定独立行动能力的青少年。在心理层面，中小学生的认知能力会显著提升，他们不仅能更加深入地理解和分析问题，也开始探索个人的内心世界。此外，随着自我意识的增强，他们开始对自己的行为、兴趣和未来的职业方向进行思考和规划。在社会和文化层面，中小学生的社交技能得到加强，他们开始在同龄群体中寻找归属感，并逐渐建立起稳定的友情和其他社会关系。这一阶段，他们不仅在家庭中扮演子女的角色，在学校和社区中也逐步拥有了学生、朋友和公民等多重身份。

中小学阶段是人生发展的关键时期，其重要性不可忽略。在这一阶段，学生的身体和大脑发展迅速，这为他们日后的学习、工作及生活提供了坚实的基础。同时，中小学生在成长过程中面临各种挑战，包括学业压力、人际关系困扰和自我认同问题。良好的发展有助于他们有效地应对这些问题，树立正确的人生观，拥有健康的情绪。这一时期的学生是社会的希望，他们的健康成长直接关系到社会的长远发展和繁荣。一个拥有健康、自信、有创造力的中小学生群体的社会，将更具活力和竞争力。因此，关注和支持中小学生的全面发展不仅是满足个体成长的需要，也是实现社会和谐与进步的关键。家庭、学校与社会需要共同合作，为中小学生的成长创造优良的环境和条件，推动他们全面发展。

一、中小学生身体成长

中小学生的生理成长涵盖了生理发育、运动健康与营养饮食等多个方面，这些方面的变化将会对其身体健康、心理状态和社交能力产生深远影响。为确保中小学生健康成长，家庭、学校和社会应共同努力，为其提供必要的支持和正确的引导，包括科学的营养知识、合理的运动建议和积极生活方式的倡导，确保他们在这一关键阶段全面而健康地成长。

（一）生理发育

中小学阶段是个体发展的关键时期，尤其是在生理发育方面，这主要由生长激素及其调节因子的活性所驱动。在青春期，个体生长激素的分泌达到顶峰，能够加速骨骼、肌肉和其他组织的成长。同时，性激素，如雌激素和睾酮浓度显著提升，促进第二性征的出现，如男孩喉结增大。这些性激素的变化不仅会影响中小学生的外观，还会促进他们的生殖系统的成熟，影响他们的身体健康及未来生殖健康。中小学生的生理发展主要表现在以下三个方面：

1. 性发育

性器官的发育和第二性征的出现是中小学生生理发育的重要标志。在性发育过程中，中小学生的生殖器官逐渐成熟，性别特征开始显现，这一过程伴随着一系列心理和社会适应问题，如性别认同、性角色定位等。性发育不仅是个体成熟的标志，也涉及性别认同、性角色定位等心理层面的问题。从生物学角度来看，性发育的机制涉及多种激素和基因的相互作用。性腺分泌的性激素在性别特征的形成和发育过程中起到关键作用，这些激素的分泌受到下丘脑—垂体—性腺轴的调节，该轴在青春期开始活跃，促使性器官和第二性征的发育。性发育过程中的心理和社会适应问题也值得关注。中小学生需要接受正确的性教育和心理辅导，以帮助他们理解和接受自己的身体变化，解决因性发育带来的困惑，化解焦虑。家庭、学校和社会应该为中小学生提供适当的支持和教育，促进中小学生的身心健康和性别认同的发展。

2. 生长发育

中小学生的生长发育是一个复杂的过程，涉及多个系统和器官的变化，包括身高和体重的增加，以及骨骼和肌肉的显著变化。在这个阶段，中小学生的身高和体重会迅速增长，每年身高大约增长 5 到 10 厘米，体重增加大约 5 到 10 千克，尤其是在青春期，这种增长速度会达到顶峰，之后逐渐放缓。骨骼方面，中小学生的骨骼密度会逐步提升，骨化速度加快，然而，他们的骨骼相对较软，易弯曲和变形，常见的问题包括脊柱侧弯等。因此，保持适当的运动和良好的姿势对他们骨骼的健康发展极为重要。至于肌肉方面，中小学生的肌肉纤维数量和体积会增加，但肌肉协调性和稳定性还未完全成熟，这使他们在进行高强度或技巧性运动时容易受伤，如拉伤或扭伤。因此，学校体育活动应逐步提高运动的强度和技巧性，确保与中小学生的生理发展阶段相匹配。

3. 内分泌变化

内分泌系统对中小学生的生理和心理发展起着决定性作用。在这一发展阶段，中小学生激素的变化极大地影响了他们的情绪、睡眠习惯和食欲，特别是在青春期，由于激素水平剧烈变动，中小学生会经历一系列复杂的生理和心理变化。激素如甲状腺激素、肾上腺皮质激素和胰岛素在这一过程中起到关键作用，它们不仅支持中小学生的生长发育和新陈代谢，还影响着他们的情绪和行为。例如，甲状腺激素能够调节能量消耗和氧气使用，肾上腺皮质激素帮助中小学生应对压力，而胰岛素则管理血糖水平和能量的利用。

在青春期，激素水平的波动可能导致情绪不稳定、易怒和焦虑，这些都是中小学生常见的心理表现。除此之外，激素变化还会影响中小学生的睡眠模式，可能引起的问题包括失眠或过度嗜睡。了解并认识这些内分泌变化的规律和特点不仅对于学术研究至关重要，也为医疗健康专业人员提供了实际应对中小学生在该发展阶段可能遇到的问题时的科学依据和支持。这种知识可以帮助家长、教师和医疗专业人员更好地理解中小学生的行为和需求，从而实施更有效的支持和干预措施。

（二）运动的作用

体育活动对中小学生的身体健康具有显著益处，鼓励中小学生参与体育活动对其全面发展至关重要。规律的身体锻炼可以加强心肺功能，提高身体的耐力和力量，这对于处于生长发育阶段的中小学生尤为重要。

适度的运动有助于促进骨骼和肌肉的健康发展，预防肥胖及相关的代谢性疾病，如糖尿病和心血管疾病。此外，定期的身体活动可以调节激素水平，维持生理节律，改善睡眠质量，为身体的健康成长提供支持。

从心理健康角度来说，参与体育活动能有效减轻压力和焦虑，减少抑郁情绪。运动时，体内会释放内啡肽等化学物质，这些物质具有提高情绪和减轻疼痛的作用，中小学生在体育活动中获得的成就感可以显著提升他们的自尊心和自我效能感，这对其自我价值感和自我认同的形成有积极影响。

在社交层面，团队运动如足球、篮球等，对中小学生社交技巧的发展尤为重要。团队运动不仅能教会他们团队合作、领导能力和遵守规则的重要性，还能通过让他们与同伴互动锻炼他们的沟通能力和解决冲突的能力。这些集体活动为中小学生提供了一个社交平台，帮助他们建立和维护友谊，使他们增强归属感和社会参与感，从而在社交场合中形成健康积极的人际关系网络。因此，家庭、学校和社会应共同努力，为中小学生提供丰富的体育活动选择，支持他们在这些活动中发展和成长。

（三）饮食健康

营养与饮食在中小学生的健康成长中发挥着核心作用，适宜的营养摄入是维持他们身体、认知发展及整体健康的基石。青春期的快速成长特别需要充足的能量和关键营养素，如蛋白质、钙、铁和各种维生素。蛋白质支持身体生长和组织修复，对肌肉发展尤为关键；钙质对骨骼的健康成长至关重要；铁质帮助预防贫血，增强精力和注意力，直接影响中小学生的学习成效和日常活动；而维生素则是支持免疫功能和其他体内关键功能的必需成分。但是，许多中小学生的饮食习惯未能满足这些营养需求。研究显示，这一年龄段的学生经常摄入过量的糖和脂肪，而对富含维生素和矿物质的新鲜果蔬的摄入不足。这种饮食不均衡不仅会导致体重管理问题，如肥胖，还可能长期影响代谢健康，增加患心血管疾病、糖尿病等慢性疾病的风险。

为了应对这些挑战，家庭、学校和社区必须采取积极措施。家长应以身作则，通过自身的饮食习惯和健康饮食态度直接影响孩子。学校可以通过开设营养教育课程增长学生的食品知识，教导他们如何选择健康食物，为学生提供营养丰富的校餐。在社区层面，公共卫生政策应限制高糖高脂食品的广告和销售，为中小学生提供更多的健康食品选择，从而营造支持中小学生健康饮食的环境。这些综合措施将共同促进中小学生的健康成长和发展。

二、中小学生心理成长

（一）认知发展

中小学时期的认知发展是个体心理成长的关键组成部分，标志着从儿童期到成年期的重要过渡。在这一阶段，中小学生的思维方式、记忆能力、问题解决技能和学习能力都会发生显著的变化。

认知发展理论，如皮亚杰的发展阶段理论，为理解中小学生的这些变化提供了一个有力的框架。根据皮亚杰的理论，中小学生处于形式运算阶段，这一阶段的主要特征是抽象思维能力的出现，这使他们能够处理抽象概念并进行假设性思考，而不再仅仅依赖具体和直观的信息处理。随着大脑尤其是前额叶的持续发育，中小学生的执行能力得到显著提升。执行能力包括规划、决策、抑制控制和工作记忆等能力的增强，这些都是中小学生能够更有效地控制自己行为和情绪、参与复杂社会活动和学术任务的关键因素。

信息处理理论强调信息处理的速度和效率的提升。随着年龄的增长，中小学生在信息编码、存储和检索方面变得更加高效，这提高了他们的学习效率，增强了他们从经验中学习和适应新情境的能力。记忆能力的提升也是中小学时期的一个显著特点，在这一时期，中小学生的短期和长期记忆能力得到增强，尤其是在使用记忆策略和组织记忆方面。他们学会了运用多种记忆策略，如重复、联想和归纳，这些策略能够帮助他们更有效地存储和回忆信息。在学习能力方面，中小学生开始发展更为复杂的认知技能，包括对自己学习过程的监控和调节。这使他们能够评估自己的学习策略和方法，确定哪些更为有效，并据此调整自己的学习行为，以更好地适应不同的学习任务和环境。这种自我调节的学习能力是他们取得成功的关键。

（二）情感表达

中小学时期是个体情感发展的关键阶段，这一时期，中小学生的情感体验和表达的广度及深度都在迅速增长。随着生理和认知的成熟，他们开始体验更为复杂的情感状态，如浪漫的爱情、深层的同情心以及复杂的道德情感。在此阶段，中小学生不仅在学习如何体验这些复杂情感，也在学习如何通过语言、面部表情、身体语言和行为表达这些情感。

情绪调节能力是中小学生情感发展中的核心，是指个体如何管理自己的情绪反应，确保情绪反应能适应环境要求并促进个人目标的实现。有效的情绪调节策略，如情景再评价、采用问题解决方法应对突发情绪的问题，或寻求社会支持以缓解负面情绪，都是他们在这个阶段应该学习的技能。不健康的情绪调节方式，如情绪压抑或回避，可能会导致焦虑、抑郁等心理健康问题的出现。

情感表达与社会适应之间存在密切的相互作用。例如，能够适当表达情绪的中小学生更有可能建立和维持稳定的人际关系，这些关系能够为他们提供情感支持，增强他们的社会联结感。良好的情绪调节能力有助于中小学生保持学习动机和集中注意力，从而推动学术成功。在实际生活中，学校和家庭环境应为中小学生提供必要的支持，帮助中小学生发展健康的情感表达和情绪调节能力。学校可以通过情感教育课程教授情感识别、表达及管理技能，而家长则可以通过日常对话鼓励孩子表达并探讨自己的感受，为他们提供情绪调节的指导和支持。这种综合性的教育方法不仅有助于中小学生的个人发展，也为他们未来社会功能的发展奠定了基础。

（三）自我认同

中小学时期对个体的自我认同形成至关重要，它涉及性格特征的稳定性、自我认同的探索、自尊与自信的建立。这一阶段，学生通过与外界的互动，能够逐步构建和确认自己的身份，这对他们的长期心理健康和社会功能发展具有深远影响。

1.自我认同的形成是中小学生心理发展的核心任务

根据埃里克森（Erikson）的心理社会发展理论，这一时期是个体自我认同与角色混淆的关键阶段。中小学生能够在这一时期通过尝试不同的社会角色和责任，评估自己在各种社会关系中的位置，从而形成持久的自我观念。他们的自我认同包括对自身性格、兴趣、价值观及未来职业方向的看法和理解。

2.自尊和自信的构建与自我认同密切相关

自尊是个体对自己价值的积极评价，是情感上自我认同的体现。中小学生的自尊主要通过学习成就、社交互动及在家庭支持中获得的成就来建立。他们的自信则是基于自尊之上的，涉及个体对自己能力的信任和确认，尤其是在面对挑战和解决问题时的自我效能感的高低。

3.性格特征在中小学时期发生的显著变化对自我认同的形成产生影响

性格特征，如开放性、责任感、外向性、宜人性及神经质等，在不同生活经历和环境因素的影响下，展现出了独特的稳定性和变化性。例如，在多元文化背景下成长的中小学生可能会表现出更高的开放性和适应性。

4.社会互动在自我认同的形成过程中起着决定性作用

中小学生在与家庭成员、同伴、教师等社会成员的互动中，不仅能够接受外界对其角色和身份的确认，同时也在不断调整自己的行为和思维，以适应外界的期望。这种双向的动态互动是自我认同发展的社会基础。

三、中小学生社会成长

（一）社会交往

中小学生的社会交往是其社会化过程中的核心部分，涵盖了与同伴、家庭和教师的互动，这些互动对他们的心理和情感发展具有深远影响。有效的社会交往不仅能够提升中小学生的社会技能，还能够为他们未来的社会生活奠定基础。因此，研究和优化中小学生的社会交往模式是促进其全面发展的重要手段。

第一，中小学生在同伴群体中通过日常互动学习表达自己、解决冲突和协作。这一过程能够帮助他们构建社会支持网络，培养社交技能和团队精神。与同龄人的互动能够使中小学生验证自己的社会行为模式，并学习如何遵守群体规则，这对其未来在更广泛社会环境中的适应极为关键。然而，同伴压力也可能诱导一些不良行为，如为获得群体接纳而从事风险行为。

第二，家庭是中小学生学习社会行为的首个环境。在家庭中，他们不仅学习了基本的交往规则和行为模式，还形成了初步的世界观和价值观。父母的教育方式、家庭氛围以及与子女的沟通质量深刻影响着中小学生的社会化过程。例如，一个充满爱和支持的家庭环境可以增强他们的自信和社会适应能力；而冲突频繁、沟通质量低的家庭可能导致他们发展出逃避或具有攻击性的交往模式。

第三，学校是中小学生社会交往的另一个重要舞台。教师在这里扮演着知识传递者以外的角色，是中小学生社会行为的引导者和榜样。教师可以通过积极的互动和恰当的社会行为示范，帮助学生形成适当的社会交往策略。学校中的社会活动，如小组项目、体育竞赛和文化节等，为中小学生提供了丰富的实践社交技能的机会，帮助他们在实际交往中学习和应用这些技能。

（二）社会适应

社会适应对中小学生而言，是一个复杂的过程，涉及如何应对不断变化的社会环境和文化挑战。这不仅是他们个体发展的重要方面，也是确保其心理健康和社会功能发展的基础。良好的社会适应能力能够帮助中小学生在成年后获得更好的生活质量，取得更大的社会成就。

1.社会变迁挑战

社会变迁包括技术革新、家庭结构的变化以及全球化背景下的多元文化影响，这些因素要求中小学生必须迅速适应新的生活方式和沟通方式。例如，数字化技术的普及要求他们掌握新的技能，以便有效地利用这些工具进行学习和社交。全球化背景下的多元文化交流日渐成为常态，中小学生需要学会在多元文化的环境中保持开放性和尊重，理解并接纳不同文化的价值观和行为准则。

2.文化冲击挑战

中小学生在接受传统文化和现代文化时，可能会遇到价值观和行为模式的冲突。这种冲突可能源于家庭与学校，或是父母与子女对传统与现代生活方式的不同看法。有效的适应策略包括开发平台和环境，让中小学生能够自由表达自己的观点和困惑，同时学习并接受不同文化背景的信息和观念。

3.处理日常生活中的压力和冲突

中小学生需要学会识别和应对生活中的压力源，采取健康的方式来处理压力，如参与体育活动、社区活动等。学校和社区应当提供必要的支持系统，包括心理咨询服务、兴趣小组和社交活动，帮助中小学生建立支持网络，提高他们的适应能力。

（三）社会角色与责任感

中小学生的社会角色和责任感的培养是一项涉及家庭、学校和社区的全方位教育过程，对他们的健康成长和全面发展至关重要。通过建立支持性和激励性的环境，家庭、学校和社区可以共同促进中小学生在实践中学习、体验并最终内化这些重要的社会角色和责任。

1.家庭角色

中小学生要学习如何与家庭成员相处、沟通和协作。父母的角色模型、教育风格和家庭氛围对孩子的责任感和社会角色的形成具有决定性的作用。通过为中小学生分配适当的家务、让中小学生参与家庭决策等活动，父母可以有效培养他们的责任感和自我管理能力。此外，家庭中的道德讨论和价值观传递也对中小学生形成健康的社会角色观念起到关键作用。

2.学校角色

学校不仅要求中小学生承担学习任务，还鼓励他们在课堂管理、课外活动和同伴互动中发挥作用。通过设立学生会、组织团体活动和社会服务项目，学校能够促进学生担任领导角色，培养其责任感和社会参与意识。这些活动帮助中小学生理解了集体利益的重要性，并使他们学习如何为共同目标而努力。

3.社区角色

通过参与社区志愿服务、社区治理和文化活动，中小学生可以扩展其社交网络，增强社会责任感。社区的活动使他们有机会学习如何关心他人和社会，实践公民责任，同时加深对社会多样性的理解和尊重。

四、中小学生道德成长

（一）道德认知与行为

中小学时期的道德观念、道德判断能力和道德行为的表现深刻影响着个体成年后的行为模式和价值观。科尔伯格（Kohlberg）的道德发展理论精确地描绘了中小学生如何逐步发展道德认知，该理论将道德成长分为六个阶段，涵盖了前常规与后常规两个水平。在中小学阶段，学生主要处于前常规水平，他们的道德判断依赖对规则的遵守和社会期望的满足，通常认为得到社会认可和奖励的行为是正确的。在这一时期，他们开始理解社会规范和法律的重要性，并学习遵守这些规范。中小学生在这一发展阶段逐渐形成个人责任感，这对他们未来的社会适应能力有着决定性的影响。

随着认知和情感的逐渐成熟，中小学生开始进入科尔伯格道德发展理论中的后常规水平。在这一阶段，学生在做出道德判断时，会越来越多地依据道德原则和对正义的理解进行。他们开始对既定的社会规范和法律产生质疑，探讨个人原则与社会法则之间的冲突，并努力根据普遍的道德原则来作出决策。

在后常规水平阶段，中小学生的道德行为表现与他们的道德认知水平紧密相关。随着道德认知的提升，中小学生能够在面临道德困境时从多个角度分析问题，并作出更加理性和公正的决策。在实际生活中，这意味着在处理朋友冲突、遵守学校规则，以及在公共环境下作出行为选择时，他们能够显示出更高层次的道德考量。例如，他们在决定揭露朋友的不当行为时，会深思熟虑，权衡保密与正义的关系，展现出成熟的道德判断力。

中小学生的道德行为不仅受到道德认知的影响，还受到情感、同伴影响和具体情境的影响。由于这一阶段，中小学生正经历情绪的快速变化，以及正在探索个人界限，因此，同伴的作用特别突出，可能会使他们的道德行为展现出不稳定性和不可预测性。为了促进中小学生形成稳固的道德观和行为模式，家庭、学校和社会应协同作用，为中小学生提供积极的道德榜样，实施全面的道德教育，并促进开放的道德讨论，从而支持中小学生在不同情境下作出恰当的道德判断。

（二）价值观形成

中小学时期是个体形成和调整价值观的关键阶段，此时的价值观发展受到个体内在认知成长与外部社会因素的共同作用。在这个过程中，家庭、学校和社会环境扮演着不可或缺的角色，它们共同塑造着中小学生的生活和行为原则，这些原则会指导其决策和行为，使他们形成个人目标和生活方式。

1.家庭是中小学生价值观塑造的第一课堂

在这一环境中，父母通过自己的行为示范、生活态度和教育观念等，对孩子的价值观产生深远影响。例如，父母对教育的态度往往会激励孩子形成积极的学习观念，而家庭中强调的诚实和责任感则能培养孩子的正直品性。

2.学校是中小学生系统性价值观形成的场所

在学校，学生不仅通过课程吸收了知识，还在与老师和同学的日常互动中学习和内化了社会规范和道德标准。学校的教育内容、文化氛围和师生关系等都对学生的价值观产生了重要影响，能够帮助他们发展出复杂的价值判断和多元视角。

3.广阔的社会环境为中小学生的价值观提供了多样化的形成渠道

通过媒体、互联网和社区活动等，中小学生能够接触到各种不同的生活方式和价值观念。社会事件如政治变化、公共政策和社会运动等，也对中小学生的价值观有着显著的塑造作用，如他们对社会公正的认识等。

（三）公民意识与社会责任

公民意识和社会责任感是现代民主社会的基本要素，而中小学阶段是个体塑造这些价值观的关键时期。在这个阶段，学生开始独立思考，对社会和政治议题表现出初步的兴趣和理解。

公民意识使中小学生意识到了自己作为社会成员的角色、权利和义务。这种意识培养了他们对民主原则如自由、平等和正义的认识，并激发了他们参与社会政治活动的兴趣。学校可以通过设置专门的公民教育课程，组织模拟联合国等活动，以及鼓励学生关注和讨论时事，培养他们的这种意识。社会责任感则体现在学生能够认识到自己的行为对他人和环境的影响，并主动参与促进社会福祉的活动。这可以通过鼓励学生参加志愿服务、社区服务项目和环保活动来实现，如参与回收计划或社区清洁，使他们的社会贡献具体化。

家庭在培养中小学生的公民意识和社会责任感方面也扮演着重要角色。家长可以通过日常对话，讨论社会问题和个人在其中的责任，鼓励中小学生表达自己的见解，并学会倾听不同的观点。学校应提供丰富多样的教育活动，如课堂讨论、项目学习和社会实践，使中小学生能够将理论知识应用于实际问题。社区机构如图书馆和社区中心要提供额外的资源和平台，支持中小学生探索更广泛的社会议题，使他们与不同背景的人交流，从而加深他们对多元文化的理解和接纳。

第二节　家庭、学校与社区的角色及其相互关系

一、家庭在中小学生成长中的角色

（一）安全基地角色

在中小学生的成长过程中，家庭作为一个提供情感支持和心理安全感的基地，对于其情感健康、自信心建设和独立性发展具有不可替代的重要性。家庭的这一作用体现了其在中小学生心理和情感健康领域的基础性影响。家庭提供的情感支持是中小学生发展过程中不可或缺的要素，情感支持包括爱、关心、鼓励和赞扬等，这些都是家庭成员间相互交流最直接的情感体现。中小学生在面临学习压力、社交挑战或个人情感问题时，家庭的情感支持是他们最可靠的精神依托。通过家庭的情感交流和支持，中小学生能够感受到被爱和被尊重，这种感受对他们建立积极的自我形象和自尊心至关重要。

家庭提供的心理安全感是中小学生健康成长的基石。心理安全感源于家庭的稳定环境和成员间的信任关系，这使中小学生能够在家庭中自由地表达自己的想法和感受，即使面对失败和挫折也不会感到自我价值受到威胁。心理安全感的建立有助于中小学生发展解决问题的能力，增

加面对未知和挑战的勇气，在这样的环境中，中小学生更容易探索自我，形成独立的人格和自主的生活方式。家庭的安全基地角色，还体现在其对中小学生自信心和独立性发展的促进上。自信心的培养和独立性的发展是中小学生成长过程中的两项核心任务。家庭环境中的信任与理解为中小学生提供了尝试新事物、犯错并从中学习的机会，在这个过程中，中小学生通过自主决策、承担责任以及处理问题，能够逐渐培养出解决生活挑战的能力，进而发展成为自信和独立的个体。

（二）教育角色

家庭的教育角色涵盖了对中小学生学习态度和习惯的塑造，以及通过家庭教育活动促进知识与技能的发展，从而为中小学生的全面成长提供必要的基础和支撑。家庭对中小学生学习态度与习惯的塑造起着至关重要的作用。学习态度和习惯是中小学生学业成功的基石，而这些大多在家庭中形成，父母作为中小学生的第一任教师，他们的态度、行为和期望能够深刻影响中小学生的学习观念。通过积极的言传身教，家庭可以培养中小学生的自主学习能力、持之以恒的精神和面对困难不退缩的态度。例如，父母定期阅读、积极探究新知识的行为模式，能够激励中小学生形成良好的学习习惯和积极探索的学习态度。同时，家庭成员对中小学生学习成果的肯定和对其在学习过程中遇到困难的支持与鼓励，也是塑造中小学生积极学习态度不可或缺的因素。

家庭教育活动是促进中小学生知识与技能发展的有效途径。家庭教育活动不仅包括传统的学科学习指导，如辅导作业、讨论学校学习内容，更包括家务分担、家庭财务管理、社会实践活动等非正式教育。这些活动能够在日常生活中自然地进行，为中小学生提供学习和应用新知识的机会。通过参与家庭教育活动，中小学生不仅能够获得书本之外的实用知识和生活技能，还能够在实践中提高问题解决能力，培养创新思维能力。家庭的这种教育模式，强调了知识与技能的综合应用，有助于中小学生形成全面发展的能力结构。家庭的教育角色还表现在其能够为中小学生提供一个支持性的学习环境。一个充满爱、理解和尊重的家庭氛围，能够有效减轻中小学生的学习压力，提升其学习动力和效率。父母的关注和参与不仅能增强中小学生的学习信心，还能帮助他们树立正确的人生观和价值观，对其个性发展和社会适应能力的提高具有重要意义。

（三）价值观与道德指南角色

在中小学生的成长过程中，家庭不仅是提供物质支持和情感依托的港湾，更承担着传递社会与文化价值观、培养道德判断与责任感的重要职责。作为价值观与道德指南的角色，家庭在中小学生形成和发展个人道德观念、价值取向以及社会责任感方面发挥着无可替代的作用。

家庭是中小学生接触和学习社会文化价值观的第一课堂。在家庭日常生活中，父母和其他家庭成员通过言谈举止、生活习惯以及待人接物，向中小学生传递了一系列社会文化价值观和道德规范。这些价值观和道德规范包括但不限于诚实守信、尊重他人、勤劳节俭、爱国守法等，它们构成了社会的基本道德准则和行为标准。通过家庭成员的模范示范和日常生活的实践活动，中小学生能够逐渐内化这些价值观，形成自己的道德判断和行为准则。

家庭在培养中小学生的道德判断力和责任感方面起着至关重要的作用。道德判断力是指个体在面对道德冲突和选择时，具有区分对错、做出正确判断的能力；而责任感是指个体认识到并承担个人行为后果的心理状态。在家庭中，通过对中小学生行为的指导、评价以及对正确与错误行为的奖惩，家庭为中小学生提供了学习和实践道德行为的机会。同时，家庭成员还能通过向中小学生分配适当的家务劳动、让他们参与社会服务活动等方式，让中小学生在实践中学会承担责任，增强他们的社会参与感和责任意识。

作为价值观与道德指南的角色，家庭的作用还在于其能够提供一个讨论和反思道德问题的开放环境。在这样的环境中，中小学生可以自由表达自己对于道德问题的看法和疑惑，父母和其他家庭成员通过对话和讨论，帮助中小学生理解复杂的社会现象，培养他们独立思考和道德推理的能力。这种交流和反思不仅加深了中小学生对道德规范的理解，也促进了其批判性思维和道德感的发展。

（四）社会化平台角色

家庭不仅是中小学生生活的核心场所，也是其初步接触社会的主要平台。在这一平台中，家庭通过多种方式促进中小学生的社交技能与人际交往能力的发展，同时教育中小学生理解世界的多样性，培养其包容性，为其未来的社会生活奠定基础。家庭对于中小学生社交技能与人际交往能力的发展起着至关重要的作用。社交技能和人际交往能力是个体在社会生活中必不可少的能力，它们包括有效沟通、冲突解决、团队合作等。在家庭环境中，中小学生能够通过与家庭成员的日常互动学习这些技能。例如，家庭聚餐、家庭会议等活动，为中小学生提供了与人交流、表达自己观点的机会，同时也明白了倾听他人意见、理解他人情感的重要性。家长通过示范和指导，如分享个人经验、讨论日常问题，帮助中小学生逐步建立和发展社交技能和人际交往能力。

家庭作为社会化平台，能够通过家庭成员和社会交往的过程，教育中小学生理解和尊重多样性，培养其包容性。多样性与包容性是当代社会的重要价值，中小学生在家庭中接触到不同的观念和文化，有助于他们学会欣赏和尊重差异。家庭内部，如代际的交流，可以帮助中小学生理解不同年龄段人的思想和行为方式；家庭外部，如通过参与社区活动、文化交流等，中小学生能够接触更广泛的社会和文化背景，增强对多元文化的理解和接纳。父母在这一过程中的态度和行为，对中小学生形成开放和包容的世界观至关重要。家庭的社会化平台角色，还意味着通过日常的实践活动，让中小学生了解社会规则和行为准则。家庭是中小学生学习社会角色、性别角色的初步场所，通过分担家务、承担家庭责任等，中小学生不仅学习到了责任和义务，也对社会规范有了初步的认识和了解。

（五）技能培养场所角色

家庭在中小学生成长的过程中担负着多重角色；其中非常关键的一项是作为生活技能与自我管理能力培养的场所。这一角色的重要性在于，它直接关系到中小学生能否顺利过渡到成年阶段，并在未来的生活中独立、有效地应对各种挑战。家庭是中小学生学习生活技能的第一课堂，生活技能包括一系列必需的能力，如财务管理、健康生活习惯、人际沟通等，这些技能对于中小学生未来的生活独立有着直接的影响。在家庭中，父母和其他家庭成员通过日常生活实践，如共同管理家庭预算、分享健康饮食和坚持运动，为中小学生提供了实际操作的机会。通过参与这些活动，中小学生不仅学会了生活技能的基本知识，更通过亲身实践学习到了如何将这些知识应用于实际生活，从而培养了解决生活问题的能力。

家庭在引导中小学生形成有效的自我管理与决策能力方面起到了不可替代的作用。自我管理能力包括时间管理、情绪调节、目标设定等，而决策能力涉及如何在各种选择中做出最佳决定。在家庭环境中，中小学生通过承担适当的家庭责任和参与决策过程，如参与家庭活动的策划和选择，学习如何制订计划、设定优先级和做出合理选择。父母通过设置例子、提供反馈和讨论决策后果的方式，帮助中小学生理解自我管理的重要性，培养他们分析问题、评估选项和承担后果的能力。家庭教育在培养中小学生生活技能与自我管理能力方面的作用不仅限于直接教学，更重要的是，它通过提供一个支持性的环境，使中小学生能够在犯错和尝试中学习成长。这种通过实践学习的过程，对于中小学生建立自信、发展适应能力和准备迎接成年生活的挑战至关重要。

二、学校在中小学生成长中的角色

（一）知识与技能传授者角色

学校作为知识与技能的传授者，是为中小学生提供系统的教育课程与专业知识学习的平台，其能够培养他们的学术技能和实践能力，以促进中小学生的全面、和谐发展。学校教育的首要职责是传授知识。在现代社会中，知识的广度和深度对于个体的发展越来越重要。学校通过设定课程标准和学习目标，为中小学生提供了一系列科学、文化、艺术等领域的专业知识学习机会。这些课程不仅包含理论知识的学习，也涵盖实践技能的培养，为中小学生日后的学术追求和职业生涯打下了坚实的基础。通过系统化和层次化的教学计划，学校教育确保了知识传授的全面性和深入性，使中小学生能够建立起科学的世界观和正确的价值观。

学校教育在培养中小学生的学术技能和实践能力方面发挥着关键作用。学术技能，如批判性思维、分析解决问题的能力、信息检索和处理能力等，是学校教育的重要组成部分。通过课堂讨论、实验操作、课题研究等多种教学方式，学校不仅要为中小学生传授知识，更重要的是教会他们如何学习、如何思考、如何创新。同时，实践能力的培养也是学校教育的重要内容。学校通过组织实验、社会实践活动、技能竞赛等，使学生将理论知识应用于实际，提升解决现实问题的能力，增强自我实现的可能性。

学校作为知识与技能传授者的角色，不仅要为中小学生提供学习的内容和方法，更要塑造中小学生的学习态度和习惯。在学校教育过程中，中小学生学会了如何设定学习目标、如何管理学习时间、如何协作与交流，这些学习态度和习惯的养成，对于中小学生未来的个人成长、终身学习乃至社会适应都具有深远的影响。

（二）社会化过程的促进者角色

学校在中小学生的成长和发展中不仅扮演着知识与技能传授者的角色，还是中小学生实现社会化过程的重要促进者。学校通过多种渠道和活动促进中小学生的社会交往与合作技能，引导他们理解和尊重社会的多样性，为其成为社会有责任、有能力的成员奠定基础。促进中小学生的社会交往与合作技能是学校社会化作用的重要方面。在学校环境中，中小学生与来自不同背景的同龄人交往，能够通过集体活动、小组讨论、体育比赛等，学习如何与他人沟通、协作解决问题。这种日常的社交实践，不仅提升了中小学生的人际交往能力，也培养了他们的团队精神和合作意识。通过参与合作项目和团队活动，中小学生学会了倾听他人意见、尊重团队决策，以及在团队中发挥自己的作用，这些都是其未来在社会中交往和协作的关键技能。

学校作为中小学生实现社会化过程的促进者，还承担着引导中小学生理解和尊重社会多样性的责任。在全球化和文化交融日益加深的今天，理解和尊重不同文化和价值观成为每个社会成员必须具备的素质。学校通过设置多元文化教育课程、组织国际交流活动、庆祝不同文化节日等方式，让中小学生接触和了解不同的文化背景、宗教信仰和生活习惯，从而培养其文化敏感性和全球视野。这些活动不仅拓宽了中小学生的视野，更重要的是教会了他们如何在多元化的社会中寻找共同点，尊重差异，促进社会和谐。学校促进中小学生实现社会化还体现在为中小学生提供了一个模拟社会的环境。在这个环境中，中小学生可以通过担任学生干部职务、参与学校管理、参加社会服务等，学习社会规则、实践社会责任。这些经历不仅有助于中小学生建立正确的社会角色认识，也为他们将来融入社会、参与社会管理打下了基础。

（三）价值观和道德观念塑造者角色

学校作为价值观和道德观念的塑造者，体现了学校教育在使中小学生形成正确价值取向和道德标准方面的重要作用，对于培养具有责任感和公民意识的中小学生具有决定性的影响。学校是传递社会主义核心价值观和道德标准的重要场所。在多元化的社会背景下，社会主义核心价值观为中小学生提供了共同遵循的行为准则和道德标准，帮助他们判断是非、区分对错。学校通过正规课程和日常教育活动，如国旗下讲话、主题班会等，将诚实守信、公平正义、互助友爱等价值观融入教育过程。这些活动不仅让中小学生了解了这些价值观的具体内容和意义，更重要的是通过实际行动让中小学生体验了这些价值观的实践过程，从而使他们将这些价值观内化为自己的行为准则。

学校在培育中小学生的责任感与公民意识方面发挥着关键作用。责任感是指个体对自己的行为及后果承担责任的意识，公民意识则是指个体作为社会成员对社会有一定的责任和义务。学校通过社会实践活动、社会服务和志愿活动等，使中小学生参与社会生活，体验社会角色，实践社会责任。例如，通过参与环保项目、社区服务等活动，中小学生不仅能够增强自身的责任感，也能够理解并践行公民的权利与义务，增强自己的公民意识。学校还通过创设规范的学校文化和积极的学习氛围，为中小学生提供了学习和形成正确价值观和道德观念的环境。在这样的环境中，中小学生能够在与同学的互动中学习如何尊重和理解他人，通过教师的榜样作用学习承担责任和无私奉献。这种日常的、不断积累的学习和体验过程，对中小学生形成稳固的价值观和道德观念至关重要。

（四）个性与才能发展平台角色

学校在识别和支持中小学生的特殊才能与兴趣方面发挥着重要作用。每个中小学生都具有独特的个性和潜在的才能，但这些才能和兴趣往往需要在适当的环境中被发现和培养。学校通过定期的学生评估、兴趣小组和才艺展示等活动，能够有效地识别学生的特殊才能和兴趣领域。教师和学校工作人员通过观察、交流和专业指导，能够为中小学生提供个性化的支持和鼓励，帮助他们认识和发展自己的特长。这种针对个体差异的关注和支持，不仅能够增强中小学生的自我认同感和成就感，还能够激发他们进一步探索和深化自己兴趣的动力。

学校作为个性与才能发展的平台，为中小学生提供了丰富的课外活动和扩展课程。这些活动和课程覆盖了艺术、音乐、体育、科技、文学等多个领域，为中小学生提供了广泛的选择空间，使他们能够在学习的同时，探索和培养个人的兴趣爱好。通过参与这些活动，中小学生不仅能够获得知识和技能的提升，更重要的是能够在实践中发现自我、表达自我，实现个性化的成长。此外，参与多样化的课外活动还有助于中小学生建立健康的人际关系，培养团队合作精神和社会交往能力。学校作为中小学生个性与才能发展的平台，还强调了教育的全面发展理念。通过为中小学生提供多元化的学习和实践机会，学校教育不仅关注学生的学术成就，更重视学生的个性发展和综合素质的提升。这种教育模式认识到了每个学生都是独一无二的个体，通过鼓励和支持学生的个性化发展，学校可以最大化地激发他们的潜能，为他们的未来发展打下坚实的基础。

三、社区在中小学生成长中的角色

（一）实践学习和社会参与的平台角色

社区作为实践学习和社会参与的平台，对促进中小学生的公民意识、社会责任感以及社会技能的发展具有不可替代的作用。社区通过提供丰富的志愿服务与社会实践机会，为中小学生提供了一个实际参与社会活动、体验社会生活的舞台。这种参与不仅能够让中小学生在实际操作中学习和掌握各种社会技能，如团队协作、公共沟通、项目规划与执行，还能够增强他们的社会责任感和公民意识。通过参与社区服务，中小学生能够直接观察和体验社会运作的各个方面，理解社会需求，从而更好地认识到个人行动对社会的影响和价值。

社区作为中小学生实践学习和社会参与的平台，促进了对其公民参与和社会责任感的培养。在社区活动中，中小学生不仅是服务的提供者，也是社区发展的参与者和贡献者。这种参与过程有助于中小学生形成积极的社会参与态度，认识到个人作为社会成员的角色和责任，增强他们对社会问题的关注度，使他们养成解决问题的能力。此外，通过与不同背景和年龄层的社区成员交流合作，中小学生还能学习到如何在多元化的社会环境中相互尊重、理解和包容，从而促进社会的和谐与进步。社区还为中小学生提供了展现自我、实现自我的平台。在社区参与中，中小学生可以根据自己的兴趣、特长和志向选择合适的社会实践活动，通过实际行动展示自己的能力和价值。这种自我实现的过程不仅有助于中小学生提高自信心和自我效能感，也是他们个性发展和社会适应能力增强的重要途径。

（二）文化传承和多样性体验的场所角色

社区作为文化传承和多样性体验的场所，不仅要使中小学生对本土文化产生深入认识，还要向他们推广文化多样性，使他们形成全球视野，提升社区内的文化包容性。通过开展各种文化交流活动，社区为中小学生提供了一个认识多元文化、促进文化互鉴的开放平台。

社区对于中小学生本土文化认识与体验的丰富起到了基础性的作用。社区是本土文化传承的重要场所，它通过各种形式的活动，如节日庆典、工艺展示、传统艺术表演等，使中小学生直观地感受到了本土文化的魅力和深厚的文化底蕴。这种亲身参与和体验不仅加深了中小学生对自己文化根源的认识和了解，也增强了他们对本土文化的自豪感和归属感。通过这种方式，社区能够帮助中小学生建立起对本土文化的尊重和保护意识，为文化的传承和发展贡献力量。

社区在推广文化多样性和全球视野的形成方面发挥着积极作用。在全球化的背景下，理解和尊重文化多样性，拥有全球视野成为时代的要求。社区通过组织多元文化交流活动，如国际美食节、外国语言课程、国际友城交流等，为中小学生提供了认识不同文化、体验文化多样性的机会。这些活动不仅拓宽了中小学生的视野，也教会了他们如何在多元文化的环境中交流互动，促进了不同文化背景下的人们相互理解和尊重。通过这样的文化体验，中小学生能够形成包容、开放的文化态度，为构建和谐、多元的社会奠定基础。社区在增进社区内的文化包容性方面也起到了重要作用。通过举办多元文化活动，社区不仅展示了各种文化的独特魅力，也为社区成员之间的文化交流和互动创造了条件。这种文化的交流和融合有助于减少文化隔阂和偏见，增强社区成员的认同感。社区的这种努力，为中小学生提供了一个学习和实践文化包容的实际环境，有助于他们成长为能够进行跨文化交流、促进文化多样性的社会公民。

（三）非正式教育支持者角色

作为非正式教育的支持者，社区通过提供兴趣小组、讲座和工作坊等多种活动，支持中小学生的个性化学习需求，培养其创新思维，激发其创造力。社区开展的各类兴趣小组、讲座和工作坊等活动，为中小学生提供了广泛的非正式学习平台。这些活动涵盖了科技、艺术、文学、环保、健康等多个领域，满足了中小学生不同的学习兴趣和需求。通过参与这些活动，中小学生不仅能够获得课堂之外的知识和技能，还能够在轻松愉快的氛围中进行探索和实践。例如，科技兴趣小组可以让中小学生动手操作实验，培养他们对科学的兴趣和探索精神；艺术工作坊则提供了绘画、音乐、舞蹈等方面的技能培训，帮助中小学生发现并发展自己的艺术天赋。

社区作为非正式教育支持者，在培养中小学生的创新思维、激发其创造力方面发挥着重要作用。非正式教育环境往往更为开放和自由，鼓励中小学生发散思维，尝试新的思想和方法。通过参与创新项目、科学实验等活动，中小学生可以在实际操作中学习解决问题的技巧，培养面对挑战时的创新能力和适应能力。此外，社区还鼓励中小学生参与社会调查、社区设计等项目，这些活动不仅为中小学生提供了实践的机会，也激发了中小学生的社会责任感和创造性思维。社区的非正式教育还具有独特的社会化功能。通过参与社区活动，中小学生能够与来自不同背景的人群交流互动，学习如何在多元文化的环境中有效沟通和协作。这种社会化过程不仅有助于中小学生建立广泛的社会联系，还有助于其培养社会适应能力和全球视野。

四、家庭、学校与社区的相互关系

（一）家庭与学校的合作关系

家庭与学校的合作关系是支撑中小学生教育的重要框架。通过促进信息和资源的共享、家长参与学校活动与决策过程、建立有效的沟通机制，家庭与学校能够形成紧密的合作伙伴关系，共同促进中小学生的健康成长和全面发展。

促进信息和资源的共享是家庭与学校合作的基础。信息共享意味着家长和学校能够及时交流学生的学习进度、行为表现和心理状态等相关信息，从而确保双方对学生的发展和需要有共同的理解和认识；资源共享则指的是家庭和学校能够互相提供支持和帮助，如家长为学校提供志愿服务，学校为家庭提供教育资源和支持。通过信息和资源的共享，家庭与学校能够形成互助合作的关系，共同为学生的成长和教育质量的提升作出贡献。

家长参与学校活动与决策过程是加强家庭与学校合作关系的有效途径。家长的参与不仅限于传统的家长会或学校活动，更包括在学校管理、教育计划的制定和评估等方面发挥作用。通过参与学校的决策过程，家长能够更好地理解学校的教育理念和政策，同时也能够为学校提供宝贵的意见和建议，帮助学校更好地教育学生。家长的参与能够增强家庭与学校之间的信任和合作，促进学校教育与家庭教育的一致性和连贯性。

建立有效的沟通机制是家庭与学校合作的关键。有效的沟通可以降低误解概率，预防和解决学生学习和行为上的问题。为了实现这一目标，学校可以采取多种方式，如定期的家长教师会议、电子邮件通信、社交媒体平台留言等，确保信息的及时传达和反馈。同时，教师和家长之间的沟通应当基于相互尊重和理解，以学生的最佳利益为出发点，共同探讨和制定支持学生发展的策略和计划。

（二）学校与社区的互动关系

学校与社区的互动关系是现代教育体系中的一个重要方面，它强调学校教育与社区发展之间的紧密联系和相互作用。这种关系不仅能够丰富教育资源，扩展教育的功能和影响，还能够促进社区的整体发展和社会服务的提升。社区资源在学校教育中的应用是学校与社区互动关系的重要表现。社区内的图书馆、博物馆、科技中心、艺术团体、企业和非政府组织等都是宝贵的教育资源。通过与这些社区资源合作，学校能够为中小学生提供更加丰富多彩、贴近实际的教育内容，使学生能够在真实的社会环境中学习和成长。例如，学校可以组织学生参观博物馆，了解本地历史和文化，或者与企业合作，为学生提供实习和职业体验的机会。这种跨界合作不仅增强了学生的学习兴趣和实践能力，也帮助他们更好地理解了社会需求和未来职业的发展方向。

学校与社区合作的社会服务项目是加强双方互动关系的又一重要途径。通过这种合作，学校能够引导学生参与社区服务和社会责任实践，如环境保护项目、社区安全宣传、老年人关怀活动等。这些活动不仅为学生提供了展示自身能力和贡献社会的平台，也让学生从中学习到了团队合作、社会责任和公民意识等重要价值观。同时，学校与社区的合作还能够加强社区成员对学校教育的认同和支持，形成共建共享的社区教育环境。学校与社区的互动关系不仅限于资源共享和服务项目合作，更体现在共同培养中小学生成为有责任感、有能力和有社会参与意识的公民。为了实现这一目标，学校和社区需要建立长期稳定的合作机制，定期评估合作效果，并根据社区需求和教育目标调整合作计划。

（三）家庭与社区的协同关系

家庭与社区的协同关系涉及家庭在社区活动中的角色和参与度，社区对家庭教育的支持和补充，以及建立家庭与社区联系的网络和平台。这种协同关系对于促进中小学生的全面发展具有重要作用。家庭在社区活动中的角色和参与是构建家庭与社区协同关系的基础，家庭不仅是社区的一部分，更是社区活力和文化传承的重要来源。家庭成员通过积极参与社区组织的各类活动，如社区庆典、环境清理、公共艺术项目等，不仅能够贡献自己的力量，促进社区的发展，也能够为中小学生树立积极参与社区生活的榜样。通过这些活动，中小学生能够学习合作与互助的精神，增强他们对社区的归属感和责任感，促进其社会化。

社区对家庭教育的支持和补充是家庭与社区协同关系中的重要方面。社区通过提供多样化的教育资源和活动，如图书馆阅读计划、科学工作坊、艺术展览等，为家庭教育提供了宝贵的补充。这些资源和活动不仅丰富了中小学生的学习内容和经历，也为家长提供了支持中小学生学习和发展的工具和方法。此外，社区中的非政府组织和志愿者团体还可以为家庭提供教育指导和心理支持，帮助家庭解决教育和养育中遇到的困难和挑战。建立家庭与社区联系的网络和平台是深化家庭与社区协同关系的关键。这种网络和平台不仅便于信息的交流和资源的共享，更重要的是能够促进家庭与社区之间的合作和互动。社区可以通过建立在线平台、举办家长会议、创建家庭教育资源中心等方式，增强与家庭的联系。这样的网络和平台不仅能够让家长更加便捷地获取教育资源和信息，也为家长之间、家长与社区组织之间提供了交流和合作的机会。

（四）"三位一体"的相互支持关系

在中小学生的成长过程中，家庭、学校、社区构成了一个"三位一体"的相互支持系统，这一系统对于中小学生的全面健康发展具有决定性的影响。学校教育作为家庭教育的延续，是连接家庭教育和社区教育的枢纽。学校教育不仅提供了系统的知识学习和技能训练，也通过课堂教学、课外活动等多种形式，为中小学生的社会化过程提供了支持。在这一过程中，家庭教育的作用不容忽视，良好的家庭教育为学校教育奠定了基础，同时在中小学生的道德观念、价值观念的形成、情感支持等方面对学校教育进行了补充和促进。

社区作为连接家庭和学校的重要环节，其在中小学生成长中的作用同样不可或缺。社区通过提供多样化的学习和实践机会，如社区服务、文化活动、环境保护项目等，不仅丰富了中小学生的学习经历，也加强了中小学生对社会责任和公民意识的认识。社区还能够通过为家庭和学校提供支持，如社区资源的共享、社区问题的共同解决等，进一步加强家庭、学校与社区三者之间的合作。

学校、家庭和社区在中小学生的成长中各自承担着不可或缺的角色，它们之间虽然分工明确，但彼此紧密关联，互为补充，共同构建了支持中小学生成长的坚实基础。每一方的忽视都可能对中小学生的全面发展带来负面影响。要想使中小学生全面、健康发展，必须树立一个整体的教育观念，促进学校、家庭以及社区之间的有效整合与合作。这样的协同努力，我们可以为中小学生提供一个全面支持和促进其发展的环境，确保他们在知识、技能、情感和社会参与等方面得到均衡的发展与成长。

第三节　家庭、学校、社区三者结合的基本构思

一、家庭、学校、社区三者结合的适切性分析

尽管家庭、学校、社区属于不同的系统范畴，构建它们之间的结合育人模式却是完全可行且极具价值的。这种可行性源于它们共同构成教育生态的子系统，拥有相通的教育理念和目标，且在教育过程中能够实现互补和互动。家庭、学校、社区在育人模式中的协同，基于它们有共同的教育对象——中小学生，共享的总体目标——促进中小学生的全面和谐发展，以及教育功能的互补性和教育过程的互动性。家庭为中小学生提供情感支持和初步社会化，学校负责系统性知识教育和认知技能培养，社区则为中小学生提供实践平台和社会参与的机会。这三方的联动不仅提高了教育的效率和效果，也为中小学生提供了一个更加全面、多元的成长环境。通过优化各自优势和资源，这种结合的育人模式能够有效促进中小学生的个性发展、道德建设、社会适应，确保中小学生健康、全面地成长。因此，家庭、学校、社区三者结合的育人模式不仅切实可行，而且对于实现中小学生教育的全面目标具有重要意义。

（一）共同的教育对象

中小学生教育是一个复杂而多维的过程，涉及其认知、情感、社会交往能力和心理健康等多方面的成长。因此，家庭、学校和社区作为中小学生成长道路上的三大支柱，共同承担着促进其全面发展的责任。中小学生是家庭、学校和社区的共同教育对象，这种同一性构成了家庭、学校、社区三者合作育人模式的基础和出发点，强调了它们在中小学生成长过程中不可分割的角色和功能。

这种教育对象的同一性要求家庭、学校和社区在教育中小学生时必须相互协作、互补互助。面对中小学生成长过程中的学业挑战、心理健康、人际交往等问题，家庭、学校和社区能够通过各自的优势和资源，构建一个支持性强、覆盖面广的教育网络。这不仅有助于解决中小学生在成长过程中遇到的具体问题，提高他们遭遇挑战时的适应性和韧性，更有助于从根本上促进中小学生的全面发展。

全球化和信息时代的到来、新兴观念的涌入为家庭教育、学校教育和社区教育带来了新的课题和挑战。这些新兴观念和教育方式的引入，要求家庭、学校和社区在接纳新知的同时，进行有效的整合和应用，以适应时代的变化和教育的进步。家庭、学校和社区需要紧密合作，共同构建一个开放、包容、创新的教育环境，促进中小学生在全球化背景下的全面成长。

（二）一致的教育目标

教育目标，作为教育工作的指南，旨在明确教育过程中受教育者应达到的理想状态，即通过教育培养和造就什么样的人。从三者关系看，家庭教育处于整个中小学生教育体系的基础地位，具有明显的启智、育德和培养兴趣爱好等目标需求；学校教育强调个体的社会化，为社会发展提供人才储备和智力支持；社区教育以实施全民教育和终身教育为目标，重视提高国民整体素质。在家庭、学校与社区的教育体系中，尽管这三者扮演着不同的角色，在职责和作用上各不相同，但它们的教育目标在本质上却展现出深刻的一致性：促进中小学生的全面和健康成长，使之成为具备独立思考能力、道德情操、社会责任感和文化素养的个体。这一目标不仅关注个体的认知和技能发展，更重视个体的情感、道德和社会性发展，体现了对中小学生全面发展的追求。

为实现这一共同的教育目标，家庭、学校和社区需要建立紧密的合作关系，互相补充、协同努力。这种合作不是简单的目标叠加或替代，而是基于对彼此角色和功能的充分认识和尊重，通过加强教育目标间的内在联系，共同构建针对中小学生的教育目标体系。这一过程要求家庭、学校和社区不仅要在实践中相互协调和支持，更要在理念上达成共识，共同致力中小学生的成长。

（三）教育功能上的互补

尽管家庭教育、学校教育和社区教育在功能上存在明显的差异和分工，但这些差异并不是隔阂，而是各自优势的体现，彼此之间通过互补实现教育的全面性和连贯性。家庭教育侧重个人道德品性与修养的塑造。家庭是孩子首先接触的社会单元，轻松的家庭学习环境、和谐的家庭成员关系以及良好的道德品质和个人习惯的形成，能够为孩子的全面发展奠定基础。这些元素构成了中小学生成长过程中的"软技能",对其未来的学习、工作以及与人交往提供了重要支持。学校教育,紧随家庭教育之后,将教育重点转移到系统性知识的学习和技能的培养上。学校教育在中小学生的认知发展、技能学习、道德教育以及体育和艺术等方面提供了全面的培养,为个体更好地融入社会做了充分准备。学校教育通过正式的课程设置和学术评价,为学生发展打下了坚实的文化理论基础,促进了学生的全面健康发展。社区教育,则在家庭教育和学校教育的基础之上,是进一步的补充和完善。社区教育的广泛性和灵活性,使其能够补充正规教育可能忽略的方面,提高中小学生的整体素质和技能水平。

从时间和空间两个维度来看,家庭、学校、社区教育之间存在承接性和空间覆盖的完整性。家庭教育是个体教育的起点,学校教育随后接棒,社区教育则伴随个体的整个成长过程。这种时间序列上的承接关系,以及空间覆盖上的全面性,展示了家庭、学校、社区教育在功能上的互补性。通过强化家庭、学校、社区教育之间的内在联系,尊重彼此的教育职能,共同构建起未成年人教育目标体系,家庭、学校、社区三结合的育人模式展现出了其深远的社会现实性和教育实践的必要性。这种互补性不仅突出了每种教育形式的特色,更以社会发展的总体目标为导向,加强了不同教育内容的系统优化与整合,从而促进了家庭、学校、社区教育之间内容上的全面协调与融合。

(四)教育过程中的互动

家庭、学校、社区教育共同构成了完整的中小学生教育系统。教育过程中的互动关系是一个核心要素,体现了三者共同构成的中小学生教育系统的复杂性和动态性。这种互动关系不仅展示了家庭、学校、社区之间相互独立的特征,同时也揭示了它们之间相互联系、相互依存和彼此影响的关系。家庭教育为学校教育奠定了基础,社区环境为学校教育的目标达成创造了条件。家庭是个体最初的社会化环境,对个体的道德品性、人格形成以及初步的学习习惯有着深远影响。家庭教育的这些基础特征直接影响学校教育的效果。社区作为学校教育的延伸,其通过提供丰富的社会实践机会和文化资源,增强了学校教育的实践性和社会性。

社区教育是家庭教育的运用和延伸,而学校教育则是家庭教育的继承和发展。这种关系说明了家庭、学校、社区在教育过程中的互动不仅是线性的承接，更是功能上的互补和内容上的深化。家庭教育中所培养的初步价值观和行为习惯，在学校和社区教育中得到了进一步的发展和应用。学校和家庭作为社区教育的基地和根基，共同影响着社区教育的方向和动力。学校通过社会服务学习项目等将学生引入社区服务，而家庭则通过使中小学生参与社区活动，强化他们的社会归属感，进一步促进了社区教育的实施。

家庭、学校、社区三者结合的教育过程可以保证三者之间的良性互动，促进传统单向交往向多向沟通和联动转变。这种转变不仅有助于消除家庭、学校、社区教育间的不和谐，而且有助于促进三者之间的统一协调发展。将家庭、学校、社区视为一个有机整体，并采用系统观点、层次观点、动态观点来设计与开展中小学生教育工作，可以实现教育目标结构、组织、管理、运行的均衡、协调、有序、动态和和谐。这种方法使中小学生教育系统中各部分的本质属性达到了最优化组合，展现了家庭、学校、社区三结合育人体系的可行性。

二、家庭、学校与社区教育的关系架构

家庭教育、学校教育、社区教育作为教育的三种不同形态，在整个教育过程中既保持了各自的独立性，又通过密切的联系和互动，共同促进了中小学生的发展。每种形态的教育不仅在分工上有所不同，更在相互促进中展现其价值，它们之间任何一方的偏差都可能阻碍中小学生的全面成长，而不协调的合作则可能导致教育目标的偏离或教育成效的减弱。必须有效整合家庭、学校和社区的教育资源，形成强大的合力，避免教育力量的相互抵消和冲突。家庭、学校和社区教育的关系如图 1-1 所示。

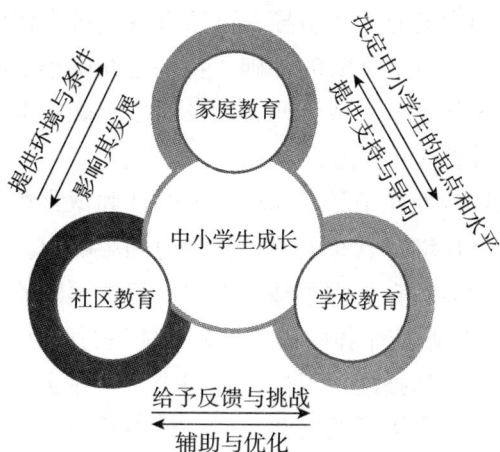

图 1-1 家庭、学校和社区教育的关系

这种合作远非简单的三者相加，而是需要构建一个具有整体性、关联性、层次性、统一性和系统同构属性的现代化教育合作体系，关键是要充分挖掘并发挥每个合作方在教育中的独特功能，实现各自优势的互补和协同，共同探索高效的合作模式，增强合作意识，积极参与和贡献，以实现互动、互补的目标。三者的深度合作，在促进"荣辱与共"的共赢局面基础上能够确保教育合作体系的灵活性、动态性、全面性和活力，进而更有效地支持和促进中小学生的全面发展。

（一）家庭教育是基础

家庭教育不仅是个体教育的起点，更是整个教育体系的基石，为个体的全面发展奠定了基础。个体通过家庭教育不仅获得了生活的基本技能和知识，更形成了健康的人格和正确的价值观。家庭教育的基础作用体现在其为个体提供了最初的学习和社会化环境。在个体进入学校学习和面对社会挑战之前，家庭已经通过日常生活的互动、情感交流和行为模范，对其进行了最基本的教育。这包括生活自理能力的培养、基本的语言和沟通技能的形成，以及对生活的态度和价值观的塑造。这些教育内容虽然看似简单，却是个体今后学习和社会交往的基础。家庭教育在整个教育进程中起到了关键的作用。人的成长过程存在多个发展的关键期，这些时期对于个体的认知、情感和社会能力的发展至关重要。家庭教育在这些关键期内的介入和引导，可以有效促进个体的健康成长，为其日后的学习和生活打下坚实的基础。特别是在中小学时期，家庭教育在引导个体处理人际关系、情感冲突以及树立正确的世界观、人生观和价值观等方面起到了不可替代的作用。

家庭教育的特殊性在于其亲和性、即时性和恒常性。家庭作为个体成长的第一个社会环境，具有天然的亲和力和影响力。家庭成员间的密切联系和日常互动为教育提供了随时可得、持续不断的机会，这种特性使家庭教育能够及时响应个体的需求，为个体进行个性化的指导和支持。家庭教育在劳动与生活技能、卫生保健知识、人际交往等方面的优势显著。家庭教育通过日常生活的实践，使个体能够在自然而然的环境中学习到实用的生活技能和社会行为准则，这些是学校教育和社区教育难以通过课程教授的。

（二）学校教育为主导

作为国家设立的专门教育机构，学校教育在整个教育过程中的独特优势和功能对个体的成长和社会的发展具有决定性影响。学校教育作为主渠道、主阵地和主课堂，具备多方面的独特优势。学校是专门研究教育问题的机构，更能把握教育的科学方向，其教育内容能够反映时代精神，符合学生的年龄特征。这一特点使学校教育能够系统地传授知识、培养技能，同时引导学生形成正确的世界观、人生观和价值观。学校教育具有完善的组织形式和系统的教育措施。通过健全的班级和团队组织，学校能够为学生提供一个有利于社会化和个人发展的环境。这种环境通过教学活动和各种校园活动，有计划地对学生施加影响，有助于培养学生的集体意识、社会责任感和合作精神。

学校拥有受过专业训练、经验丰富的教师队伍，这些教师能够对学生施以有目的、有计划、有组织的教育，排除和抵制来自社会或家庭的不利因素。学校教育的这种可控性不仅体现在对校内教育活动的控制上，还体现在其能够对社区教育和家庭教育进行调控，最大限度地对个体成长产生积极影响。从中小学生成长的历程看，其黄金成长期主要在各类学校中度过，因此，学校教育对中小学生发展具有全面而深远的影响。学校不仅是知识和技能学习的场所，也是社会实践、情感培育和价

值观塑造的重要平台。因此，学校教育的主导地位在构建三位一体育人
体系中至关重要。

（三）社区教育为补偿性平台

社区教育在家庭、学校与社区三结合的教育体系中既是补偿性的教
育平台，也是连接家庭教育和学校教育的桥梁。社区教育的核心价值在
于为中小学生提供了一个超越传统教室边界的学习和社会化的实践场域，
使其能够在更加广阔的社会空间中不断探索、学习与成长。社区作为一
个"大课堂"，具有独特的教育资源和价值。中小学生在家庭和学校获
得的知识虽然是基础性的，但并不全面。社区教育弥补了家庭教育和学
校教育的不足，其通过提供多样化的社会实践机会，如志愿服务、社会
活动、文化交流等，使中小学生能够接触并了解社会的多样性，从而促
进中小学生全面发展。社区教育的补偿性体现在其能够为中小学生提供
学校和家庭教育之外的知识和技能学习机会。这些学习机会来自社区内
的各种资源和活动，包括公共图书馆、社区中心、文化机构和非政府组
织等，它们为中小学生提供了丰富的学习内容和形式，帮助中小学生拓
宽了视野，增强了他们的社会责任感和公民意识。

社区教育的连接作用体现在其能够整合家庭和学校的教育资源，形
成教育合力。社区不仅是中小学生学习和成长的场所，也是家长和教育
者交流、合作的平台。通过社区活动，家长和学校教师可以共同参与中
小学生的教育过程，实现资源共享和经验交流，增强教育效果。社区教
育具有开放性和包容性，能够促进中小学生的个性化发展。社区提供的
多样化活动和服务满足了不同中小学生的兴趣和需求，支持他们探索个
人潜能和发展特长。这种个性化的学习经历是家庭教育和学校教育难以
单独提供的，体现了社区教育在促进中小学生发展中不可替代的作用。

第四节　中小学生健康成长的意义

一、实现中华民族伟大复兴的现实需要

中小学生在家庭、学校和社区的成长和发展不仅关乎个体的全面发

展，更是实现中华民族伟大复兴的重要途径。它关乎每一个家庭、每一个中小学生和整个民族。中小学生的健康成长体现了全方位教育的理念，强调了在多维度促进知识、技能、情感、社会交往等方面的均衡发展。这种全面的成长模式能够培养出既具有深厚的国家认同感、民族自豪感，又具备全球视野、创新能力和社会责任感的复合型人才。拥有这样的人才是推动国家进步、维护民族尊严、实现中华民族伟大复兴的根本保证。

在家庭维度，中小学生获得的是情感的滋养、价值观的培养和最基本的社会行为规范；学校教育通过系统的知识教育和专业的技能训练，为中小学生的职业发展和社会融入提供了必要的工具和能力；社区教育则强化了中小学生的社会责任感、团队协作能力和公民意识。中小学生在各个维度的成长不是孤立的，它们相互影响、相互促进，共同构成了中小学生成长的立体网络，适应了当代中国社会发展的需要，培养了能够担负起民族复兴大任的新一代。实现中华民族伟大复兴，不仅需要经济的繁荣和政治的稳定，更需要文化的繁荣和人才的充盈。因此，中小学生的健康成长直接关系到国家的未来和民族的命运。

二、社会和谐发展的本质要求

中小学生的健康成长为社会的和谐发展提供了坚实的基础。在全球化和信息化的时代背景下，社会对人才的需求日益多元化和复杂化。中小学生的健康成长强调了在传统的学术教育之外，社会对个体的道德、情感、社会能力等非智力因素的培养。这种全方位的成长模式培养出的不仅是具有扎实学识的人才，更是具有高度社会责任感和广阔视野的未来人才，能够更好地适应社会发展的需求，为推动科技进步、文化繁荣和社会和谐发展作贡献。

中小学生的健康成长有助于培养具有社会责任感和积极公民意识的个体。在全球化的今天，社会面临环境、经济、文化等多方面的挑战，全面发展的中小学生不仅能理解这些挑战，更能积极参与解决问题的过程，为建设更加和谐的社会贡献力量。中小学生健康成长促进了社会的文化繁荣与多样性。通过接触多元的文化和进行不同的社会实践，中小学生能够学会尊重差异、理解多样性，拥有这种开放和包容的态度是构建和谐社会的基石。中小学生作为社会未来的接班人，不仅需要有扎实的知识基础，还需要有解决复杂问题的能力、合作和沟通的技能以及良好的道德品质。以家庭、学校和社区为基础的健康成长使中小学生能够具备这些能力和品质，这对于推动社会经济的持续发展、构建和谐稳定的社会环境具有重要意义。

三、正确人生观、价值观的形成基础

在中小学生的成长过程中，中小学生学习的不只是知识和技能，更重要的是学会如何作为一个有责任、有道德的人在社会中生活和发展。正确的人生观和价值观是指导中小学生健康成长、实现自我价值的基础。中小学时期是个体人生观和价值观形成和确立的关键阶段，家庭、学校和社区的整合式教育为中小学生提供了认识自我、理解世界的多维视角。这种教育模式强调德、智、体、美、劳的全面发展，使中小学生在多样化的环境中学习和成长，从而形成广阔的视野和深厚的人文关怀。

正确的人生观和价值观对于中小学生来说，不仅是个人成长的指南，也是其社会交往和参与的基石。这种人生观和价值观的形成有助于中小学生树立正确的成功观、荣辱观，促使他们明确人生目标，培养积极向上的人生态度。在家庭、学校和社区的共同影响下，中小学生能够学会尊重他人、理解差异、承担责任，这对于促进社会的和谐与进步具有重要作用。通过参与家庭、学校和社区组织的各类活动，中小学生能够将理论知识与实践经验相结合，这种结合有助于他们将自身的价值观转化为实际行动。在参与社会实践的过程中，中小学生不仅能够加深对社会问题的理解，更能够培养解决问题的能力和创新思维，这为他们今后成为能够解决社会问题、推动社会发展的人才奠定了基础。

四、创新思维和创造力培养的实现基石

中小学时期是个体认知、情感和社会能力迅速发展的关键阶段，中小学生的健康成长对于他们培养创新思维和创造力具有重要意义。创新是推动社会进步和文明发展的重要动力，在全球化和知识经济时代，社会对创新人才的需求日益增长。中小学生作为社会的未来，他们的创新能力和创造力直接关系到国家的创新能力和竞争力。家庭、学校与社区为中小学生提供了一个综合性的学习环境，使他们能够从不同领域获得

知识和技能，拓宽视野、提高认知水平，这种跨越式的知识结构为创新思维的形成提供了丰富的土壤。同时，通过参与社会实践、科学研究项目等活动，中小学生能够将所学知识应用于解决实际问题，这不仅增强了他们解决问题的能力，更激发了他们的创新意识和创造动力。中小学生通过参与社区服务和公益活动，可以深刻理解社会的需求，这种对社会的深刻认知是培养创新思维的重要基础。认识到自己的行为对社会的影响，能够激发中小学生追求社会进步和文明发展的动力，进而在创新实践中积极寻找和解决社会问题。

第二章 家校社协同共育的理论基础

第一节 马克思关于人的全面发展学说

人的全面发展是一个贯穿古今的议题，而马克思主义的唯物史观为其提供了深刻的理论基础。1848 年，马克思和恩格斯在《共产党宣言》中系统地阐述了科学社会主义理论，并提出"只有在未来的共产主义社会里，人的全面发展才会真正意义上实现……每个人的发展是一切人的自由发展的条件。[①]1857 年，马克思在《政治经济学批判》中指出人的全面发展应与理想社会相结合，马克思认为，这个未来社会的本质特征是"建立在个人全面发展和他们共同的社会生产能力成为他们的社会财富这一基础上的自由个性"[②]。1867 年，马克思在《资本论》中科学地论证了社会主义革命的必然性和共产主义的必然性，确立了人的全面发展学说。

随着社会的不断发展，马克思主义有关人的全面发展的理论在新时代得到了进一步的展开和丰富。自中国共产党第十八次全国代表大会以来，中国共产党从新时代的高度，深入探讨了促进人的全面发展的问题，将人民对美好生活的追求融入了人的全面发展的理论之中。可见，推进人的全面发展为中小学生的成长提供了坚实的理论基础。

[①] 马克思，恩格斯.马克思恩格斯全集：第 23 卷 [M].中共中央马克思恩格斯列宁斯大林著作编译局，译.北京：人民出版社，1972：534.
[②] 马克思，恩格斯.马克思恩格斯全集：第 42 卷 [M].中共中央马克思恩格斯列宁斯大林著作编译局，译.北京：人民出版社，1979：120.

一、马克思主义关于人的全面发展学说的内涵

（一）关于人的全面发展的科学解释

1."人"的科学解释

在深入理解马克思主义关于人的全面发展学说之前，首先要准确把握"人"的科学解释。马克思关于人的全面发展学说中，对"人"的理解并非抽象化的单一维度，而是将其置于丰富的社会关系网，强调人的本质特征是在特定的社会关系中展现并随之演变的。这一观点突破了人对自身固有本性的简单认识，揭示了人的存在既包含自然属性也包含社会属性，体现了人作为自然存在和社会存在的双重性质。人不是一个孤立的、抽象的存在，而是一个处于特定历史时期、特定社会关系中的实践主体，在这一理论视角下，"人"被视为社会历史条件的产物，其本质特征、需要和活动方式都受到所处社会形态的深刻影响。因此，人的特征和行为模式在不同的社会关系和历史阶段中会表现出多样性和变化性。

在复杂的社会关系网中，每个人都扮演着不同的角色，并在相互作用中彰显个体价值。在共产主义社会中，人的全面发展成为可能，因为社会关系的变革为个体提供了实现自我的条件，在这一社会形态下，通过每个全面发展的个体的活动，人的全面发展得以体现。换句话说，个体的解放成为推动社会解放的关键动力，个人的全面发展与社会的全面发展相互促进。马克思关于人的全面发展的学说强调个体与社会的统一性，认为人的全面发展不仅是个体自我实现的过程，也是社会健康发展的基础。这种观点揭示了个人发展与社会发展之间的内在联系和相互依赖性，即社会的每一个成员都是社会整体发展的参与者和贡献者。

2."全面发展"的科学解释

传统意义上的"全面发展"被视为人的体力和智力的均衡增长与提升。现阶段，"全面发展"已经拓展为德、智、体、美、劳的全方位发展，这不仅是对原有概念的延伸，更是对其的丰富和深化。马克思对"全面发展"的理解强调了个体在社会中的综合成长，意味着培育和发展人的各种潜能和属性。"全面"这一定语实际上对发展进行了全局性的定义，与单一方面的发展或不均衡发展形成了鲜明对比。

从历史唯物主义视角看，全面性是在社会历史进程中，通过人们不断扩展的社会实践活动形成的。这种全面性是动态的，它反映了人类与社会、自然的交互影响和不断适应的过程。在这个过程中，人的全面发展不仅是个体追求的目标，也是社会发展的必然要求。人的全面发展在合理的社会制度中才能达到最优状态，在社会主义制度下，均衡分配资源、提供平等教育机会和创造健康的社会环境，为每个人的全面成长创造了条件。这种制度设计体现了社会对个体全面发展的重视和承诺，认为只有在社会各方面协调发展的基础上，个体才能实现真正的全面发展。"全面发展"的科学解释强调了个体发展的多样性、动态性和社会性，反映了马克思主义对人的全面发展的深刻洞见。

（二）人的全面发展学说的科学内涵

马克思关于人的全面发展学说是其理论研究的核心成果之一，他深刻洞察社会现实，并揭示了人全面发展的三大要素：人的需求与劳动能力、个性的发展以及社会关系。这一学说强调，人的全面发展不仅需要满足人的需求和劳动能力的发展，还必须促进个性的全方位发展，并在健康的社会关系中得以实现。

1.需求的全面发展

在马克思主义关于人的全面发展的学说中，人被视作具有自然、精神和社会三重属性的完整存在，这些属性共同构成了"完整的人"的概念。人的需求，既包括基本的生理物质需求，也涵盖高级的社会交往需求和精神文化需求，是人全面发展的核心动力。需求是推动人发展的主要源泉，人的全面发展首先是实现人的需求的最大限度的满足。

需求不仅是人的本性的直接体现，也是促进人全面成长的重要因素，在实践活动中，需求作为内在动力，激发个体发展新的能力和追求。人的需求是动态变化的，基于生存的基本需求是需求体系的基石。随着社会生产力的提升和个体实践活动的丰富，人的需求体系将不断扩展，新的需求也将不断产生，进而推动个体能力的提升和个性的发展。从马克思的视角来看，人的需求发展是与社会生产力和个体实践活动紧密相连的。生产力的进步不仅满足了人的基本物质需求，还促使人产生更高层次的精神文化需求，这种需求的不断提升和满足，反过来又推动了生产力的发展，形成了一种相互促进的良性循环。因此，人的需求的全面发展不仅体现在满足更多样化、更高层次的需求上，也体现在通过实践活动持续推动个人潜力的发掘和能力的提升上。

2.劳动能力的全面发展

人通过劳动实现自我，劳动不仅是人类生存的基础，也是个体自我实现和自由发展的途径。在这一理论下，劳动能力的全面发展被理解为个体在选择感兴趣的劳动领域的过程中，通过自主能动性提升自己的劳动技能，进而实现自我满足和幸福感。劳动是人类区别于其他生物的根本标志，人通过劳动与自然界和社会环境互动，在不断改造世界的同时也改造自己。劳动能力的全面发展意味着个体不仅要发展生产劳动技能，更要通过参与社会、文化、艺术等多样化的劳动实践，促进智力和体力的和谐成长，实现个性的多方面展现。

劳动能力的全面发展还体现在劳动形式的多样性上。在多元化的社会中，不同的劳动形态为人们提供了广泛的选择空间，能够使人们根据自身的兴趣、特长和价值观选择最适合自己的劳动方式。这种多样化不仅满足了人的多元需求，也促进了劳动方式的创新和劳动生产力的提升。个体在从事脑力劳动与体力劳动结合的工作的过程中，能够实现知识与技能的相互补充。劳动能力的全面发展与个人的自我满足、幸福感紧密相关。在劳动过程中，个体不仅能够实现物质生产，更重要的是通过创造性劳动实现自我价值，得到精神上的满足。这种通过劳动实现的自我表达和自我实现是人的全面发展不可或缺的一部分。因此，劳动不仅是经济生产的手段，也是人类文化、社会关系和个性发展的重要媒介。

3.个性的全面发展

个性的充分发展就是"一切天赋得到充分发展"，人的个性只有得到充分发展，才能真正实现人的自由而全面的发展。个性的全面发展不仅是个人追求的目标，也是社会进步的体现。个性的真正自由发展是实现人的理想发展状态的关键，它意味着个体在社会实践和生产活动中能够根据自己的意愿和能力，最大限度地展现自己的主观能动性，从而达到个性发挥的理想状态。个性的全面发展是个体作为本质上的人这一独一无二的个体在实践中实现其潜能和发挥其能动性的过程，不仅包括个体能力的提升，更重要的是个体能够在这一过程中认识到自己的生命价值和社会使命，通过自己的劳动和创造活动获得自我满足和幸福感。这种个性发展的过程，是个体与社会互动中自我实现的体现，展现了人的创造力和独创性。

在马克思主义视角下，个性的全面发展与社会生产紧密相连。社会生产不仅是人们满足物质需求的手段，更是其个性发展和社会关系构建的舞台。通过参与社会生产，个体不仅能体现自己的劳动能力，更重要的是能通过劳动过程中的社会互动和创造活动，实现个性的充分展现和自我价值的认同。在这个过程中，个体的主观能动性得到充分发挥，实现了从生产力的一部分到社会个体的转变。个性的全面发展与社会的全面发展是不可分割的，在理想的共产主义社会中，社会结构和生产方式的变革将为每个人提供自由发展的空间和条件。在这种社会中，个体的全面发展不再受生产关系的束缚，个人的创造性和独创性得到充分发挥，社会关系更加和谐，从而推动社会整体向前发展。个体全面发展和社会全面发展的统一，体现了个体与集体、自由与必然的辩证关系，指向了人类社会发展的最高境界。

4.社会关系的全面发展

人是社会关系的总和，这一点深刻揭示了个体存在和发展的社会属性。社会关系，作为人与人之间互动的总称，随着社会实践的深化和生产力的提高，呈现出日益复杂化和多层次化的特征。个体的全面发展，从根本上看，依赖社会关系的全面进步。社会关系的全面发展指的是在经济、政治、法律、文化、伦理等多个层面上的丰富和提升。随着社会的进步，这些关系之间的相互作用和相互影响变得更加紧密，构成了一个多元化、动态变化的社会关系网络。在这一网络中，个体不仅作为社会成员参与各种社会活动，而且通过这种参与，实现了自己的社会属性，认识到了自我在社会中的位置和作用。

个体的发展和社会关系的全面发展是相互依存、相互促进的。一个人的全面发展不仅需要在物质和精神上的满足，更需要在社会关系中找到自己的定位，实现与他人的和谐互动。良好的社会关系环境，为个体提供了实现自我价值、自我提升的平台和机会。反之，个体的发展和提升也为社会关系的和谐与进步作出了贡献。因此，社会关系的全面发展既是社会进步的标志，也是个体发展的基础。社会关系的全面发展使社会呈现出一种和谐的状态。在这种状态下，人们之间的交往更加自由开放，相互尊重和理解，共同促进了社会的正义和进步。和谐的社会关系对于构建一个稳定、健康、充满活力的社会至关重要，它为个体提供了一个良好的生活和发展环境，使人们能够在相互尊重和支持的基础上，追求个人和集体的幸福。

二、人的全面发展学说的价值意蕴

（一）人的全面发展学说与社会生产力的发展

在马克思主义理论中，人的全面发展与社会生产力的发展之间存在着深刻的内在联系。从根本上讲，人类的生产劳动是拥有美好生活的一种手段。生产力是指在生产过程中，人与自然界相互作用的能力，包括人的劳动技能、知识水平、生产工具、技术等。生产力的发展并非物质财富的增加，更重要的是，它关系到人的主体能动性的展现和个性的全面发展。生产力的提高，使人类有更多的资源和空间去追求更高层次的精神价值和社会目标，从而实现个人价值的最大化。

只有在生产力高度发达的基础上，人们才能够实现自由而全面的发展。这是因为，当生产力达到一定水平时，人类社会能够满足成员的基本物质需求，人们在满足生存需求的基础上，才能追求更广阔的个性发展和自我实现。在这个过程中，劳动不再是单一的生存手段，而是成为实现个人潜能、展现个性价值的途径。生产力的提升本质上代表了人类价值的展现，同时，生产力的提升过程也是人类实现自我价值的过程。生产力的发展需要与生产关系的变革相结合。生产力的发展往往受到旧有生产关系的制约，只有变革生产关系，打破生产力发展的桎梏，人的全面发展才有可能实现。

（二）人的全面发展学说与社会的可持续发展

人的全面发展应当和环境保护及社会进步相协调，这对于指导人们走向可持续发展的道路具有深远的意义。人的全面发展不仅仅是个体层面上的成长，而是需要在一个健康、和谐的社会环境中实现的。在这个过程中，环境保护和资源节约成为实现人的全面发展的必要条件。社会的可持续发展要求人们在推动经济增长的同时，保护环境，合理利用资源，确保后代也能享受到自然资源和健康环境。这一目标与人的全面发展学说中的理念不谋而合，即在实现个体发展的同时，也要考虑社会整体的福祉，以及对自然环境的责任。

在人的全面发展学说中，个人的成长和发展需要一个良好的社会环境，这指的不仅是物质条件，更包括社会的公平、正义以及对自然的尊重。强调人与自然的和谐共生，人的全面发展学说提供了实现这一目标的理论基础。在可持续发展的框架下，人类社会和自然环境之间的关系应该是相互支持、相互依存的，而非简单的开发与利用。因此，建设一个环境友好型、资源节约型社会，对于促进每个人的全面成长具有重要意义。

人的全面发展学说时刻提醒着人们，在追求经济增长和技术进步的同时，必须考虑到环境保护和资源节约，以及建设一个公平正义的社会环境。只有在人与自然和谐共处、社会公平正义的基础上，人的全面发展才能真正实现，社会可持续发展的目标也才能真正达成。

（三）人的全面发展学说与现代教育的发展

马克思的人的全面发展学说强调，教育不仅仅是对知识的传授，更是对人的劳动能力、道德品质和个性的全面培养。在全球化时代，国际竞争实质上是人才的竞争，这使人的全面发展成为现代教育的核心追求。这要求现代教育超越传统的知识传授功能，更加重视培养学生的全人素质，包括道德品质、社会责任感、创新能力等。通过教育与生产劳动的结合，现代教育应当致力培养既有坚实理论基础又具备实践能力的复合型人才，以适应全球化时代的挑战和需求。

1. 人的全面发展与教育目标

人的全面发展学说强调，教育不仅应致力人的智力的培养，更应广泛地关注人的体力、道德和个性的和谐发展。这种全面发展的教育观念对现代教育体系的构建和实践有着根本性的影响，指导人们如何培养能够适应未来社会需求的人才。人的全面发展概念超越了单一维度的教育，它强调在体力、智力、道德和个性等多个维度上的均衡发展。体力发展关注身体的健康和活力，智力发展注重知识的积累和思维能力的培养，道德发展着眼品德的塑造和伦理观的建立，而个性发展则强调个人特质的形成和创造力的激发。这一全面的发展视角要求教育不仅要传授知识，更要培养学生的综合能力，以促进其在多方面的成长。

马克思主义关于人的全面发展学说促进现代教育体系向更加全人化的方向发展。在这一理论指导下，现代教育目标的设定开始从单一的知识传授转向培养学生的全面能力。这不仅包括科学文化知识的传授，还包括体育、艺术、劳动等方面的能力培养，以及品德、情感、意志等非智力因素的发展。这种转变意味着教育应该为学生提供一个全面成长的平台，帮助他们在多个维度上获得均衡的发展。

马克思的人的全面发展学说对现代教育实践提出了新的要求。它要求教育内容多元化，包括跨学科的学习、创新能力的培养、社会实践的经历等，以适应人的全面发展的需要。教育方法也应更加注重对学生主动参与、探索学习和批判性思维的培养，从而促进学生的主体性发展。教育评价体系也需要改革，强调教师应更多地关注学生的综合素质和个性发展，而不仅仅是知识水平的测试。

2.教育与生产劳动的结合

人的全面发展学说强调教育与生产劳动的结合，教育本身就是理论与实践的结合，其不仅仅是知识的传递和技能的培训，更是一种全面能力的塑造过程。这种教育模式强调让学生在真实或模拟的生产劳动中的学习和应用知识，不仅能够发展他们的专业技能，更能培养其解决问题的能力、团队协作精神和社会责任感。教育与生产劳动的结合是马克思主义教育理论中的核心内容之一。马克思和恩格斯在《德意志意识形态》一书中指出，人的教育应当通过直接参与社会生产来实现。这种观点的实质在于，通过参与生产劳动，个体不仅能够获得实践技能，而且能够在实践中学习如何运用知识解决实际问题，从而实现知识和技能的有机结合。

在现代教育中，教育与生产劳动的结合体现为各种形式的实践活动，包括实习、实训、项目制学习等。这些实践活动旨在让学生在真实或模拟的工作环境中应用所学知识，培养解决实际问题的能力。例如，职业教育中的工学交替制度，就是将学生放置在真实的工作环境中，让他们在完成生产任务的同时，学习相关的理论知识。教育与生产劳动的结合对学生的全面发展具有重要意义，它有助于学生理解理论知识的实际应用，加深对专业知识的理解。通过参与生产劳动，学生能够提前适应未来的工作环境，对职业生涯有更清晰的规划。这种结合还能培养学生的团队合作能力、创新能力和社会责任感，为其成为社会所需的全面发展人才打下坚实基础。

3. 现代教育的人才观

人的全面发展学说中的人才观与全球化和知识经济时代对人才的需求高度契合，都强调对人们创新能力和综合素质的培养。在全球化和知识经济的大背景下，现代社会对人才的需求发生了根本性变化。不再单纯强调知识的积累和对专业技能的掌握，而是更加重视创新能力、批判性思维、终身学习能力和国际视野等综合素质的培养。这种变化体现了现代社会对人才的全面性要求，即不仅要求人才在专业领域有深入的理解和掌握，更要求其具备适应快速变化的社会、解决复杂问题的能力。

马克思的人的全面发展学说为现代教育的人才观提供了理论基础。这一学说强调，在教育过程中，应当关注个人的多方面发展，包括劳动能力、道德品质、个性特点等。这一观点与现代社会对人才的需求不谋而合，现代教育的人才观强调培养学生的创新意识、批判性思维、终身学习能力和国际视野，以适应知识经济时代对人才的全面需求。教育应当为学生提供广阔的知识视野和丰富的实践机会，使他们能够在未来的社会生活中不断探索、创新和自我完善。此外，现代教育的人才观也强调个性化发展，认为教育应当尊重每个学生的个性和特长，提供适合每个学生的个性化学习路径，促进每个学生的全面发展。

第二节　中小学生发展的基本理论

鉴于中小学生发展理论众多而复杂，本节仅对几种广泛通用的理论进行论述，这些理论提供了理解中小学生行为和心理发展的重要视角。通过精选的理论框架，笔者旨在为读者提供全面而深入的理解，方便读者更好地把握中小学生发展的核心要素和动态变化。

一、生物学理论

中小学生成长是一个复杂的生物学和社会学现象，涉及身体成长、心理发展和社会适应等多个方面。生长过程中，中小学生的身体发展遵循一定的顺序和速度，不同器官有其特定的成熟时间表。了解这些生长规律对于指导中小学生健康发展至关重要，能够帮助人们从中小学生内在的成长机制出发，找到促进其正向发展的有效策略。

遗传因素在中小学生的发展中起到基础性的作用，决定了个体之间在生长速度和发展顺序上的差异。同时，遗传变异也可能导致发展过程中的个体差异。因此，面对中小学生成长的复杂性，教育和辅导工作需要采用个性化的方法，以发掘每个中小学生的潜能和特长，促进其全方位和协调成长。中小学生的发展不仅受到生物学因素的影响，社会环境因素在中小学生的发展过程中也扮演着至关重要的角色。社会因素和生理因素相互作用，共同影响中小学生的心理和行为模式。器官的成熟，尤其是神经系统和内分泌系统的发展，为中小学生的全面发展提供了生理基础；而外部环境，包括家庭、学校和社区的综合作用，则为中小学生提供了成长的场域和机遇。

（一）生物进化理论和复演论

生物进化理论和复演论为人们提供了一种理解中小学生成长与发展的深刻视角，强调了生物性力量的作用和人类进化历程对个体发展的影响。这一理论框架不仅丰富了人们对中小学生发展的认识，也为如何更有效地支持中小学生的成长提供了指导原则。

生物进化理论，源于查尔斯·罗伯特·达尔文（Charles Robert Darwin）的自然选择和适应理念，即生物种类的演化是通过最适合环境的个体生存下来并繁衍后代的过程。当这一理论应用于人类的个体发展时，它假定个体的成长和发展受到自然法则的影响，其中，中小学生的成长和发展被视为个体适应环境的一种现象。此观点强调，中小学时期的生物性变化与心理发展是个体对其所处环境适应性响应的直接体现，而这一适应过程是普遍存在且不受特定社会文化背景影响的。

美国第一位心理学博士霍尔（Hall）被称为青少年研究鼻祖。作为此领域的先驱，他将进化论的原则运用于青少年心理与发展的研究，成为青少年理论中复演论的代表人物。复演论的核心观点是"个体发展复演种族进化"，即个体在发展过程中，会重现人类在进化历程中的各个阶段。青少年发展的每一个阶段都是人类进化史上一个特定时期的反映。从婴幼儿期的"似猴"阶段，到儿童期的狩猎时代再现，再到少年期反映的农牧社会，以及青年期所体现的狂暴、冲突以及社会骚乱，每一阶段都能显现出人类发展史的某个特征。这一理论视角对于人们理解青少年期的变化提供了一种生物学和历史的深度解析——青少年期的不安和躁动不仅是个体内部生物性力量的自然表现，也是种族历史进程中累积的经验和冲突的体现。因此，人们对青少年的教育和引导，应当考虑到这些生物学与历史的深层因素，通过爱、虔诚和服务的理念来满足他们在不同发展阶段的需求。

将生物进化理论与复演论应用于中小学生发展的研究，人们能够从生物学的角度理解个体在中小学时期的特征，进而把握这一发展阶段在人类历史进程中的意义。这种理论框架强调了中小学生发展的普遍性和连续性，同时提示人们，对中小学生的支持和引导需要深入理解他们所处的生物历史阶段，以及这些阶段对他们行为和心理的影响。

（二）发展螺旋论与遗传学说

发展螺旋论本身具有遗传学的渊源，这种理论认为生命过程关系到一系列不断发展的有条不紊的渐进组织，每一个组织都源于遗传体质，每一个组织都依赖另外的组织。[①] 从这个角度看，个体的每一个发展阶段不仅依赖之前的阶段，而且随着时间的推移，会变得越来越专门化和多样化。

美国著名生理学家格赛尔（Gesell）是这一理论的代表人物，他通过在耶鲁大学进行大量青少年发展研究，进一步深化了发展螺旋论的理论框架。他的研究突出了个体发展是一个规律性的自然进程，这一过程中的差异主要由遗传编码的不同引起。在这个视角下，遗传所引导的成熟过程成为成长的基础机制。格赛尔特别强调，成长过程像螺旋一样，既有向前的进展也有可能的回退，这是一个充满律动的现象。顺境和鼓励可以促进青少年的发展，而挫折和问题则可能导致青少年发展的停滞。

---

① 廖鸿冰.学校社会工作论略[M].北京：中央文献出版社，2009：65.

进一步理解这一理论，可以看到，各种基因组合在人的心理、行为、人格、智力和性取向等多方面发展中发挥着重要作用。遗传编码的复杂性、多样性以及代际的独特性导致了个体之间在发展过程中存在显著的差异性。这种差异性不仅是发展结果的多样化，而且也反映了人类发展的复杂性和个体化特征。遗传学说强调，由于基因间可能存在的变异和异常，个体发展的路径充满了不确定性和唯一性。

将发展螺旋论与遗传学说应用于中小学生发展的研究，有助于人们从遗传学角度深入理解中小学时期的成长挑战和个体差异。这一理论框架不仅强调了遗传在个体发展中的决定性作用，也揭示了个体在发展过程中可能的复杂性和动态性。认识到遗传因素的重要性，有助于人们更加精准地理解中小学生的需求和发展潜力，真正实现中小学生的全面发展。

（三）生长顺序和时间理论

生长顺序和时间理论为人们理解自身，尤其是青少年生理发展的模式、时间安排以及其中存在的变异和差异提供了一个重要的分析框架。英国生物学家丹纳（Tanner）是生长顺序和时间理论的代表人物，其研究成果尤其是他所进行的"哈本顿成长研究"，在这一理论领域中占据了核心地位，这一研究深入探讨了青少年进入青春期后的生理发展顺序、类型及变异。理解青少年生理发展的规律性是至关重要的。每个青少年在进入和经历青春期的过程中，都会按照一定的生长顺序展现出特定的发展特征。然而，尽管存在这种普遍的顺序性，个体之间在发展的具体时间和速度上却表现出显著的差异性。这些差异不仅源于遗传因素，还受环境、营养状况、身体健康和社会文化等多重因素的影响。

生长顺序和时间理论的核心观点在于，青少年生理发展过程中产生的个体差异是正常且自然的。青春期的发展，包括身高的增长、第二性征的出现、生殖系统的成熟等，虽然遵循一定的生长规律，但每个人的发展节奏和时间框架都是独一无二的。因此，青少年工作者和教育者需要充分认识到这种差异性，以便更好地理解和满足青少年在这一关键发展阶段的需求。中小学生在成长过程中经常会感到不安和焦虑，特别是当他们发现自己的发展速度与同龄人不同或不符合社会普遍规律时。生长顺序和时间理论提供了一个框架，帮助中小学生理解这些焦虑的根源，从而使中小学生更有针对性地采取措施，克服成长过程中的困扰。

二、心理学理论

（一）认知发展理论

认知发展理论又称认知发源论、人格认知理论，代表人物为瑞士儿童心理学家皮亚杰（Piaget），他的研究，特别是他在 1923 年至 1929 年对儿童的道德判断、日常生活事件、使用的语言进行的系统调查，奠定了认知发展理论的基础。认知发展理论的核心在于两个基本概念：基模和适应。基模，或称为认知结构，是个体理解和响应环境的思维和行为模式。这些基模是通过直接经验和学习形成的，为个体提供了一个框架，用于解释和处理新信息。随着个体不断地遇到新的情境，他们会利用现有的基模来解释这些情境，而后可能将新的信息融入原有的基模之中，从而促使基模的调整和变化。这一过程是个体认知发展和知识获取的基础机制，包含同化和顺应两个互补的过程。皮亚杰的最大贡献便是提出了认知发展的阶段理论，个体的发展共分四个时期，如图 2-1 所示。

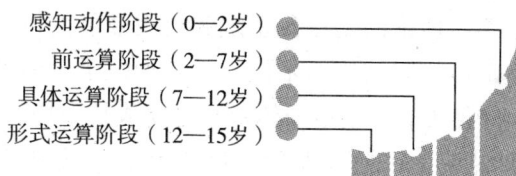

感知动作阶段（0—2岁）
前运算阶段（2—7岁）
具体运算阶段（7—12岁）
形式运算阶段（12—15岁）

图 2-1　个体发展的四个时期

其中，形式运算阶段是个体认知成长的关键阶段。在这一阶段，个体的思维能力发生了显著变化，不再仅限于对直接经验的具体思考，而是能够进行抽象思维，包括对过去、现在和将来可能发生情况的假设性思考。个体现在能够设想不同因素联合下可能产生的逻辑情况，这标志着他们认知能力的成熟和发展。

认知发展理论为理解儿童和青少年在认知发展过程中的变化提供了一个重要的理论视角。通过识别和理解不同发展阶段的特点，教育工作者可以更有效地支持中小学生的学习和成长。如了解到中小学生在形式运算阶段已具备进行抽象思维的能力，教育者可以设计合适的教学策略，为中小学生提供更多探究性学习的机会，让他们通过假设和推理来探索学科知识。基模和适应这两个基本概念，时刻提醒人们认知发展是一个动态的、互动的过程，个体不断通过与环境的互动来调整其认知结构。这一过程突出了学习的个体差异，以及为满足不同发展阶段的中小学生提供适宜成长环境的重要性。

（二）人格学习理论

人格学习理论的代表人物为美国当代著名心理学家阿尔伯特·班杜拉（Albert Bandura），其理论强调了个体行为、个人的内在事件（尤其是认知状态）以及环境之间的复杂作用。人的学习不仅源于直接经验，还通过观察他人的行为而获得。观察学习包含四个基本环节：注意、保持、再生和增强。首先，个体必须对模仿对象的行为给予足够的注意；其次，观察到的行为需要在记忆中保持；再次，个体能够在适当的时机再生或复现观察到的行为；最后，这一过程通过增强机制得以巩固，这包括了正向的反馈或奖励。这一过程说明了通过观察他人而非直接行动也可以成为学习和行为变化的强大途径。

进一步深化这一理论的是自我系统和自我效能的概念。自我系统是班杜拉用于描述个体认知结构的术语，该结构赋予个体评判、知觉及规划行为的能力。自我效能，则指个体对自己完成特定任务的能力的信心，这种信心基于两种期望：效能期望和结果期望，效能期望是指个体相信自己有能力成功完成任务；而结果期望则是个体对其行为可能带来的结果的预测。自我效能的高低直接影响个体的动机、情绪状态以及行动选择。

班杜拉的人格学习理论还强调了自我规划和模仿在个体发展中的重要性。一方面，自我规划涉及设定目标和策略以实现长期目标的过程，这一过程帮助个体发生改变，形成新的行为模式，并维持这些模式。通过自我规划，个体能够自主地指导自己的学习和成长。另一方面，模仿作为学习过程的一个重要组成部分，不仅涉及观察和复制行为，还包括通过观察楷模的行为结果来学习。个体在模仿的过程中，观察到的行为后果（如奖惩）会影响个体未来的行为选择。

（三）人本主义理论

人本主义理论以马斯洛（Maslow）为代表，他是美国著名的社会心理学家，人本主义心理学派的创始人。马斯洛提出需求层次论，说明人类需求的五个种类，包括生理的需求、安全的需求、爱与归属的需求、自尊的需求、自我实现的需求。根据马斯洛的需求层次论，人最基本的需求为生理的需求，当生理需求获得满足后，人才会有安全的需求；当安全的需求满足后，才会有归属感及爱的需求，以此类推。[①]这一理论不仅反映了个体成长和发展的一般过程，也为人们提供了一个框架来理解和支持中小学生的特定需求和发展过程。

在马斯洛的需求层次中，生理需求和安全需求构成了个体发展的基础。对于中小学生而言，这意味着拥有生活条件和安全感是他们健康成长的前提。随着这些基本需求被满足，中小学生开始寻求更高层次的社会归属和爱，这对他们形成健康的人际关系和社会认同感至关重要。进一步，自尊需求的满足有助于中小学生建立自信和自我价值感，为实现个人潜能奠定基础。自我实现需求位于马斯洛需求层次的最顶端，代表着个体达到其最大潜能和创造力的状态。对中小学生来说，自我实现涉及寻找个人意义、追求自我表达和实现个人目标。在中小学生工作中，重要的是认识到中小学生的高层次需求是在不断发展的，每个中小学生自我实现的路径是独特的。

人本主义理论强调个体主动性和自我决定的能力，认为每个人都有实现个人潜能的内在动力。因此，中小学生的健康发展需要一个支持性的环境，可以使他们探索自我、发展个人兴趣和追求个人成长。这要求教育者、心理学家和中小学生工作者不仅要关注满足中小学生的基本需求，也要关注激发和支持他们对更高层次需求的追求。

三、文化学理论

从人类文化学角度来看，文化是保存特殊团体或社会的价值观、知识的容器，反映了某类人群拥有的知识、信仰、艺术和道德等内容。一般意义上的文化主要包含以下四个层面的内容，如图 2-2 所示。

---

① 陈思纬.图解人类行为与社会环境[M].北京：中国纺织出版社，2023：80.

社会习俗文化，指人们的生活
方式在现实生活中的反映

思想道德文化，包括对世界的
解释和基本的价值观

文学艺术文化，主要涉及对
美的本质的认识

科学理性文化，特指对人类和
自然规律的认识

图 2-2　文化的四个层面内容

文化作为一个综合体，不仅承载着特定群体的价值观和知识，还影响着人们的行为模式和生活方式，是连接过去和未来、个体与社会的桥梁。通过文化，人类得以传承和发展其独特的生活方式和思维模式。文化学方面关于中小学生成长的理论主要有文化人类削理论、场域理论、社会文化理论。

（一）文化人类学理论

文化人类学对青少年发展的研究是以文化为首要考虑因素的，对中小学生的成长具有重要意义。文化人类学的代表人物为美国心理学家玛格丽特·米德（Margaret Mead），其认为青少年行为和发展模式在很大程度上受到其所处环境和文化的影响。她强调青少年不仅是心理学的一个概念，更是文化的真实存在。这一观点指出，要全面理解青少年，必须将其置于特定的文化背景，考虑文化因素如何塑造青少年的行为和态度。

米德提出了青少年亚文化的概念，强调青少年群体中存在独特的亚文化现象。亚文化指的是某些人的观点和生活方式显著地不同于社会主流。青少年为了满足生理与心理的需要，应该有一套适合自己的生活方式与生活内涵，因此，青少年发展或模仿了属于他们的文化，这便是"青少年亚文化"[①]。这一理论对于人们理解青少年群体内部的动态及其与更广泛社会文化之间的关系提供了新的视角。米德还细致区分了不同代之间的文化类型，包括父母楷模文化、并存文化和子女楷模文化。这一分类不仅揭示了不同代之间文化交流和传递的复杂性，也为人们理解青少年在这一过程中所扮演的角色提供了框架。特别是，通过提出子女楷

---

① 丁敬耘.社会发展与家庭教育[M].上海：上海远东出版社，2021：98.

模文化的概念，米德尝试预测未来文化传递的趋势，突出了青少年在文化创新和变革中的潜在作用。

米德的文化人类学理论强调了在研究青少年发展时，文化是一个不可或缺的考虑因素。在青少年的成长研究中，人们必须深入理解和尊重青少年所处的文化背景，认识到文化在形塑青少年身份和发展过程中的核心作用，这样可以更有效地支持青少年的健康成长，促进其积极参与社会文化生活。

（二）场域理论

场域理论将青春期定义为由儿童向成人转化的时期，强调个体与环境之间的相互作用，指出青少年行为是多种内外因素综合作用的结果。场域理论是由库尔特·勒温（Kurt Lewin）提出的，他将物理学中的电磁场原理引入青少年成长研究，提出个体行为是由其所处的生活空间或场域决定的。青少年的行为不仅是其内在心理状态的反映，也是其所处社会环境与内在心理状态相互作用的结果。生活空间的概念为人们理解青少年在特定社会环境下的行为提供了一个全面的框架，考虑到了个体与环境之间的动态关系。

勒温提出的"边缘人"概念，用以描述处于不同社会角色之间，尤其是过渡时期的青少年。"边缘人"概念即青少年生活在一个二元世界中，既面临从家庭到社会的过渡，也处在儿童与成人世界的边缘。这种位置使他们既可能对家庭产生过分依赖，也可能因寻求独立而与家庭产生疏离感，从而导致冲突。勒温的这一观点提供了一个重要视角，帮助人们理解青少年在成长过程中面临的独特挑战和冲突。

场域理论强调，为了理解青少年，成人应当从属于相同文化背景的角度出发，这一点对于构建与青少年之间的有效沟通和理解至关重要。该理论进一步指出，创造一个良好的环境对青少年的全面发展极为重要，通过营造一个有利于青少年成长的环境，最大化地支持他们的发展，包括社会行为、心理健康以及个人潜能的实现。

（三）社会文化理论

社会文化理论，以鲁思·本尼迪克特（Ruth Benedict）为代表人物，强调了社会文化环境在青少年成长过程中的决定性作用。本尼迪克特的研究展现了社会文化对青少年发展影响的广度和深度，得出了青少年的成长与发展深受文化期望和社会结构影响的结论。社会文化理论的基础在于，社会文化环境是青少年发展的最终决定力量，相较于生理和心理因素，社会文化对青少年发展的影响更为根本和广泛。每个青少年的成长都是在特定文化期望的框架内进行的，这些文化期望定义了青少年应有的行为模式和成长轨迹。

不同文化间的差异能够显著影响青少年的成长经验和发展过程，这些差异表现在青少年面临的压力以及社会对其角色和责任的期望上。个体的发展不仅仅是生物学和心理学过程的结果，更是社会文化组织和结构的产物，青少年的成长和发展只有在其所处的社会和文化背景中才能被充分理解和评价。因此，社会文化理论将青少年发展的重点放在了其对社会的功利价值上，即如何通过文化教育和社会化过程，促进青少年成为能够为社会作出贡献的成员。

四、社会学习理论

社会学习理论由阿尔伯特·班杜拉（Albert Bandura）所创立，该理论创新性地将学习过程与观察、模仿及社会互动相结合，使个体通过观察他人的行为并模仿这些行为来学习，而非仅通过直接体验和奖惩来获得知识和技能。社会学习理论的核心在于观察学习过程，该过程包括四个基本步骤：注意过程、保持过程、再生过程和增强过程。首先，个体必须对示范者的行为给予注意；其次，观察到的行为需要在记忆中保持下来；再次，个体能够在适当的时机再现或复制这些行为；最后，行为的再现得到社会的奖励或认可，从而巩固学习效果。

在青少年发展中，良好楷模的作用至关重要。楷模的有效性取决于三个条件：楷模的特质、观察者的特质和模仿的结果。青少年通过模仿具有吸引力、可信度和权威性的楷模，可以学习并养成积极的行为模式。因此，为青少年提供积极的楷模，并激发青少年模仿的动机是至关重要的。

拥有自我规划的能力对于青少年的发展至关重要，这一过程包括诱发改变、类化和维持三个阶段。通过这一过程，青少年能够学会如何设定并达成个人目标，进而掌控自己的行为和发展。个体具有自我反思和自我调节的能力，能够通过学习来控制和指导自己的行为。这为教育工作者提供了重要启示：有效的模仿和社会互动，可以促进青少年积极行为的发展，帮助他们自我实现。

第三节　教育生态学理论

一、教育系统理论

（一）教育系统的内涵与要素分析

1. 教育系统的内涵

教育系统作为一种复杂的社会实践活动，其内涵远远超越了传统观念中简单的教与学的二元结构，人们应以一种新的视角，以多层次、多元化的立体结构来理解和分析教育系统。这一理论框架不仅包含了教育活动中的直接参与者——教师和学生，还涵盖了广泛的"大教育系统"，即从单一的师生互动到整个教育资源和信息流动的复杂网络。

教育系统不是一个封闭的、静态的结构，而是一个开放的、动态的、耗散的系统。每个参与教育活动的个体，特别是学生，被视为自组织和自生成的核心。学生在教育过程中不仅仅是信息接收的被动容器，而是主动参与和构建知识的主体。这种观点强调了学生在教育活动中的主动性和创造性，以及教育活动本身的非线性特征。教与学的关系在系统论视角下被重新定义，教师不仅仅是知识的传递者，更是创设学习环境、促进学生认知发展的重要外部条件。教育活动中，教师与学生之间的互动被视为一种半包围的小环境，其中，学生的学习过程包含了认知失调的产生和解决。这种认知失调不是自发的，而是教师通过创设特定条件引发的，是学生认知结构变革和知识构建的动力。

教育系统的非平衡性是其核心特征之一。学生在学习过程中产生的认知失调，即所谓的"涨落"，促使他们走向新的认知阈值，形成更加稳定、协调、有活力的耗散结构。然而，这一过程中的涨落也可能为学生带来负面影响，因此，教师需要精确控制涨落的幅度和频率，确保不超过学生的承受能力。在教育过程中，教师需要根据每个学生的特点进行个性化教学，班级的教育目标应是多元化的、动态变化的。同时，教师需要把握教学过程中的动态平衡点，确保学生在每次认知失调和再平衡的过程中能有效内化和巩固新的知识结构。

2.要素分析

（1）教师与学生。在教育系统内，教师与学生构成了核心的互动主体，其相互关系和作用机制是理解教育系统内涵的关键。耗散结构理论揭示了教师和学生之间复杂的动态关系，能够使人们明晰教育过程中的基本规律和特性。

教师在教育系统中扮演着环境因素的角色，为学生提供了一个学习和成长的动态环境。这一环境并非静态不变，而是随着教育活动的展开而不断变化，为学生的学习过程提供必要的资源。从耗散结构理论的角度看，教师通过创造涨落，促使学生从一个有序状态向更高级的有序状态发展，实现认知和能力的提升。学生在这一系统中被视为自组织的主体，他们不仅会被动接受外部环境的影响，更通过内部的自我调整和适应实现个人发展。

耗散结构理论进一步强调，系统的稳定性和发展取决于外部环境的负熵流输入以及系统内部的自我调节能力。在教育系统中，教师通过提供知识、技能和价值观等负熵流，帮助学生克服内部熵增的趋势，实现从低级到高级有序的转变。然而，这一转变的成功与否不仅依赖教师的引导，更取决于学生自身的特质和系统内部的调节机制。为了实现教育系统中的最优控制点，即教师的教育技术控制点与学生的受纳平衡点，教育活动需要综合考虑教师和学生的特性，精确控制教育过程中的涨落幅度和频率。教师应根据学生的接受能力和学习需求，灵活调整教学策略和内容，以促进学生认知失调的有效解决和知识结构的优化重构。

（2）信息。传统观念往往将信息视为教与学并列系统之间传递的媒介或学生学习活动的实体。这种观点倾向将信息物化，导致教学过程变得僵化、机械化乃至反人性化。将信息视为发生在学生与教师之间的关系性实体，可以为教育系统提供更为丰富和动态的理解。实体信息主要指教学内容、知识点和学科逻辑等，是学习和教学活动的基础和先决条件。这种信息的传递和掌握是课堂教学的起点，确保学生能够获得必要的知识和技能。

不过，仅仅将信息视为实体并不足以全面理解教育过程，信息还应被理解为发生在学生与教师之间的关系性现象。这种关系性信息超越了传统知识的范畴，包括情感体验，师生互动中产生的创造性灵感等。这些信息反映了师生之间的动态互动，是教与学辩证关系的体现——教育不仅是知识的传授，也是人格、情感和创新能力的培养。

将信息视为关系性实体的观点，揭示了教育过程中信息的双重性：既是学习的基础，也是师生关系的产物。这一理解强调了教育活动的人文性和创造性：教师不仅传递知识，更通过与学生的有效互动，创造积极的思维氛围和和谐的师生关系，促进学生全面发展。实践中，实体信息与关系性信息的统一是通过教学活动的具体安排和师生互动的有效性实现的。课堂教学应以实体信息为基础，同时通过讨论、合作学习等方式，促进师生之间的深入交流，使教学活动产生丰富的关系性信息。这种互动不仅加深了学生对知识的理解，也促进了他们情感、价值观和创新能力的发展。

（二）教育系统的属性

教育系统是一个复合、开放和动态的系统，作为一种复杂的社会现象和实践活动，其具备独特的系统属性，这些属性决定了教育的本质、功能和发展方向。教育系统的复合属性体现在教育活动涵盖了信息资源、情感资源和物质资源的流动与交换。教育不仅仅是知识的传授和学习，更是价值观的塑造、情感的培养和人格的发展。这种复合性要求教育系统能够整合不同类型的资源，以满足个体全面发展的需要。同时，教育系统内部包含了多种子系统和元素，如教师、学生、教材、教育理念等，这些子系统和元素相互作用，共同构成了教育的复杂结构。

教育系统与外部环境之间存在着持续的能量、信息和资源的交换。教育系统的开放性使教育系统能够响应社会变化，吸收新的教育理念和技术，不断更新和优化教育内容和方法。开放系统的特性也意味着教育系统在受到外部环境影响的同时，能对外部环境产生影响，成为社会变革的动力之一。教育活动不是静止不变的，而是处于持续发展和变化之中。教育系统的动态性体现在教育目标、教育内容和教育方法的不断调整和创新上。教育系统内部的动态变化，如教师与学生之间的互动、知识的更新和学习方式的变革，都是教育系统动态发展的体现。动态系统的特性要求教育能够适应个体发展的不同阶段和需求，促进个体的持续成长和自我实现。

教育系统的这些属性——复合性、开放性和动态性，共同构成了其作为实践与认识共容体的基础。教育既是理论与实践的结合，也是个体化和阶段化的认识过程。教育系统不仅反映了人类认识的一定阶段，也促进了新的认识和实践的产生。实践与认识在教育系统中的对立统一，是推动教育系统不断进化和创新的原始动力。

（三）同心圆理论

同心圆理论由美国学前教育专家埃斯萨（Essa）提出，旨在阐释儿童及青少年发展环境的结构和功能。该理论将儿童和青少年生活的环境划分为三个层次：家庭、学校和社区，这三个层次如同心圆一般，由内而外逐层扩展。每一层不仅代表了不同的社会环境，也反映了儿童与青少年在成长过程中的互动关系和学习范围的扩展。

同心圆理论中最内层的环境是家庭及家庭成员。家庭作为儿童和青少年社会化的第一站，对他们的价值观形成、情感发展和行为习惯培养具有深远的影响。在这个环境中，家庭成员之间的互动、爱护和支持为儿童提供了一个安全、稳定的成长环境，为其未来的学习和社会交往奠定了基础。第二个同心圆是学校及朋友。随着儿童步入学龄期，学校成为其主要生活和学习的场所之一。在这一环境中，教师的指导、同学之间的互动以及学习活动的参与，不仅促进了中小学生知识技能的获取，也加深了他们对社会规范和角色的理解。此外，学校环境中的朋友关系对中小学生的社交能力和自我认同感的形成具有重要作用。最外层的同心圆是社区及社区帮手。社区作为中小学生生活的场所，为其提供了丰富的社会资源和学习机会。社区内的各种活动、社会组织和社区服务不仅拓宽了中小学生的视野，也使他们有机会参与社会实践，培养公民意识和社会责任感。社区中的成人，如社区工作者和志愿者，通过与中小学生的互动，能够进一步加强社会支持网络。

同心圆理论的核心启示在于，中小学生的成长和发展需要家庭、学校和社区三个层面的紧密协同与支持。这不仅要求家庭提供一个充满爱和支持的成长环境，学校创造有利于学习和个人发展的教育条件，社区构建一个包容、互助的氛围，更要求这三个环境之间建立有效的沟通和合作机制。通过这种多方面的合作，家庭、学校、社区可以为中小学生提供一个全面、多元的成长空间，促进其在认知、情感和社会行为上的全面发展。

二、共同责任理论

美国的乔伊丝·爱普斯坦（Joyce Epstein）提出了共同责任理论，在一定程度上打破了教育等于学校教育的概念。"分开责任"和"共同责任"是该理论的两个核心概念，强调学校教育、家庭教育和社区教育在中小学生发展中的重要性，阐明了这三个领域既有独立性也存在共通性。该理论指出，家庭、学校和社区在中小学生成长中各自承担着独特的角色，同时在中小学生的教育和发展过程中相互作用、相互影响。[①]

（一）分开责任

分开责任的概念指出，在中小学生的成长过程中，不同的成人群体——特别是家长和教师，各自负责不同的培养任务，彼此之间缺乏必要的交流和协作。例如，家长主要负责中小学生的日常照顾和情感支持，而教师则集中于知识的传授和学习技能的培养。这种责任的划分在一定程度上简化了教育实践，但也带来了沟通不足、资源利用不充分等问题。

分开责任的模式忽略了家庭、学校和社区之间潜在的互补性和协同效应。家庭环境提供了中小学生情感和社交发展的基础，而学校教育则拓宽了中小学生的认知视野。家校之间缺乏有效沟通和协作会限制中小学生发展的全面性。

分开责任的现状呼吁对家校合作机制的重视和改进。有效的家校合作不仅能够促进资源的共享，还能为中小学生提供一个更加连贯和具有支持性的成长环境。通过建立沟通渠道、共同制定教育目标和策略，家长和教师可以更好地理解中小学生的需要，实现教育资源的最大化利用。

---

① 爱普斯坦，桑得斯，谢尔顿，等．学校、家庭和社区合作伙伴：行动手册[M]吴重涵，薛惠娟，译．3版．南昌：江西教育出版社，2012：3.

尽管分开责任在实践中存在局限，但它也反映了教育系统内部结构和功能的多样性。克服这些局限性需要加强家庭、学校和社区之间的沟通和合作，使他们共同为中小学生营造一个包容、支持和促进发展的环境，进而支持中小学生的成长。

（二）共同责任

共同责任是一个涉及家庭、学校和社区在中小学生教育和成长过程中相互合作和承担责任的概念。它强调，为了促进中小学生的全面和健康发展，不同的教育参与者——家长、教师、社区成员和教育政策制定者——需要共同努力，分享责任，协同行动。在共同责任理论下，教育不再是孤立发生在学校环境中的活动，而是一个综合性的过程，涉及中小学生生活的每一个方面和每一个阶段。中小学生的成长不仅依赖高质量的学校教育，还需要家庭的支持和社区的积极参与。家庭、学校、社区都有其独特的作用和贡献，它们在合作的过程中能够相互增强和补充。

共同责任理论的核心在于认识到了教育和中小学生的发展是一个共同的过程。家长作为孩子的第一任教师，对孩子的价值观形成、情感发展和初步社会化过程有着决定性的影响；学校通过提供学术教育和社交机会，帮助孩子获得知识和技能，以及使其拥有必要的人际交往能力；社区则提供了一个更广阔的环境，让中小学生能够实践和应用在家庭和学校中学到的知识和技能，也为其提供了额外的学习资源和社会参与机会。共同责任理论在教育领域中强调了家庭、学校和社区在中小学生教育过程中承担的集体责任。这种理念不仅体现了对中小学生成长和发展的共同关注，也反映了现代教育对于多元参与和合作的重视。共同责任的核心在于建立家长、学校和社区之间紧密的联系和良好的沟通机制，这种联系和沟通不仅包括学生成长、学习和生活信息的交换，也包括对学生期望的互相表达，以及对彼此意见和建议的倾听和理解。通过这样的互动，各方能够共享对中小学生教育和成长的见解，为他们提供一个更加支持和协调的成长环境。

共同责任体现了一种责任意识和对对方利益的承诺。这意味着家长、学校和社区不仅在各自的领域内承担责任，还要跨越界限，共同关注和支持中小学生的全面发展。这种跨界合作的本质是基于对中小学生最佳利益的共同追求，体现了教育合作的深层价值。在复杂多变的社会环境中，中小学生的成长面临多重挑战和需求，单一的教育主体难以全面应对。共同责任强调了教育合作的客观必要性和可能性，家庭、学校和社区通过建立合作机制，可以整合各自的资源和优势，形成教育的合力，为中小学生提供一个更加全面、多元的学习和成长空间。这种合作不仅有利于中小学生的知识学习，也有助于其社会技能掌握、情感发展和价值观形成。

三、包容理论

包容理论近年来在教育领域中受到广泛关注，特别是借助"文化资本"和"社会资本"概念的引入，学者提出了这一理论，以解除家长和学校之间二元分割的困境。包容理论主张学生的教育是家长和学校共同的责任，这一观点突破了传统的教育分工模式，强调家庭和学校之间的紧密联系。

家长与教师在教育学生方面各具优势，家长更了解中小学生的个体需求和家庭背景，而教师则具备专业的教学技能和教育理论知识。加强家校交流与合作，能够充分调动家庭和学校的多方资源，进而促进学生的学业进步和全面发展。包容理论提倡改变家校之间"分工而不合作"的现象，主张通过有效的沟通和协作，实现教育资源的整合和最大化利用。[①]

第一，从教师的角度来看，包容理论要求教师认识到不同社会文化背景的家长拥有不同的资源，这些资源可以被动员起来，促进学生的教育。教师应当积极与家长沟通，了解学生的家庭背景和学生的个体差异，利用家长提供的信息和资源，制定有针对性的教育策略和方法。此外，教师还应当具备开放的心态，尊重和接纳家长的教育意见和建议，共同为学生创造良好的学习环境。

第二，从家长的角度来看，包容理论强调家长必须面对现实，认识到退缩以及对学校工作采取不合作态度将无助于子女达到他们期望的学

---

① 杨雄，刘程. 教育合作论：学校、家庭、社会"三位一体"育人体系研究 [M]. 上海：上海人民出版社，2012：33.

习成果。因此，家长应当积极参与学校的教育活动，与教师建立良好的合作关系，共同关注和促进学生的成长。通过参与家校合作，家长不仅能够了解子女的学习情况和学校的教育理念，还能够在与教师的互动中提升自身的教育素养和能力。

包容理论的提出，为教育实践提供了新的理论基础和指导原则。它强调家庭和学校在教育过程中的互补作用和协同效应，通过促进家校合作，构建更加包容和多元的教育环境。这一理论对提升学生的学业成就和维护学生的心理健康具有重要意义，同时为教育改革和政策制定提供了有力支持。

第四节 多元智力理论与全景教育理念

一、多元智力理论

多元智力理论由霍华德·加德纳（Howard Gardner）于 1983 年提出，这一理论革新了人类对自身智力结构的传统认识，强调智力的多维性和个体差异，对现代教育理念和方法产生了深远的影响。多元智力理论认为，"人类的智能是多元化的而非单一的，它主要由语言智能、数学逻辑智能、空间智能、身体运动智能、音乐智能、人际关系智能、自我认识智能、自然观察智能八项组成。每个人都拥有不同的智能优势组合，且各具特点。"[1]这些智力不是固定不变的属性，而是在个体与环境的相互作用中发展起来的。

（一）强调个体的多种智力

多元智力理论挑战了传统智力观念的局限，为教育实践和个体发展提供了新的视角和方法。传统智力理念，特别是智商的概念，长期以来将智力视为一个单一的、主要依赖逻辑推理和语言能力的属性。这种观念在教育和心理评估中占据主导地位，导致了对个体能力的单一化和简

---

① 罗威林.中小学教育创新实践研究[M].合肥：中国科学技术大学出版社，2021：17.

化理解。然而，这一理念并不能全面反映人类智力的复杂性和多样性，其忽视了个体在其他非逻辑和非语言领域的潜能和才华。多元智力理论的提出，基于人类对自身大脑功能和潜能研究的深入理解，强调每个人都具有多种智力，这些智力展现了个体在不同领域的独特优势和潜力，反映了人类智力的多样性和复杂性。

多元智力理论的突破意义在于，它扩展了人们对智力的理解，将智力的概念从单一的量表得分转变为对个体全面能力的认识。这一理念的转变为教育实践提供了新的指导原则，即教育应关注和培养个体在多个智力领域的潜能，而不仅仅是传统的逻辑和语言能力。识别和发展每个学生的多种智力，可以促进个体的全面成长，激发其创新和解决问题的能力。多元智力理论对教育评估和课程设计产生了深远影响。教育者被鼓励使用多样化的评估方法来全面了解学生的能力和需求，而课程设计则需要涵盖多个智力领域，以满足不同学生的学习需求和潜能发展。这种教育方法有助于创造更加包容和多元的学习环境，使每个学生的优势得到认可和发展。

（二）强调环境和教育的重要作用

多元智力理论揭示了智力的多样性和个体差异，即每个人都拥有不同类型的智力，这些智力能够在个体与其所处环境的相互作用中得到发展和强化。多元智力理论突破了传统智力观念的局限，强调智力的多样性和个体差异。智力不仅仅体现在逻辑数理和语言能力上，还包括视觉空间智能、音乐节奏智能、身体运动智能、人际交往智能、个人反省智能、自然观察者智能等多个维度。个体的智力发展受到其所处环境的强烈影响，不同的环境条件能够激发个体的不同智力。

丰富多样的环境刺激对激发个体的多种智力至关重要，环境中的物理条件、社会互动、文化背景等因素都可以成为智力发展的促进因素。通过接触和参与不同的活动，个体能够探索和发展其潜在的智力。教育的目标应该是识别和发展每个学生的多种智力，这要求教育系统和教育者对学生的智力特点和学习需求有深刻理解，为他们提供符合个体差异的教学策略和学习资源。教育的多样化和个性化是发展学生多元智力的关键。有效的教育环境应鼓励学生探索、实验和创新，以促进各种智力的发展，这包括为学生创造支持性的社会环境、提供丰富的学习材料和活动、激发学生的好奇心和探究欲等。教育者和家长都应成为学生智力发展的积极促进者，教育应帮助学生认识自己的智力特长和兴趣，培养自我意识和自我调节的能力，这种自我认知是个体发展所有类型智力的基础。

多元智力理论对现代教育实践提供了重要的启示，教育不应局限于传统的知识传授，而应关注个体的全面发展，发挥每个人的独特潜能。通过为学生提供多样化的学习环境和教育资源，激发和培养学生的多种智力，教育可以更有效地促进学生的个性化发展和社会适应能力。

（三）为现代教育提供了重要的启示

多元智力理论扩展了对智力的理解，促进了教育实践向更加开放、包容和多样化的方向发展。每个学生都具有独特的智力组合和发展潜力，因此，教育理念应该更加开放和包容。传统的教育评价体系往往以学术成绩为衡量标准，忽视了学生在其他智力领域的潜能和成就。多元智力理论提醒人们，每个学生都有其优势和兴趣，教育应充分认识并尊重这些个体差异，鼓励学生在各自擅长和感兴趣的领域中发展。

为适应学生智力强项的多样性，教育形式和内容应当多样化，这意味着教育者需要设计和提供各种教学活动和资源，以满足不同学生的需求和潜能。例如，对于具有音乐节奏智能的学生，学校可以提供与音乐和舞蹈相关的课程和活动；对于展现出视觉空间智能的学生，学校可以增加学生绘画、设计和空间思考的学习机会。通过这种多样化的教学策略，学校不仅能够促进学生在传统学科上的学习，也能激发和发展学生在其他智力领域的潜能。

学校、家庭和社区之间的合作对于为学生创造支持性的学习环境至关重要。多元智力理论强调环境对智力发展的影响，这就要求教育的各方参与者——教师、家长和社区成员——共同努力，为学生提供一个全面、丰富的成长环境。这种合作可以通过家校互动、社区教育项目以及跨界教育合作等形式实现，共同促进学生的全面发展。多元智力理论对现代教育的启示还体现在个性化教育的重要性上。教育者需要基于对学生多元智力的了解，采用个性化的教学方法和评估标准，更好地支持每个学生的成长和成功。这种个性化教育不仅有助于学生认识和发展自己的优势智能，也有助于其建立自信心和自我效能感。

（四）强调个性化教育的重要性

霍华德·加德纳通过识别和定义多种类型的智力，强调每个人都具有独特的智力组合，这要求教育过程必须尊重和适应每个学生的个体差异。智力是多维的，每个人都能够在某些智力领域展现出特定的优势，这一观点直接挑战了传统教育实践中常见的"一刀切"教学方法，即所有学生都接受相同的教学内容和方式。个性化教育的目标是识别每个学生的独特智力和兴趣，使教师据此设计和实施教学策略和活动，最大化地促进每个学生的成长和发展。

实施个性化教育要求教育者具有高度的灵活性和敏感性。教育者需要准确评估和理解每个学生的优势智力和兴趣点，这不仅需要教师对多元智力理论有深入了解，还需要其对学生进行细致的观察和评估。基于这种理解，教育者可以为学生设计更为个性化的学习计划和活动，如通过项目式学习、协作学习或基于兴趣的学习项目激发学生的学习动机，使其探索自身的潜能。个性化教育不仅有助于发展学生的优势智力，也为学生提供了自我发现和自我肯定的机会。通过参与与优势智力相匹配的学习活动，学生能够更加清晰地认识到自己的潜力和兴趣，这对于学生自信心和自我效能感的建立至关重要。个性化教育还鼓励学生在自己擅长的领域深入探索，进而在这一过程中发展出创新思维和解决问题的能力。

实现个性化教育的过程也是对教育资源和教学方法不断创新的过程。为满足学生个性化的学习需求，学校需要不断探索和尝试新的教育技术、资源和教学策略。这可能涉及跨学科的课程设计、利用科技工具支持个性化学习，以及建立更为灵活的教学和评估体系等。

二、全景教育理念

与多元智力理论所倡导的发展多种智力理念相通，全景教育理念致力促进个体的全面和谐发展，强调在教育规划和实施过程中考虑其整体性、多样性和适应性。这一理念突破了传统教育对知识传递的单一关注，转而注重教育活动在形式、内容和过程上的整体布局和综合性设计。

（一）个体发展的全局性

全景教育理念，作为一种全面发展的教育理念，主张教育应关注个体的全局性发展，包括智力、情感、社会和身体等多方面。这一理念强调，教育的根本目的在于促进人的全面发展，而不仅仅是提升学业成绩。全景教育理念的提出，是对传统教育目标和方法的重要补充和扩展。在传统教育模式中，学业成绩往往被视为衡量学生和教育成功的主要标准，这种单一的评价体系忽视了个体在其他领域的潜力和需求。全景教育理念通过强调教育应致力个体的全方位发展，提出了更为广阔和深远的教育目标，即促进每个人的全面和谐成长。

全景教育理念重视个体智力以外的多方面能力发展。在这一理念下，情感教育、社会能力培养、身体健康和艺术审美等领域的教育同样重要。这种全方位的关注能够帮助学生建立更为全面的自我认识，发现并发展自己的多元潜能，使其为未来的生活和职业生涯奠定坚实的基础。全景教育理念还强调教育过程应当是个性化和差异化的。每个人的天赋、兴趣和发展速度存在差异，全景教育理念提倡根据个体的特点和需求设计教育活动和内容。这要求教育者具有高度的敏感性和创造性，以及要对学生全面了解，从而为每个学生提供最适合其全面发展的教育方案。

全景教育理念强调教育的整合性和连续性。教育不应仅限于学校内的正规课程，家庭教育、社区活动和其他非正式学习环境都是学生全面发展不可或缺的组成部分。通过整合各种教育资源和形式，建立学校、家庭和社区之间的紧密联系，可以为个体提供一个连续的、多元的成长环境。

（二）教育形式的全景性

全景教育理念强调教育形式的全景性，即在教育的规划和实施上，教师需全面考虑并采用多样化的教育形式，以适应不同个体或群体的特定需求。这一理念提倡在学校教育、家庭教育、社区教育及其他非正式教育形式之间建立有机的联系和互动，从而为个体提供一个全面、多元的成长环境。

教育形式的多样化是全景教育理念的核心之一。在这一理念下，教育不仅仅是在学校进行的正规教学活动，还包括家庭教育、社区教育和其他多种非正式教育形式。每种教育形式都扮演着独特的角色，并对个体的全面发展作出贡献。例如，学校教育为学生提供系统的学科知识和技能训练；家庭教育强化了对学生情感、价值观和生活技能的培养；社区教育则为学生提供了社会实践和社区参与的机会。这些教育形式的有机结合，可以更全面地满足个体成长的各方面需求。

教育形式的适切性是实现全景教育目标的关键因素。这要求教育者和教育规划者深入了解不同个体和群体的具体情况，包括他们的兴趣、需求、背景和潜能，以确保所提供的教育内容和形式能够促进每个人的发展。适切性还意味着教育资源和机会的公平分配，即要确保每个人都能获得适合自己发展的教育支持，无论其社会、经济或文化背景如何。教育形式的全景性还体现在对教育内容和方法的综合性设计上。为了适应不同教育形式的特点和需求，教育内容应涵盖广泛的知识领域和生活技能，教育方法则应多样化，既要包括传统的课堂教学，也要包括项目式学习、探究式学习、体验式学习。这种综合性设计有助于激发学生的积极性和创造性，促进其主动探索和自我发展。

实施教育形式的全景性还要求学校、家庭、社区及其他教育参与者之间建立有效的沟通和合作机制。这种跨界合作不仅能够使各方教育者共享教育资源，还可以协调教育目标和活动，形成协同的教育效应。这种方式可以为学生营造一个连续的、支持性的成长环境，更好地促进其全面发展。

（三）教育内容的全景性

教育内容的全景性体现了对现代教育需求的深刻理解和对学生全面发展的坚定承诺。这一理念不仅提倡教育内容的广泛性和多样性，而且强调教育内容的适应性和个性化，旨在促进每个学生的整体成长和潜力发挥。传统教育往往侧重学科知识的传授，如数学、科学和语言等，而全景教育理念则扩展了教育内容的范围，将情感教育、道德教育、体育健康、艺术审美等纳入教育体系。这种全面性的追求基于对人的全面发展的理解，认为个体的成长不仅仅是知识的积累，更包括情感的培养、道德的塑造、身体的锻炼和审美的提升等方面。

教育内容的适应性和个性化强调每个学生都有其独特的背景、兴趣和潜力，因此，教育内容需要根据不同学生的特点和需求进行调整和设计。适应性要求教育者对学生有深入的了解，并能够灵活地调整教学计划和内容，以满足学生的个性化需求；个性化则进一步强调教育内容的设计应充分考虑每个学生的优势、兴趣和学习风格，以促进其发展和成长。

在多元化的社会和全球化的背景下，教育内容应包含多种文化、视角和价值观，以培养学生的全球视野和跨文化理解能力。同时，教育内容的多元性还体现在为学生提供多种学习路径和探索机会上，鼓励学生在广泛的领域内探索自我和世界。实现教育内容的全景性要求教育者、学校和社会各界共同努力。教育者需要不断更新知识结构，掌握多元教学方法，以创新的视角整合和呈现教育内容；学校应提供支持性的政策和资源，鼓励教育实践的多样化和创新；社会各界则应积极参与教育活动，为学生提供丰富的学习资源和实践平台。

（四）教育活动方式和过程的全景性

教育活动方式和过程的全景性要求教育者深入理解教育活动的本质，将教育过程设计为一个连贯、一致且富有成效的体验，确保各种教育活动方式之间能够相互协调和补充。教育活动方式的多样性是实现个体全面发展的基础，不同的教育活动方式能够激发学生的不同潜能，促进其在多个维度上的成长，包括但不限于传统的课堂讲授、小组讨论、项目式学习、实验操作、外出考察、艺术创作、体育活动等。通过丰富的学习，学生能够在知识掌握、技能训练、情感体验、价值观塑造等方面获得均衡发展。

教育活动的整体性和适合性要求教育者在设计教学活动时充分考虑教育的目标、学生的需求和背景及活动的实施环境。全景教育理念鼓励教育者综合运用不同的教学方法和技术，根据学生的特点和兴趣调整教学内容和形式，确保教育活动既能满足学生的个性化需求，又能实现教育目标的整体性和连贯性。教育过程的整体性和连贯性是全景教育实践的关键，这不仅意味着教育者要在单一教学活动内部保持逻辑和结构的清晰，更意味着其要在不同教学活动之间建立内在的联系，形成一个协调一致的教学体系。教育过程应当是一个整合学科知识、技能训练、情感培育等多方面的综合体验，通过各种活动和学习阶段的有机连接，学生能够在连续的学习过程中实现知识和能力的积累与提升。

实现教育活动方式和过程的全景性，要求教育者具备高度的专业素养和创新能力。教育者需要不断探索和实践新的教学理念和方法，利用现代教育技术和资源，设计符合学生需求和时代发展的教学活动。同时，教育者还应倾听学生的声音，尊重学生的主体地位，与学生共同参与教育活动的设计和实施，确保教育活动的有效性和吸引力。

第三章　构建中小学生成长的家庭环境

第一节　家庭环境与情感氛围

一、家庭环境

（一）家庭规则与界限设置对中小学生自律能力的培养

家庭作为中小学生成长的第一环境，对其心理和行为发展具有深远的影响。家庭规则与界限的恰当设置不仅为中小学生提供了一个安全稳定的成长环境，而且还通过明确的行为预期促进了中小学生自律能力的提高。

家庭规则与界限设置为中小学生提供了行为指南，帮助他们理解哪些行为是被接受的，哪些是不被允许的，这种明确的指导有助于中小学生在日常生活中做出恰当的决策，增强他们的自我控制能力。通过对规则的遵守，中小学生能够逐渐学会如何管理自己的行为，从而发展出较强的自律性。家庭规则的制定和执行过程为中小学生提供了培养责任感的机会。父母与中小学生一起讨论并设定家庭规则不仅能够增加中小学生对规则的接受度，还能够让他们感受到自己在家庭中的责任。此外，通过对规则违反的适当惩罚，中小学生能够明白自己行为的后果，从而明白责任感的重要性。

家庭界限的设立有助于中小学生发展独立性。通过为中小学生设立一定的界限，父母可以鼓励他们在安全的范围内探索和尝试，这种独立的尝试和探索对于中小学生自我认识和自我管理能力的提升极为重要。界限设置还能够帮助中小学生学会尊重他人，理解个体间的差异，这对于他们形成健康的人际关系具有积极作用。家庭规则与界限的有效性还取决于父母的一致性和模范作用。当父母能够一致地执行家庭规则并通过自己的行为为孩子树立榜样时，中小学生才会更容易接受并内化这些规则，形成稳定的自律习惯。因此，父母的一致性和示范行为是提升家庭规则与界限设置效果的关键因素。

（二）家庭文化与中小学生价值观形成

家庭，作为中小学生最初的社会化环境，通过其独特的文化特质、传统习俗、信仰观念和行为模式，对中小学生的价值观念和道德判断产生深远影响。家庭文化提供了价值观的第一手学习材料，在家庭生活中，父母及其他家庭成员的言行举止、对待他人的态度、处理问题的方式等，都直接体现了家庭文化的价值取向。中小学生通过观察和模仿这些行为，逐渐将这些行为内化为个人的价值观念。例如，一个重视教育和个人成就的家庭环境，很可能培养出重视学习和个人发展的中小学生。

家庭文化通过日常交流和家庭教育过程中的价值观传达机制，对中小学生价值观的形成起到了关键作用。父母与孩子之间关于道德、信仰、社会责任感等话题的讨论，不仅增进了彼此的理解，也帮助中小学生构建了复杂的价值观系统。通过这种交流，中小学生能够理解家庭价值观背后的深层意义，形成更为成熟和全面的世界观。家庭文化中的传统习俗和仪式往往蕴含深厚的文化内涵和历史价值，是家庭文化传承的重要方式。通过参与这些活动，中小学生不仅能学习到关于尊老爱幼、团结互助等社会性价值观，还能加深对自己文化根源的认识和自豪感，进一步确立个人身份和价值取向。家庭文化的多样性也为中小学生价值观的形成提供了广阔的视野。

在全球化背景下，越来越多的家庭呈现文化融合的特点，其中，家庭成员可能来自不同的文化背景，相互学习与交流，共同构建了一个融合多样文化价值体系的家庭环境。这种独特的家庭背景对中小学生的成长和价值观形成具有显著的影响。多文化家庭环境为中小学生提供了一个开放和包容的价值观培养土壤，使他们在成长过程中能够自然地接触和理解多元文化视角，从而更好地适应全球化社会的多元文化环境。家庭成员之间的互动和交流，特别是行为示范和价值观的明确传递，为中小学生提供了学习和内化多元文化价值观的机会。例如，家庭中的不同节日庆祝、饮食习惯和日常交往礼仪等，都能够让中小学生体验到不同文化的独特性，增强他们对文化多样性的理解和尊重。多文化家庭背景可能会带给中小学生某种身份认同上的挑战，但这种背景也赋予了中小学生在两种或多种文化间自由穿梭和选择的能力，促进了他们在认同感建构上的灵活性和广阔性。

双语或多语环境对中小学生的认知发展同样能够产生深远影响。语言不仅仅是沟通的工具，也是文化传承和价值观念传递的重要载体。在多语言环境中成长的中小学生往往展现出更高的认知灵活性，具有更强的创造性思维能力，这些能力有助于他们在多元文化的世界中更有效地沟通和解决问题。多文化融合对中小学生价值观的建构具有深刻影响，多文化家庭的中小学生能够从多重文化视角中吸收价值观，形成一套更加全面和多元的价值体系。这种融合不仅增强了中小学生的文化适应能力，也培养了他们对不同文化背景人群的深刻理解和尊重。

（三）家庭教育资源对中小学生全面发展的支持

家庭教育资源不仅包括物质资源，如教育工具、书籍和技术设备，还包括非物质资源，如家庭成员的知识、技能、时间和情感支持。家庭作为中小学生最初和最直接的社会化环境，其提供的教育资源对中小学生的认知发展、情感成熟、社会技能和道德观念的形成具有深远影响。

物质资源的可用性对中小学生认知和能力发展至关重要。家庭能够提供的教育工具和资料，如图书、电子学习设备和网络资源，直接影响中小学生获取信息和知识的能力。在科技日益发展的今天，家庭中的技术设备，如电脑和平板，为中小学生打开了学习的新窗口，能够使他们接触到广泛的学科知识，培养他们的全球视野。家庭能够为中小学生提供的学习空间，如安静的书房或学习角，也是促进其专注学习和思考的重要物质资源。家庭成员的知识和技能是中小学生学习的宝贵非物质资源，父母和其他家庭成员通过直接教授或示范，可以将自身的知识、生活经验和技能传授给中小学生。这种从家庭成员那里获得的知识不仅限于学科知识，更包括生活技能、社交技能和情感管理等方面的知识，这些都是中小学生全面发展不可或缺的部分。

家庭提供的情感支持和时间投入对中小学生的情感和社会发展具有

重要意义。家庭成员对中小学生的鼓励、理解和爱护，以及与中小学生共度的时间，如一起进行家庭活动和讨论，都是重要的非物质教育资源，这些情感支持和亲密互动有助于中小学生建立安全感和自信心，促进其社会适应能力和人际交往技能的发展。家庭教育资源的适切性和平等性对于中小学生全面发展的促进同样不可忽视，家庭需要根据中小学生的年龄、兴趣和发展需求，提供适合的教育资源。

（四）家庭支持系统对中小学生逆境应对能力的作用

家庭支持系统不仅为中小学生提供了情感上的慰藉和心理上的安全感，还赋予了他们应对挑战和困难的勇气。在中小学生成长的过程中，他们不可避免地会遇到各种逆境，如学业压力、人际关系困扰、自我认同问题等。家庭作为中小学生最基本的支持网络，其提供的支持对于中小学生逆境应对能力的培养具有深远的影响。情感支持是家庭支持系统中最为直接和基础的部分，家庭成员，特别是父母的理解、关心和鼓励，可以显著增强中小学生的心理韧性，帮助他们建立自信和自我价值感。当中小学生遇到困难或挫折时，家庭的情感支持可以减轻其心理压力，为其提供重新尝试的勇气和动力。这种无条件的支持和爱能够让中小学生感受到不论外界如何变化，家庭始终是他们坚实的后盾。

信息支持和建议支持也是家庭支持系统不可或缺的一部分。家庭成员可以根据自身的经验和知识，为中小学生在学习、人际交往和未来规划等方面提供实用的建议和指导。这种来自家庭的指导和帮助，能够使中小学生更好地理解自己所面临的问题，学习如何分析问题并寻找解决方案，从而提高其解决问题的能力和逆境应对能力。家庭支持系统还能为中小学生提供模范行为的学习机会。父母和家庭成员在面对困难和挑战时所展现出的应对策略和态度，能够使中小学生学会如何以积极的态度面对生活中的逆境。通过观察和模仿家庭成员的逆境应对行为，中小学生能够学习到有效的应对策略，增强自己面对未来挑战的能力。

二、家庭情感氛围

（一）家庭沟通风格与中小学生社交能力的发展

家庭沟通风格在中小学生社交能力的发展中扮演着关键角色，影响着他们如何理解自己与他人的关系，以及如何在更广泛的社会环境中建立和维护这些关系。家庭作为中小学生学习社交技能的初始环境，通过特定的沟通模式，塑造了中小学生的交往方式、冲突解决策略以及情感表达习惯。家庭沟通风格的开放性与支持性是促进中小学生社交能力发展的关键因素。在一个开放的沟通环境中，中小学生被鼓励表达自己的想法、情感和需求，同时学习倾听和尊重他人的观点。这种互动模式不仅增强了中小学生的自我表达能力，也培养了他们的倾听和同理心，这些都是社交互动中不可或缺的技能。父母的支持性沟通，如有效的鼓励和积极的反馈，能够增强中小学生的自信心，使他们更加自信地参与社交活动，展现出更好的适应性和社交倾向。

家庭中的封闭或负面沟通风格可能阻碍中小学生社交能力的发展。在一个缺乏有效沟通、经常出现批评和指责的家庭环境中，中小学生可能发展出避免冲突、压抑情感表达的行为模式。长此以往，就可能导致他们在与人交往时缺乏自信，难以建立深层次的人际关系。此外，缺乏积极互动的家庭环境也可能让中小学生在处理社交冲突时显得无能为力，缺乏有效的应对策略。

家庭沟通风格对中小学生的情感调节能力也会产生影响，进而影响他们的社交互动。在一个情感表达被认可和鼓励的家庭中，中小学生学会了如何识别和管理自己的情感，以及如何在社交过程中理解和回应他人的情感需求。这种情感智力的发展对于建立和谐的人际关系至关重要。因此，为了促进中小学生的社交能力发展，家庭沟通风格应当倾向开放、支持和积极。家长应通过亲身示范，建立一个鼓励表达、相互尊重和有效解决冲突的沟通环境。这不仅有助于中小学生在家庭内部建立健康的人际关系，也为他们进行复杂的社会交往打下了坚实的基础。

（二）家庭情感氛围与中小学生情绪稳定性的形成

家庭情感氛围是指家庭成员之间在情感表达、交流和互动过程中形成的整体气氛，它在中小学生的情绪发展和稳定性方面起着至关重要的作用。其正面影响主要体现在为中小学生提供情感支持和安全感方面。在一个充满爱和支持的家庭环境中，中小学生更容易感受到被接纳和理解，这种感受可以显著降低他们精神压力和应对挑战时的情绪波动。家庭成员之间的开放和正面交流促进了中小学生在面对困难时寻求和接受帮助的意愿，增强了他们解决问题的能力和心理韧性，这对维持情绪的稳定性至关重要。反之，一种充满冲突、忽视和负面情感的家庭氛围可能对中小学生的情绪健康和稳定性产生不利影响。

家庭情感氛围通过模范作用影响中小学生的情绪调节能力。父母如何表达情感、处理情绪冲突以及应对生活压力，这些都直接影响着中小学生学习和模仿的过程。一个积极处理情绪和冲突的家庭模式可以帮助中小学生学习有效的情绪调节策略，如情绪表达、寻求社会支持和积极应对等，这些技能是情绪稳定的重要组成部分。而负面的家庭情感氛围，如频繁的家庭冲突、情感忽视和父母情绪不稳定等，可能导致中小学生的情绪不稳定和情感障碍。在这种环境下成长的中小学生可能难以学习到有效的情绪调节和应对机制，反而可能采取逃避、压抑情绪或具备过度攻击性的行为来应对内心的不安和外界的压力，这些不健康的应对策略会进一步加剧情绪的不稳定性。

家庭情感氛围还与中小学生的自尊和自我价值感紧密相关。一个充满鼓励、肯定和尊重的家庭环境有助于中小学生建立积极的自我形象，提高自尊，这是情绪稳定的另一个重要基石。相反，经常受到批评、贬低和忽视的中小学生可能会发展出低自尊和负面的自我认识，这些都是使他们情绪不稳定的潜在因素。

第二节　家庭教育与亲子关系

一、家庭教育中的价值观与道德教育

（一）家庭价值观的传递与中小学生道德认同的形成

家庭作为社会的基本单元，其在中小学生价值观教育和道德培养方面的作用不可或缺，对中小学生成长和社会的健康发展具有深远影响，能够有效促进中小学生道德认同的形成。这一过程不仅关乎中小学生个体价值观的建立，而且影响着他们未来在社会中的行为和决策。

父母作为中小学生的"第一任老师"，其生活方式、决策原则以及对人对事的态度，都直接反映了父母个人甚至整个家族的内在价值观。通过日常的生活互动，中小学生不断观察并模仿父母的行为，从而逐渐吸收和内化这些价值观。例如，父母通过公正地处理家庭事务、诚实地与人交往，无形中传达了正义和诚信的价值观，这些行为成为中小学生形成道德认同的基础。通过家庭成员间的开放和坦诚对话，中小学生有机会表达自己对于某些价值观和道德问题的看法并提出疑问。这种互动不仅增进了家庭成员之间的理解和信任，更重要的是，它使中小学生在家庭的引导下，学会了如何思考、评估和选择价值观，进而在认同家庭价值观的基础上，发展出了自己独立的道德认同。

家庭教育环境的支持性和温暖度也是促进中小学生形成道德认同的关键因素。在一个充满爱、理解和支持的家庭环境中，中小学生更易感受到价值观的正面意义，更愿意接纳和实践这些价值观。相反，如果家庭环境充满压力、忽视或冲突，中小学生可能会对家庭价值观产生抵触，难以形成正确的道德认同。

（二）父母作为榜样的影响力

父母在家庭教育过程中扮演着关键角色，他们的行为、态度及价值观深刻影响着中小学生的成长和道德发展，其中，尤为重要的是父母言行的一致性。父母如果能够在日常生活中践行自己所倡导的价值观，如诚实、责任、尊重和爱心，将更有力地促进中小学生内化这些价值观。这种通过实际行动展示的道德榜样，比单纯的言语教育更具有说服力和感染力，有助于中小学生建立正确的道德认同。

父母在处理家庭和社会问题时所展现的态度和方式，为中小学生提供了学习和模仿的机会。当父母以公正、理性的方式解决冲突和问题时，中小学生将学会如何在复杂的社会关系中维持正义和和谐。父母这种解决问题的能力和态度，成为中小学生学习决策、批判思维和社会交往技能的重要资源。父母对于中小学生成长的鼓励和支持也是其榜样作用的体现。父母对中小学生的信任和鼓励可以增强中小学生的自尊和自信，使他们积极面对生活和学习中的挑战。这种积极的心态和解决问题的勇气，是中小学生形成健康人格和道德认同的重要基石。

父母的榜样作用并非总是正面的。父母的负面行为，如不诚实、偏见和冲动等，同样会影响中小学生的价值观和道德标准的形成。因此，父母需要对自己的行为和态度保持高度的自觉性，确保自己能够成为中小学生学习和模仿的正面榜样。

二、家庭危机教育及管理与中小学生的韧性培养

韧性，作为个体在面对困境和压力时所展现出的心理弹性和适应能力，是中小学生健康成长的关键因素之一。家庭危机教育是培养中小学生韧性的基础，这要求家庭成员能够共同认识到危机教育的重要性，并将之纳入日常生活和教育中。通过家庭会议、共同解决问题的实践活动等方式，父母可以教导中小学生理解生活中可能遇到的各种挑战和危机，以及如何面对和解决这些问题。此外，家庭成员之间的开放沟通能够鼓励中小学生表达自己的担忧和恐惧，从而教授中小学生如何管理情绪和应对压力。

家庭在危机管理中的实践策略对中小学生韧性的培养至关重要。当家庭面临危机，如经济困难、健康问题或关系冲突时，父母的应对方式能够直接影响中小学生对待逆境的态度。父母通过积极应对危机，展现出解决问题的能力和积极的态度，能够为中小学生树立起从容面对逆境的榜样。这种模范效应能够教导中小学生在面对困难时保持乐观和积极寻找解决方案的重要性。

一个温暖、充满支持和理解的家庭环境为中小学生提供了必要的情感支持和资源，帮助他们在遭遇挑战时感受到安全和被支持。家庭成员之间的相互鼓励和支持增强了中小学生面对危机时的心理韧性，能够使他们从挑战中恢复并获得成长。培养中小学生在危机中的自我反思和自我学习能力也是家庭教育的重要组成部分。通过与家庭成员讨论和反思过去的危机事件，中小学生可以学习到更多的应对策略和自我调节技巧，从而提高自身的适应能力和韧性。家庭成员还可以鼓励中小学生参与社区服务和志愿活动，通过帮助他人来增强他们的自我价值感和社会责任感，这对韧性的培养同样具有积极影响。

三、父母不同的教养方式及其影响

教养方式是父母在抚养和教育子女过程中所采纳的一种行为模式，它反映了父母教育子女的风格和态度，也构成了父母与子女间交流的一种方式，不仅影响着家庭内部的沟通模式，而且在很大程度上塑造了中小学生的个性和行为。不同的教养风格会对中小学生的成长产生不同的影响，家长需对各种教养方式及其可能带来的后果有清晰的理解，帮助中小学生形成健康的人格和积极的生活态度。

（一）平等式教养方式及影响

平等式教养方式被视为一种尊重中小学生人格和权利的行为模式，强调家长与中小学生之间的平等交流和相互尊重。这种教养方式认为，家庭不仅是中小学生生长的场所，更是中小学生个性养成和社会化的重要环境。在平等式教养模式下，家长通过与中小学生建立开放和亲密的沟通关系，为中小学生的个性发展和心理健康提供了良好的支持。平等式教养方式的核心在于家长对中小学生的尊重。在这种教养方式中，家长视中小学生为独立的个体，认可他们的想法和感受，鼓励他们表达自己的意见。这种尊重不仅体现在日常生活的细节中，如允许中小学生参与家庭决策，也体现在教育过程中，如考虑中小学生的兴趣和意愿进行教育活动的选择。这种尊重增强了中小学生的自尊心和自我价值感，为他们提供了积极探索自我和环境的动力。

平等式教养方式倡导开放和有效的沟通。家长和中小学生之间的沟通不是单向的命令或指导，而是双向的、平等的交流。通过这种交流，中小学生能够学会倾听他人的观点，表达自己的想法，并在沟通中学习解决问题的技能。这种互动过程不仅加深了家长与中小学生之间的情感联系，也促进了中小学生社会技能的发展。家长通过建立规则和界限，为中小学生的行为提供指导，而非强制性地控制他们的行为。这种指导给予了中小学生一定的自由度，使他们在安全的环境中学习自我管理和自我控制。中小学生在这种环境中长大，通常能够表现出较强的独立性和自我调节能力。

在平等式教养模式下成长的中小学生，往往拥有更高的心理健康水平。他们对生活持有积极乐观的态度，善于与人沟通，具备良好的社交技能。这些中小学生因为在家庭中获得了足够的安全感，在面对压力和挑战时能够展现出较强的抗压能力和适应能力。他们能够从容地面对生活中的逆境，展现出了良好的心理韧性。

（二）独裁式教养方式及影响

独裁式教养方式是一种父母主导、中小学生被动接受教育的模式。在这种教养环境中，父母通常展现出高度的控制性和权威性，中小学生的个人意愿和自由受到显著限制。这种教养方式的核心特征是父母的期望和决定凌驾中小学生之上，他们被期望完全服从父母的指示，而父母对中小学生的想法和需求给予的关注相对较少。专制型教养方式往往会使中小学生在成长过程中形成较弱的自我认知和自主能力。由于长期处于被动接受和服从的角色，这些中小学生可能难以形成独立的思考和决策能力，他们可能会习惯性地寻求外部指导和认可，缺乏自我探索和自我肯定的过程。这种依赖性的心理状态不利于中小学生形成强烈的个人主体性和自信心。

在独裁式教养方式下成长的中小学生在情感发展方面可能遭遇困境。由于父母对中小学生表达情感的限制和对他们缺点的过度关注，这些中小学生可能发展出较低的自尊和自我价值感。长期处于这种压抑的情感环境中，中小学生可能对自己产生负面评价，导致自卑心理。此外，缺乏安全感和认同感的情感基础，可能使他们在人际交往中表现出回避或依赖的倾向，影响社会关系的建立和维护。独裁式教养方式下的中小学生在社会适应能力上可能面临挑战。虽然表面上看似顺从，但内心可能充满反抗情绪。这种表里不一的状态反映了中小学生对权威的盲目服从和内心独立意识的冲突。在社会交往中，这种矛盾可能导致中小学生在面对权威和集体决策时过度顺从或过分反抗，难以做出平衡和独立的判断。

虽然独裁式教养方式在短期内看似有效，能够迅速地使中小学生服从和达成父母的期望，但从长远来看，它对中小学生个性的压抑、情感的损伤和社会能力的阻碍，可能导致中小学生在成长过程中遭遇多重挑战。因此，家长在教养过程中应谨慎选择教养方式，注重培养中小学生的自主性、自尊心和社会适应能力，为中小学生的全面发展提供有益的家庭环境。

（三）溺爱式教养方式及影响

溺爱式教养方式也称为过度保护式教养，是一种以中小学生的意愿和需求为中心，忽视或缺乏必要的教育原则和界限设定的一种教养模式。在这种教养模式下，父母往往放弃了作为指导者和教育者的角色，无条件满足中小学生的所有要求，不论这些要求是否合理或对中小学生的长期发展有利。这种教养方式虽然出发点是爱，但会对中小学生的成长和发展产生不利影响。

在长期的过度溺爱下，中小学生习惯自己的需求和愿望总是被优先考虑，这可能导致他们在社交和人际关系中表现出自私自利的行为，使他们形成自我中心的个性。中小学生可能难以理解和尊重他人的需要和界限，因为在他们的成长经验中，他们的个人需求总是被无条件满足的。父母过分的介入和保护使中小学生失去了自主解决问题和面对挑战的机会，使他们降低了生活技能和独立性。这种依赖性的培养可能导致中小学生在日常生活中缺乏基本的生活技能，如自理能力、时间管理和决策能力。长此以往，中小学生可能在成年后仍然依赖父母，难以独立生活。

溺爱式教养方式还可能影响中小学生的认知发展和心理韧性。在没有适当挑战和压力的环境中成长的中小学生，可能会形成认知上的局限，难以发展有效的问题解决策略和应对挫折的能力。当面临生活中不可避免的挑战和压力时，这些中小学生可能显得无助和脆弱，因为他们缺乏应对逆境的经验和心理准备。由于长期生活在一个被过分保护的环境中，这些中小学生可能难以形成健康的自我认同和自尊心。在遭遇挫折和失败时，他们可能会过度反应，展现出过低的心理承受能力和逃避问题的倾向，这种不利的心理状态不仅会影响中小学生的学业和社会功能，还会使他们出现长期的心理健康问题。

（四）自由式教养方式及影响

自由式教养方式，又被称为放任式或非干预式教养，是一种家长对中小学生的学习和生活采取极度宽松态度的教养模式。家长在这种教养方式下往往不对中小学生施加限制和要求，中小学生几乎可以完全自由地做出选择和决定。这种教养方式的成因多种多样，包括家长忙于工作无暇照看中小学生，或是家长持有"让自然规律引导中小学生成长"的教育理念。然而，自由式教养方式对中小学生的成长和发展带来了一系列影响。

在自由式教养方式下成长的中小学生的情感需求往往得不到充分满足。由于家长对中小学生的关注和互动较少，中小学生可能会感觉到情感上的忽视和孤立。这种情感的缺失不仅会影响中小学生与家长之间的亲密关系，还可能导致中小学生在与同龄人交往时出现障碍，难以建立稳定、深入的友谊，影响他们的社会化过程。由于缺乏家长的引导和监督，在自由式教养方式下成长的中小学生可能不能形成良好的道德规范和自我约束能力。在这种环境下长大的中小学生，由于缺少对是非的明确认知和对行为后果的认识，可能在道德判断和自我控制方面表现出困难。他们可能更容易受到不良影响，表现出一些社会公众认为不可接受的行为。自由式教养方式可能导致中小学生形成叛逆、离群的性格特征。在缺乏规则和约束的环境中成长，中小学生可能发展出对权威和规范的抵触情绪，这种性格特征不仅影响中小学生与家长的关系，也可能影响他们在学校和未来职场中的适应——他们可能因为不习惯遵守规则而在集体生活中遇到困难。

尽管自由式教养方式给予了中小学生较大的自由度，使其在某些方面可以展现出独立和自主的特质，但是过度的放任却会使家长忽视中小学生在成长过程中对于指导、关爱和规则的需要。为了促进中小学生的全面发展，家长应当寻找权威与自由之间的平衡，既要尊重中小学生的个性和选择，也要适时为他们提供必要的引导和支持，帮助他们建立积极的价值观，使他们发展良好的社会交往能力和自我控制能力。

四、亲子沟通与情感交流

（一）亲子交流的质量

在中小学生成长的过程中，亲子交流的质量对于中小学生的个人发展、情感健康和社会适应能力具有深远的影响。有效的亲子沟通不仅能够促进家庭关系的和谐，还能够帮助中小学生建立自信、处理压力以及发展解决问题的能力。有效沟通的技巧与方法包括但不限于倾听、同理心、开放性问题、非言语沟通和积极反馈等。父母通过倾听表达对中小学生想法和感受的关注和尊重，通过同理心理解中小学生的立场和感受，通过开放性问题鼓励中小学生分享更多的想法，通过非言语沟通（如眼神接触、身体语言）传达爱和支持，通过积极反馈增强中小学生的自我价值感和鼓励其积极行为。

促进亲子关系的互动策略和活动对于提高亲子交流的质量同样重要。共享活动，如共同参与户外运动、家庭游戏夜或共同完成家庭项目，可以为父母与中小学生提供非正式而放松的交流机会，使他们增进理解和亲密感。设立"家庭会议"，作为定期讨论家庭事务和表达感受的平台，也有助于建立开放和包容的家庭沟通环境。中小学时期是个体探索自我、形成独立思考能力的关键阶段，因此，父母应该为中小学生提供适当的指导，并给予其足够的空间。在遇到沟通障碍时，父母需要保持耐心，寻找合适的时机和方式与中小学生进行交流，避免批评和指责中小学生，而是从理解和支持的角度出发，帮助中小学生处理内心的困惑和冲突。

（二）亲子关系对中小学生行为的影响

亲子关系对中小学生的行为模式、情感发展以及社会适应能力影响深远，健康的亲子关系能够促进中小学生积极行为的形成，而不健康的亲子关系可能导致一系列负面行为的出现。在一个充满爱、尊重和理解的家庭环境中成长的中小学生，通常会展现出更高的社交技能、同情心以及更低的攻击性。这是因为，当父母通过日常互动向孩子展示如何以积极的方式解决问题和处理人际关系时，中小学生能够学习并模仿这些行为。相反，冷漠或敌对的亲子关系可能导致中小学生发展出逃避、攻击或其他不良的社交行为，这些行为会影响他们与同伴的关系，不利于其社会适应能力的发展。

亲子关系的质量对中小学生的情绪健康和行为选择有显著影响。稳定的亲子关系能为中小学生提供一个情感上的安全基地，帮助他们在面对挑战和压力时保持情绪稳定，并发展健康的应对机制。这种情感支持对预防中小学生的行为问题，如吸烟、饮酒和药物滥用等尤为重要。研究显示，与父母保持良好沟通和深厚关系的中小学生更不可能参与这些高风险行为。亲子互动的质量直接影响中小学生的自我观念和自尊。当父母通过积极的反馈、鼓励和认可来肯定中小学生的价值时，中小学生更有可能发展出积极的自我形象和较高的自尊心。这些正面的自我评价是中小学生做出健康行为选择的重要基础，同时能使他们在面临困难时展现出更大的韧性。

为了促进中小学生行为的积极发展，家庭成员应致力建立和维护健康的亲子关系，这包括确保与中小学生保持有效的沟通，为中小学生提供适度的监督与引导，以及在日常生活中给予中小学生情感支持和理解。父母应当努力成为中小学生可以信赖的指导者和支持者，与中小学生共同应对成长过程中的挑战。

第三节　家庭结构与经济条件

一、家庭结构的概念

家庭结构作为家庭社会学研究的一个核心概念，涵盖了家庭成员的组成、相互作用以及成员间的角色和功能。家庭结构的基本概念围绕着家庭成员的组成以及这些成员之间的关系模式展开。传统上，家庭结构多被理解为核心家庭（由父母和子女组成）和扩展家庭（除核心家庭成员外，还包括其他亲属如祖父母、叔叔阿姨等）。随着社会的变迁，家庭结构呈现多样化趋势，包括单亲家庭、重组家庭（由离异或丧偶再婚的成员组成的家庭）等。这些不同的家庭结构决定了家庭功能的执行方式、家庭环境的特性，以及家庭观念的多样化。

家庭作为中小学生成长的首要社会环境，其结构特点对中小学生的身心发展、价值观形成及社会化过程产生了重要影响。在核心家庭结构中，中小学生通常能够获得较为稳定的情感支持和充分的注意力；而在单亲家庭和重组家庭中，中小学生可能面临更多的情感和经济压力，但也可能从中学习到适应变化和处理复杂人际关系的能力。不同家庭结构下的亲子沟通模式、家庭决策过程以及对中小学生独立性的支持程度有所不同，这些因素影响着中小学生的个性发展和社会行为模式的养成。

从家庭社会学的视角来看，家庭是一个动态变化的系统，家庭结构的变化会引起家庭内部的功能重组、角色重新分配以及互动方式调整。

例如，当家庭结构由于离异、再婚等原因发生变化时，家庭成员需要适应新的角色，重新建立家庭规则和沟通机制。这一过程对中小学生来说既是挑战也是成长的机会，他们在适应家庭变化的过程中，可以学习到灵活适应环境、处理复杂情感和关系的技能。

二、家庭结构的类型及其对中小学生成长的影响

（一）家庭结构类型

中国的家庭结构类型主要包括主干家庭、核心家庭、联合家庭、单亲家庭以及重组家庭等，这些家庭类型都具有独特的家庭环境和亲子互动模式，能够不同程度地影响中小学生的成长。

1. 主干家庭

该类家庭通常由父母和已婚子女组成，这种家庭结构强调血缘关系的连续性和家族的延续性。在这样的家庭环境中，中小学生往往能够获得多代家庭成员的关爱和支持，学习到更为丰富的社会经验和文化传统。然而，主干家庭中的代际差异有时也可能导致价值观的冲突，为中小学生的自我认同和独立性发展带来挑战。

2. 核心家庭

该类家庭由父母及未婚子女构成，是当前社会中最为普遍的家庭结构类型。这种家庭结构规模较小，关系更为紧密，便于父母对中小学生进行个性化的关注和教育。在核心家庭中成长的中小学生往往会展现出较强的自信心和社会适应能力，但在面对家庭以外的复杂社会关系时，他们可能需要额外的支持和指导。

3. 联合家庭

该类家庭包括多代家庭成员共同生活，任何一个含有两代以上夫妻的家庭，如父母和两对或两对以上已婚子女组成的家庭，以及兄弟姐妹婚后不分家的家庭。这种家庭结构提供了一个宽松的社会化环境，中小学生可以从多个角度学习社会规则和家庭价值观。然而，一个家庭中拥有过多的家庭成员也可能导致资源分配不均，中小学生可能会因为缺乏足够的关注而感到被忽视。

4.单亲家庭

该类家庭由于各种原因，仅有父亲或母亲一方照料子女，这种家庭结构对中小学生的影响具有双重性。一方面，中小学生可能发展出较强的独立性和适应性；另一方面，缺少另一方亲人的参与可能会对中小学生的心理健康和社交能力造成影响。

5.重组家庭

该类家庭是由父母离异后再婚所形成的新家庭结构，这类家庭为中小学生提供了新的家庭环境和关系网络。在重组家庭中，中小学生需要适应新的家庭成员身份和角色定位，这对他们的心理调整和社会适应能力提出了新的要求。

（二）家庭结构的多样性与中小学生发展

不同的家庭结构使家庭职能、家庭环境产生了差异，家庭成员的相互作用、相互影响对中小学生的成长具有长久和深远的影响。在深入分析不同家庭结构对中小学生成长的影响的基础上，了解不同家庭结构对中小学生成长的独特影响，有助于家庭、学校和社会更有效地支持每一位中小学生的健康成长，为他们提供一个充满爱、理解和支持的成长环境。

1.单亲家庭的独特成长环境

单亲家庭由于父母中的一方缺失，使家庭资源在时间、经济和情感支持方面相对有限。在这样的家庭环境中，中小学生往往需要承担超出正常年龄的家庭责任，如照顾弟妹或管理家庭财务等。这种提前承担成人角色的经历，在一定程度上促进了中小学生独立性和适应性的培养。他们学会了如何在有限的资源条件下做出合理的决策，如何面对生活的困难与挑战，这些技能对于他们未来的成长和发展具有重要意义。单亲家庭中的中小学生也可能面临较大的社会压力和孤独感。社会的偏见、同伴的排斥或误解可能加剧在单亲家庭中成长的中小学生的心理负担。缺乏父亲或母亲角色的家庭环境，可能导致中小学生在情感上存在空缺，难以从家庭中获得完全的情感满足。这种情感上的缺失有时会反映在中小学生的行为上，如出现攻击性行为、情绪波动或社交退缩等，需要额外的社会和情感支持来促进其健康发展。

为了缓解单亲家庭中小学生面临的这些挑战，社会、学校和社区等应提供额外的支持和资源。学校可以通过设立辅导计划，帮助中小学生处理情绪问题和增强社交技能。社区资源如中小学生俱乐部和兴趣小组，为单亲家庭的中小学生提供了参与社交活动和发展个人兴趣的机会，有助于他们建立积极的社会联系和自我价值感。鼓励单亲家庭的父母参与亲子教育培训和支持小组，也是提高家庭环境质量的有效途径。通过这些培训，单亲父母可以学习如何更有效地与孩子沟通，如何在有限的资源条件下满足孩子的情感和物质需求，以及如何处理与孩子的关系问题。

2. 重组家庭带来的挑战

在当今社会，重组家庭作为一种日益普遍的家庭形态，其对中小学生成长的影响引起了广泛关注。重组家庭的形成往往伴随着一系列复杂的情感和关系调整，中小学生在这一过程中面临诸多挑战。这些挑战不仅影响中小学生的心理健康和情绪稳定，还对其社会适应能力提出了更高的要求。重组家庭的形成通常意味着原有家庭结构的解散和新家庭关系的建立，在这一过程中，中小学生可能会经历深切的情感困扰。父母离异或丧偶带来的家庭变动，不仅改变了中小学生的生活环境，更在情感上给予了他们巨大的冲击。面对新组建的家庭，中小学生需要适应新的父母角色（继父或继母）以及可能的同父异母或同母异父的兄弟姐妹，这些新的家庭成员之间的关系构建对中小学生来说是一项充满挑战的任务。中小学生在重组家庭中的角色和地位可能发生变化，这对他们的自我认同和情绪稳定性构成了挑战。在新的家庭结构中，中小学生可能需要重新定位自己的家庭角色，并与新的家庭成员建立亲密关系。这一过程可能伴随角色冲突和归属感的缺失，导致中小学生感到困惑和孤独。此外，继父母与亲父母在教育观念和方式上的差异，也可能增加家庭冲突，进一步影响中小学生的心理健康。

为了应对重组家庭环境下中小学生成长的挑战，家庭成员之间的有效沟通显得尤为重要。家长应该采取开放和包容的态度，鼓励中小学生表达自己的感受和需求，共同探讨家庭变动对每个人的影响。此外，家长可以通过家庭活动和共同建立家庭传统等方式，促进家庭成员间的情感联结和归属感的形成。在社会层面，学校和社区应提供相应的支持服务，帮助重组家庭中的中小学生应对变化，促进其积极适应。心理咨询、同伴支持小组和社会活动不仅能为中小学生提供情感上的支持，还能帮助他们建立正面的人际关系，使他们提高解决问题和应对挑战的能力。

3. 主干家庭的多代人支持网络

大家庭，尤其是主干家庭，为中小学生的成长提供了一个独特的社会化环境，一般包括父母、祖父母以及其他可能的长辈，这种家庭结构构建了一个多代共存的支持网络，对中小学生的发展有着深刻的影响。在这样的家庭环境中，中小学生不仅能从父母那里获得日常的关爱和指导，还能从祖父母和其他长辈那里获得额外的情感支持和生活智慧。祖父母的经验和知识，尤其在传统文化、家族历史和人生智慧方面，为中小学生提供了学习和成长的宝贵资源。这种跨代传承不仅丰富了中小学生的生活体验，还有助于中小学生形成更为全面和深入的世界观。

多代同堂的家庭环境促进了中小学生稳定的自我认同和家族归属感的形成。在大家庭的背景下，中小学生能够清晰地看到自己在家族中的位置和角色，通过与不同代际成员的互动，他们学会了尊重、理解和沟通，这些都是社会化过程中不可或缺的要素。即使存在代沟和教育方式的差异，多代同堂的家庭成员通过日常的交流和共同的家庭活动，也能够找到平衡和谐的相处方式，从而减少冲突和不适，增强家庭的凝聚力。不过，大家庭结构也可能为中小学生带来一定的挑战。代际的观念和教育方式可能存在显著差异，尤其是在价值观念、生活习惯以及对待新兴事物的态度上。中小学生在这样的环境中可能会遇到理解和沟通的障碍，尤其是当他们的观点和长辈发生冲突时。为了应对这些挑战，家庭成员需要共同努力，通过开放和尊重的对话，寻找代际沟通的桥梁，确保家庭环境的和谐与中小学生的健康成长。

4. 核心家庭的稳定成长环境

核心家庭，由父母与未成年子女组成，是当代社会最普遍的家庭结构形式。这种家庭结构为中小学生提供了一个紧密的亲子关系和相对稳定的成长环境，对中小学生的发展产生了重要的影响。在这种家庭结构中，父母能够更加集中地关注中小学生的成长需求，包括他们的学业、情感以及社交活动等方面。这种密切的关注不仅会使中小学生感受到被爱和被重视，而且有助于父母及时发现和解决中小学生在成长过程中遇到的问题，如学习压力、情感波动和人际关系困扰等。

核心家庭为中小学生提供了一个相对稳定的成长环境。在这样的环境中，中小学生可以在父母的指导和支持下，逐渐学会独立思考和行动，培养自我管理和自我控制的能力。此外，父母可以通过言传身教，向中小学生传递社会规范和价值观，促进其社会能力和道德观念的发展。核心家庭的中小学生在面对家庭以外的挑战时，可能需要更多地依赖外部资源和社会支持系统。由于核心家庭的社会网络相对有限，中小学生在学校、社区等更广阔的社会环境中可能会遇到各种挑战，如同伴压力、社交障碍和身份认同危机等。在这种情况下，父母需要积极引导中小学生拓展社会交往圈，鼓励他们参加学校和社区组织的各种活动，以便他们建立更广泛的社会支持网络，获得必要的资源和帮助。

三、家庭经济条件对中小学生成长的影响

家庭经济状况直接关联中小学生的教育机会、生活质量以及心理健康，从而在多方面影响他们的成长和发展。经济条件较好的家庭能够为中小学生提供更优质的教育资源，如优质的学校教育、丰富的课外活动以及良好的学习环境等。这些资源不仅有助于中小学生获取知识和技能，还能促进其全面发展。相反，经济条件较差的家庭可能无法负担高额的教育费用，中小学生可能因此失去接受良好教育的机会，这对他们的成长和未来发展构成了限制。

家庭经济状况对中小学生成长的影响还体现在生活质量和心理健康方面。家庭经济条件优越，可以为中小学生提供良好的生活条件和稳定的成长环境，减少经济压力带来的家庭矛盾，有助于中小学生保持积极的心态和健康的心理状态。而经济条件不佳的家庭可能会使中小学生经历较大的生活压力和心理负担，他们可能会因为家庭经济问题而感到焦虑、沮丧，甚至影响到自我价值的认同。长期处于这样的心理状态，可能会对中小学生的心理发展和社会适应能力产生负面影响。

由于家庭经济条件对中小学生的成长影响巨大，学校和社会应采取积极措施进行干预。学校应关注家庭经济状况不同的学生，通过统计分

析学生的学业成绩和日常表现，发现问题并采取相应的教育干预措施，如心理疏导、学习辅导等，帮助中小学生缓解心理压力，培养积极向上的生活态度。教育管理部门和政府相关部门需要重视家庭经济状况对中小学生成长的影响，尤其是对经济条件较差的家庭给予更多关注和支持。通过学费减免、资助项目等政策措施，减轻这些家庭的经济负担，确保中小学生能够享受平等的教育机会。贫困地区和偏远山区需要加大教育扶持力度来提升教育水平，这不仅有利于当地中小学生的成长，也是促进社会公平和促进区域发展的重要措施。通过为中小学生创造稳定的教育环境，为他们的健康成长打下坚实的基础。

第四章 营造中小学生成长的校园生态

第一节 教育理念与教育方式

一、现代教育理念在中小学生成长中的应用

（一）现代教育理念的核心价值

现代教育理念的核心价值在于其深刻影响了中小学生的全面成长和发展。这些教育理念，包括以学生为中心、全面发展和终身学习，不仅反映了教育目标和方法的演变，还体现了社会对于培养适应未来社会需要的全面发展人才的迫切需求。

1. 以学生为中心

"以学生为中心"的教育理念强调在教育过程中应将学生的需求、兴趣和发展潜能置于首位。该理念强调教育应从学生的实际需求出发，关注学生的个性差异和多样化需求。这种教育方式倡导在教学活动中充分考虑学生的个人兴趣、学习风格和情感状态，并以此为基础设计教学内容和方法，使学生能够在舒适和鼓励的环境中学习和成长。满足学生的个人需求，可以激发学生的学习动力，增强他们对学习过程的参与感和成就感。教育不仅仅是关于知识的传递，更是关于潜能的开发和兴趣的培养。在"以学生为中心"的教育理念指导下，教师鼓励学生探索自己的兴趣所在，提供丰富的资源和机会，让学生尝试不同的活动。这种方法有助于学生发现自己的潜能和兴趣，进而在这些领域中深入学习和成长。学生的兴趣不仅可以驱使他们主动学习，还能促进他们在学习过程中的创新和探索。

"以学生为中心"的教育理念着重培养学生的自我认同感和独立思考能力。在教育过程中，学生被鼓励表达自己的观点，批判性地思考问题并进行自我反思。这样的教学环境不仅有利于学生对知识进行深入理解，更重要的是帮助他们建立自己的价值观。通过学习和实践，学生可以逐步建立起对自我、对社会的认同感，形成独立的思考和判断能力。

2. 全面发展

"全面发展"的教育理念更加关注中小学生的全面发展。这一理念反对单一的知识传授模式，强调通过多元化的教育方法，培养学生的综合素质。这一理念反映了对中小学生成长全方位、多维度的关怀和支持，认为每个中小学生都应该获得全面发展的机会，其为中小学生的成长提供了宽广的视野和多元的成长空间。在全面发展的教育理念下，通过多样化的教学活动和课程设计，中小学生能在各个领域获得成功的体验，这些成功体验是他们自信心建立的重要基石。自信不仅来自学术成就，也来自体育、艺术、社会实践等方面的成就。中小学时期是个体自我认知和自信心建立的关键时期，全面发展的教育理念能有效促进中小学生自信心的提升，帮助他们建立积极向上的自我形象。

"全面发展"的教育理念还特别强调中小学生应学习如何与他人有效沟通、协商和解决问题，这些能力对于他们今后在社会中的成功至关重要。在这个过程中，学生不仅能学会尊重他人、倾听不同的意见，还能学会如何在多元化的团队中发挥自己的长处，实现共同目标。

在全球化日益加深的今天，"全面发展"的教育理念还注重培养学生的社会理解能力和全球视野。通过研究不同文化的历史、艺术、科技，以及参与国际交流和社会服务活动，中小学生可以更好地理解世界的多样性，学会尊重和欣赏不同的文化和价值观。这样的全球视野对于中小学生未来在国际舞台上的活动及成为具有全球责任感的公民至关重要。

3. 终身学习

"终身学习"的教育理念强调知识的持续学习。在当今社会，知识和技能的更新速度越来越快，这使"终身学习"成为每个人应对挑战、实现个人成长和职业发展的必要条件。对于中小学生而言，培养终身学习的理念尤为重要，它不仅关系到他们未来的适应性和竞争力，还关系到他们能否持续进行个人发展和实现自我价值。"终身学习"的教育理念强调学习是一个持续的过程，这意味着学习不应仅限于学校教育阶段，而应伴随个人的整个生命过程。这一理念鼓励中小学生认识知识和技能的更新换代，以及适应这些变化的必要性。通过终身学习，中小学生可以不断探索新知，挑战自我，从而不断提升自己的能力和素质。终身学习的实现依赖个人的自主学习能力。教育者和学校应通过各种方式和方法激发中小学生的学习兴趣，帮助他们发展学习策略和技能，使他们提高信息筛选、处理和分析的能力。自主学习能力的培养，使中小学生能够在学校教育结束后，继续通过自我引导的方式探索知识，适应社会的变化和个人生涯的需要。

随着全球化和技术发展的加速，社会的变化越来越快，工作岗位和职业路径也在不断地变化。中小学生如果能够从小培养终身学习的习惯，就能够更好地适应这些变化，在面对未来的不确定性和挑战时，也就能够更加从容不迫。终身学习使他们能够持续更新知识和技能，保持自身的竞争力，实现职业生涯的成功。终身学习不仅仅是为了使他们适应职业的需求，更是为了个人的全面发展和生活的丰富多彩。通过终身学习，中小学生可以发现新的兴趣爱好，拓宽视野，增进对文化、艺术、科学等领域的了解。这些学习经历不仅丰富了他们的精神世界，也促进了他们心智的成熟和人格的完善。

（二）全人教育理念在学校教育中的应用

全人教育理念是一种以学生的全面发展为目标的教育方式，其核心在于不仅关注学生的学术成就，而且重视其情感、社交、身心健康、创造力和批判性思维等多方面的成长。在实践中，全人教育理念在学校教育中的应用展现在以下几个重要方面：

1.情感与社交发展的重视

教育的目的不仅是传递知识，更重要的是促进学生的全面成长，包括情感智力的发展和社交能力的提升。通过引入团队协作项目、角色扮演游戏等教学活动，学校教育在激发学生学习兴趣的同时，还致力培养他们的情感识别、情感表达、自我调节以及同理心等能力。学校对学生情感与社交发展的重视，有助于学生认识和理解自己的情感，学会管理和表达自己的情绪。例如，通过角色扮演游戏，学生可以站在不同人物的角度思考问题，体验不同情感状态，从而提升同理心和社会理解能力。这种情感体验的多样性，不仅有助于学生理解自我，还有助于他们理解他人，为他们建立良好的人际关系打下基础。

团队协作项目使学生在共同完成任务的过程中，能够学习如何与他人有效沟通、协商和解决冲突，这对于培养学生的社交技能和团队合作精神至关重要。在这种教育模式下，学生不仅能学会如何尊重他人、倾听他人观点，还能学会如何表达自己的意见和需求，这些都是社交活动中不可或缺的技能。

情感与社交发展的教育还包括情感与安全感的建立，学校通过创造一个包容、尊重和鼓励的学习环境，使每个学生都能感到被接纳和尊重。这种环境有助于学生在遇到困难和挑战时，能够积极寻求帮助，而不是逃避或压抑自己的情感。情感与安全感的建立，对于学生建立自信心、增强抗挫折能力具有重要意义。

2.创造力与批判性思维的培育

全人教育理念超越了传统的知识灌输，强调通过不同的教育理念及方式激发学生的好奇心和创新意识。同时，批判性思维的培养被视为学生个人发展和适应未来社会的关键能力。

创造力是指个体产生新颖且有价值的想法、解决方案和产品的能力。在全人教育环境中，教师鼓励学生质疑现有的知识和理论，不断探索未知领域。通过实践操作、项目设计和团队合作，学生能够在真实或模拟的情境中发现问题、分析问题并提出创新的解决方案。例如，在科学探究项目中，学生不仅能够学习科学知识，更重要的是能够学会如何应用这些知识解决实际问题，如设计一项实验来测试某一科学假说。这种教学模式有助于学生创新思维和解决问题能力的发展。

批判性思维是指分析信息、评估论据并形成独立见解的能力。在全人教育中，批判性思维的培养是通过日常教学活动实现的，教师通过提出开放性问题、组织辩论和讨论、分析案例等方式，引导学生批判性地思考。学生被鼓励去识别假设、评估证据的可靠性，识别逻辑谬误，比较不同观点的优缺点并最终形成自己的判断。例如，在社会科学课程中，学生可能被要求分析不同历史事件的原因和后果，比较不同历史解释的有效性。通过这些活动，学生不仅学会了批判性地分析信息，还培养了独立思考和自我表达的能力。

3. 个性化学习计划与学生主导的探索

个性化学习计划和学生主导的理念充分考虑了学生个体的差异性和多样性，通过提供定制化的学习路径，鼓励学生根据自己的兴趣、能力和学习目标来选择课程和活动，从而促进每位学生的个性化成长和全面发展，帮助他们发展成为具有创造力、批判性思维和自我驱动能力的个体。

个性化学习计划的设计基于认识到了每个学生都有独特的学习风格、兴趣和潜能。这种学习计划允许学生在教师的指导下，自主选择学习内容，安排学习进度，从而激发学生的学习动机和参与度。通过个性化的学习，学生可以深入探索自己感兴趣的领域，同时在其他领域获得必要的基础知识和技能。这种教育方式不仅有助于学生发现和培养自己的特长，还有助于学生增强自信心和自我效能感。

学生主导的探索是个性化学习计划的核心。在这个过程中，学生不再是被动的知识接受者，而是成为主动的学习者和探索者，学校提供的多样化课程和活动成为学生自我探索的平台。教师在这一过程中起到了关键的指导和支持作用，他们帮助学生设定学习目标，为学生提供必要的资源和指导，同时鼓励学生进行批判性思考和创新。学生在这种教学模式下能够学会如何管理自己的学习，如何与他人合作，以及如何有效地解决问题。

二、学校教育方式与中小学生的全面发展

（一）探究式学习对中小学生认知发展的影响

探究式学习作为一种以学生为中心的教育方式，强调通过提问、探索和反思过程促进学生的主动学习和深入理解，对中小学生的认知发展具有深远的影响。这种学习方式不仅增强了学生对知识的掌握，还促进了他们问题解决能力的发展。探究式学习通过激发学生的好奇心和求知欲，鼓励他们提出问题、寻求答案并对结果进行反思，这一过程与认知心理学中的"主动学习"概念相吻合。在这种学习模式下，学生不再被

动地接受知识，而是成为知识构建的主动参与者。这种主动参与过程促进了学生认知结构的重组和优化，有助于他们形成深层次理解和长期记忆，从而促进认知发展。

探究式学习强调问题的发现和解决过程，要求学生不仅学会收集和分析信息，还学会评估信息的可靠性，从多个角度审视问题，分辨不同观点的优劣，从而做出合理的判断。在此过程中，学生的问题解决能力和创新能力得到了显著提升。探究式学习要求学生在教师的指导下，自行设计研究计划，选择研究方法，进行数据收集和分析，并对研究结果进行解释和展示。这一过程不仅需要学生具备独立工作的能力，还需要他们能够自主管理学习进程，包括设定学习目标、规划学习路径和评估学习成果。这样的学习经历有助于学生培养终身学习的能力，为未来面对不断变化的世界做好准备。

（二）合作学习与团队精神及能力培养

合作学习非常重视学生间互助与协作，学生通过团队合作完成学习任务，促进知识的深入理解和个人技能的提升，培养自身的团队精神和多项社交能力。合作学习要求学生在小组内分工合作，共同解决问题。在这一过程中，中小学生学习到了团队合作的重要性，体会到了集体成功的喜悦。通过共同努力达成目标，中小学生的团队精神得到了显著提高。他们学会了为团队的整体利益而努力，理解并接受了团队内不同成员的差异和多样性，提高了团队协作的默契和效率。

在合作学习的过程中，有效的沟通是必不可少的。学生需要学会如何清晰地表达自己的想法和观点，也要学会如何倾听和理解他人的意见。这种互动促进了中小学生沟通技巧的提升，包括口头表达能力、非语言沟通技巧以及如何处理意见不合时的情况。通过提升这些沟通技巧，中小学生在未来的学习、工作和日常生活中能更有效地与他人交流。合作学习中的问题解决通常需要团队成员共同思考、讨论并达成一致，这种过程锻炼了中小学生的问题解决能力。在面对困难和挑战时，学生能够集思广益，从多个角度和思路寻求解决方案，提高了适应变化、解决问题的能力。

在小组合作的过程中，中小学生还有机会扮演领导角色，负责规划小组活动、分配任务和协调小组内部的合作。这种经历提升了学生的自我管理能力，使他们学会了如何组织和动员团队成员通过共同努力达成目标。同时，通过在小组中的互动，中小学生也学会了如何影响和激励他人，发展了自身的领导能力。

（三）批判性思维教学与中小学生判断力的形成

批判性思维是指在明确的思考框架内，通过逻辑和理性的分析，对信息进行评估、分析和判断的能力。它要求个体不仅仅接受表面的信息，还要深入探究信息的真实性、可靠性和价值。在当今信息泛滥的社会背景下，批判性思维成为中小学生必须具备的一种基本能力。在学校教育中，批判性思维的培养可以通过多种方式实现，如讨论、辩论、案例分析等。这些方法能够激发学生的思考，鼓励他们提出问题，质疑现有的观点和理论，从而促进其批判性思维能力的发展。教师的角色是引导者和促进者，他们通过提出开放式问题、挑战学生的思考能力和鼓励学生进行多角度分析来支持学生的批判性思考过程。批判性思维教学对中小学生的判断力形成至关重要。通过批判性思维的训练，中小学生能够学会如何收集和评估信息，如何从不同的角度和层面进行思考，以及如何基于证据和逻辑做出合理的判断。这不仅增强了他们解决问题和应对挑战的能力，也为他们的个人和职业生活提供了重要的决策工具。

三、转变教育理念与方式，促进中小学生健康成长

（一）将传统教育与现代教育技术相结合

结合传统教育和现代教育技术，通过现代技术的应用，优化传统教学方法，以适应新时代对中小学生全面发展的要求，这不仅能提高教师的教学效率，还能激发学生的学习兴趣，为中小学生健康成长提供更加丰富多样的学习资源和环境。传统教育在知识传授、价值观建立以及基本学习技能培养方面有着长期积累的经验和方法。它侧重教师的导向、课本的学习以及考试的评价，形成了一套较为系统和稳定的教育模式，这种模式在确保学生掌握基础知识和技能方面发挥着重要作用。随着信息技术的飞速发展，现代教育技术，特别是多媒体和互联网技术的应用，极大地丰富了教育资源，为中小学生提供了更为直观、互动的学习方式。

现代教育技术使中小学生的学习过程更加个性化和灵活，能够根据学生的兴趣和需求提供定制化的学习内容，促进学生主动探索和自主学习。

将传统教学资源与现代教育技术相结合，如通过在线课程和数字图书馆为学生提供更广泛的学习材料，能够使他们在课堂之外继续深入学习和研究。利用互联网平台和社交媒体工具，学生能够参与在线讨论、协作项目和虚拟实验，增强学习的互动性和实践性。教师能够通过智能教学系统和数据分析，识别学生的学习习惯和能力差异，为学生提供个性化的学习建议和支持，帮助每位学生达到最佳学习效果。结合传统考试与现代技术手段，如在线测试、电子作业和项目评价等多样化评价方法，教师能够全面考查学生的知识掌握程度和能力发展状况。

（二）着重培养学生的观察能力以及自主思考能力

在现代教育中，着重培养学生的观察能力和自主思考能力的目标是让学生在掌握知识的同时，更加深入地理解知识，培养他们对知识的深层次思考和质疑能力，从而提升学生的综合素质和解决问题的能力。观察能力是学生学习的基础，是他们获取信息、理解世界的重要方式。通过观察，学生可以获得关于事物的直接信息，加深对知识的理解。在教学过程中，教师可以利用多媒体教学方式，如视频、动画、模拟实验等，使抽象的概念形象化，让学生通过视觉、听觉等感官全面地感受和理解知识点，从而提高学生的学习兴趣和效率。自主思考能力是学生终身学习和适应社会的关键能力。教师在教学过程中，不应仅仅停留在知识的传授上，更应鼓励学生在获取知识的基础上进行深入思考，培养他们的批判性思维和创新意识。例如，教师可以设计一些开放性的问题，激发学生的好奇心，引导他们主动探索和解决问题。通过小组讨论、角色扮演、案例分析等互动教学方法，学生可以在实践中锻炼思考能力，学会从不同角度审视问题，并形成自己的见解。

传统的教学模式往往以教师为中心，学生处于被动接受的状态，而现代教育强调教师和学生之间的互动，注重学生主体性的发挥。教师应作为学生学习的引导者和促进者，创设条件，让学生在学习过程中积极参与，自我发现和解决问题。通过项目式学习、翻转课堂等新型教学模式，学生可以在实际操作中学习，更好地将知识内化为自己的能力。

第二节 教师角色与师生关系

一、教师角色在中小学生成长中的重要作用

（一）教师的多重角色

1.引领和指导的角色

教师在中小学生成长和学习过程中担当引领和指导的角色，不仅涉及知识的传授和技能的教学，更关键的是引导学生构建正确的学习观念和方法，以及激发学生的学习兴趣，培养学生自主学习的能力。教师的这一角色体现在多个方面，如图4-1所示。

图4-1　教师引领和指导角色的体现

在日益复杂的知识体系中，教师负责将复杂的知识内容转化为学生能够理解和吸收的信息，通过合理设计教学计划和方法，确保学生逐步掌握必要的知识和技能。现代教育强调培养学生的批判性思维能力、解决问题能力以及终身学习能力，这要求教师不仅要传授知识，更要引导学生学会如何学习，这包括教授学生如何有效地搜集信息、分析问题、合作交流以及自主探索。

教师在激发学生学习兴趣和热情方面起着关键作用。通过创设情景、提出挑战、展示学科魅力等方式，教师可以唤起学生的好奇心和求知欲，使学生在学习过程中体验到乐趣和成就感，从而更加积极主动地参与学习。在信息爆炸的时代，学会学习成了每个学生必备的能力。教师需要引导学生学会如何设定学习目标、管理学习时间、利用资源以及反思学习过程，从而使他们在学习中更加自信和独立。

2.开发和引导的角色

在中小学生的成长过程中，教师扮演着学生潜能的开发和引导者的角色，其实质在于通过激励和引导，唤醒学生的内在动力，激发他们的学习动力和积极性，促进他们的全面发展。通过积极的反馈、表扬和奖励，教师可以让学生感受到进步，从而增强他们面对学习挑战的信心和动力。这种正向的激励策略，不仅有助于提升学生的学业表现，而且有助于培养学生的自我效能感，使他们拥有持续的学习动机。

教师在引导学生参与各类学术和社会活动中起着桥梁和导航的作用。通过组织学生参加学术竞赛、社会实践等活动，教师不仅为学生提供了实践知识的机会，而且拓宽了他们的视野，激发了他们对新知识的好奇心和求知欲。这些活动有助于学生在实践中学习和成长，培养他们的团队合作能力和社会责任感。成功和失败是学习过程中不可避免的两种情况，教师通过正确的引导，可以帮助学生正确看待失败，从中吸取教训，使他们保持积极乐观的心态，在成功中保持谦逊和自我驱动的精神。这不仅促进了学生情感的健康发展，也为他们将来面对生活和工作中的挑战奠定了坚实的心理基础。

3.关爱和支持的角色

教师的关爱和支持角色突显了教师在学生心理和情感支持方面的重要性，不仅包括学习方面的支持，更涉及对学生个人发展的关怀。现代教育强调教师不仅要关心学生的学业成绩，更要关注他们的情感和心理状态。在日常的教学活动中，教师应当通过观察、交流和倾听，了解学生的心理需求和情感变化，为学生提供一个温暖、包容和理解的环境。这种关爱能够让学生感受到被尊重和被接纳，对他们自信心和自我价值感的提升有着不可估量的影响。

面对学习压力、人际关系困扰等问题时，教师的及时干预和支持不仅可以帮助学生有效应对，还可以教会他们如何自主解决问题，增强其适应社会、处理复杂情境的能力。这种支持不仅限于学业问题的解决，更包括对学生情感的安抚和鼓励，能够帮助他们建立积极的人生观和价值观。教师在发现和培养学生的兴趣、特长方面起着不可替代的作用。通过课堂教学和课外活动，教师可以观察学生的兴趣点和擅长领域，为他们提供定制化的学习和发展路径。这能激发学生的学习热情，更能促使学生在自己感兴趣的领域获得成就感和满足感，从而充分挖掘和发挥他们的潜力。

4.榜样的角色

榜样的角色强调了教师不仅在传授知识、技能上对学生有影响，更在价值观、行为习惯的塑造上起着至关重要的作用。通过言传身教，教师能够为学生树立正确的生活指南和行为典范，进而在学生的心灵深处留下深刻的印记。在课堂教学和日常交流中，教师的言辞不仅传递知识，也传递价值观、思维方式和解决问题的方法。教师的每一句话、每一次讨论都可能成为学生思考问题、认识世界的窗口。因此，教师需要在言行上持之以恒地展现出积极向上、诚实守信的品质，用自己的言行为学生提供明确的道德指南。

身教的影响力远胜于言教。在日常的师生互动中，教师的一言一行都在无声地影响着学生。学生很容易模仿教师的行为习惯、态度和情感表达等，因此，教师的每一个动作、每一个表情都应当承载教育的责任，体现出尊重、责任、爱心和公正。通过观察和模仿教师的行为，学生能够学习到如何在复杂的社会环境中以积极的态度应对挑战，如何与人恰当交往，以及如何处理人际关系等重要生活技能。教师通过身教也展现了自我修养和专业素养的重要性。教师高尚的人格、严谨的学术态度和热爱生活的情怀，都能通过身教传递给学生。这种传递不仅能够激发学生对学习的热情，更能够深远地影响学生的人生观和价值观，促使他们成为一个有道德、有修养、有能力的人。

5.评估者的角色

教师的评估者角色超越了传统的教学职责，将教师置于一个能够全面评估、支持学生发展的位置，使学生学会对自己的学习和个人发展负责。在这个角色中，教师成为学生成长道路上的指导者和顾问。通过持续的观察、沟通和反馈，教师能够准确地评估学生的学习成果和发展进程，识别学生在学习中遇到的问题，并为他们提供相应的支持和指导。这种评估不仅包括学术成就的量化评估，更重要的是涵盖了对学生个性发展、社交能力、情感状态等非学术领域的综合评估。

教师在评估过程中应当采取积极正面的态度，鼓励学生设定具有挑战性而又可实现的目标。通过建立明确的评估标准和目标，教师能够帮助学生形成对学习成果的正确认识，激发学生对学习的积极态度，增强学生的自我效能感。在这个过程中，教师的角色逐渐从单一的信息提供者转变为学生自主学习的促进者和辅导者。教师还应当将评估作为一种工具，帮助学生学习如何进行自我反思和自我评估。通过这种全面的评估，教师能够为学生的个性化成长提供指导和支持。

（二）教师多元角色对学生成长的影响

教师在中小学生成长过程中扮演的多元角色对学生的学术成就产生了深远影响，并对其个人品质、社交能力和生活技能的发展起到了至关重要的作用。这些角色包括但不限于导师、激励者、支持者、榜样和评估者，每一个角色都以不同的方式促进了中小学生的全面成长。

第一，教师作为导师的角色，通过传授知识和技能，为学生的学术成长奠定了基础。在这个过程中，教师的专业知识和教学方法对学生的学习效率和深度产生了直接影响。教师通过创新的教学方式和个性化的教学策略，激发了学生的学习兴趣与学习动力，促进了学生在学术领域的成长。

第二，教师作为激励者和支持者的角色，通过积极的反馈和鼓励，帮助学生建立了自信和自我价值感。在遇到学习困难或个人挑战时，教师的鼓励和支持成为学生重要的心理资本，使学生能够积极面对挑战，克服困难。教师通过关注学生的个人兴趣和特长，为学生提供个性化的学习机会和资源，进一步激发了学生的潜能，促进了其在多个领域的全面发展。

第三，教师还通过自己的行为和态度，作为学生的榜样，影响学生的价值观念和行为模式。教师的专业操守、责任感、终身学习的态度和对学生的真诚关怀，都能够深刻影响学生，使学生树立正确的人生观和价值观。教师要通过自己的言行，传递社会正能量，培养学生的社会责任感和公民意识。

第四，教师作为评估者的角色，通过科学合理的评估方式，帮助学生了解自己的学习进度和成长方向。教师的评估不仅关注学生的学业问题，更重视学生的全面发展，如情感态度、社交技能和创新能力等。通过引导学生参与自我评估和目标设定，教师能够培养学生的自主学习能力和责任感，使学生在个人发展的道路上独立前行。这种评估不仅有利于学生对已学知识进行巩固和深化，更有助于学生形成终身学习的习惯，为未来的个人发展奠定坚实基础。

二、师生关系对中小学生成长的影响

（一）教师与学生的沟通互动

有效的师生沟通不仅能够促进学生学业上的进步，更能够对学生的个性发展、情感建设和社交能力产生深远的影响。通过运用有效的沟通技巧，教师能够更好地理解和指导学生；通过对学生个性的认可和尊重，教师能够帮助学生建立积极的自我形象，培养学生的自主性和创造性，这些都成为构建健康师生关系、促进中小学生全面成长的关键因素。

1.有效的师生沟通技巧是建立良好师生关系的基础

在教育领域，师生之间的沟通不仅涉及学术知识的传授，更包含对学生个性、兴趣、需求的理解和尊重，这些都基于教师具备有效的沟通技巧。有效的师生沟通技巧包括倾听、表达和反馈等多个方面，这些技巧不仅能帮助教师更好地理解和引导学生，也能促进学生自我认知、自信心以及学习动力的提升。倾听不只是简单地听学生讲话，更是一种深层次理解、感同身受的过程。在倾听时，教师需以开放的心态接纳学生的意见和感受，通过非语言信号如点头、眼神交流等方式表达对学生的关注和理解，从而帮助学生建立信任感和安全感。通过倾听，教师可以更准确地把握学生的需求和问题，为其提供更有针对性的支持和指导。

在与学生沟通时，教师的语言表达需清晰、准确、积极，通过合适的语言表达鼓励和激励学生，促使学生自我肯定和积极思考。同时，教师应避免使用负面语言，如批评、讽刺等，这些可能伤害到学生的自尊心，影响师生之间的关系。反馈技巧是维持良好师生关系的重要环节。有效的反馈应具有及时性、具体性和建设性。教师需要根据学生的表现提供具体的、正面的反馈，强调学生的进步和努力，也需要指出学生需要改进的地方，并提供具体的改进建议。这种积极的反馈能够激发学生的内在动力，促进其积极学习和个人成长。

2.教师对学生个性的认可对学生的成长至关重要

教师对学生个性的认可在促进学生的个性发展、自我认同感的建立以及社会适应能力的提高方面起着至关重要的作用。当教师充分认可了每个学生的独特性时，他们不仅尊重了学生的个体差异，也为学生创造了一个支持性的学习环境，让学生感受到了被理解和接纳的感觉，这是学生健康成长的重要基础。教师对学生个性认可的重要性如图 4-2 所示。

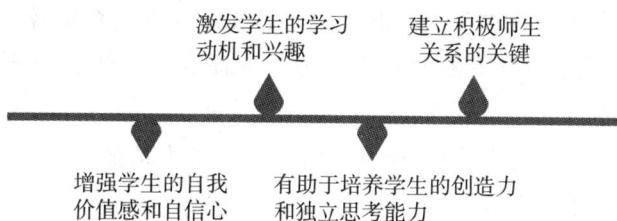

图 4-2　教师对学生个性认可的重要性

在教育实践中，当教师关注每个学生的特点，尊重他们的兴趣和能力时，学生就能够感受到自己的价值，从而建立起积极的自我形象。这种积极的自我认识对于中小学生心理健康和人格完整性的形成至关重要。自信的学生更愿意接受挑战，他们在学习和生活中遇到困难时，更有可能坚持下去，而不是轻易放弃。通过因材施教，教师可以发现并培养学生的特长和兴趣，这不仅可以提高学生的学习成效，还能让学生在学习过程中获得成就感和满足感。此外，个性化的教学方法能帮助学生发现自己的学习风格和优势，为他们未来的学习和职业发展打下坚实的基础。

在一个尊重个体差异的教育环境中，学生不害怕犯错，他们更愿意尝试新事物并从中学习。教师通过鼓励学生发表自己的见解，可以促进学生批判性思维和问题解决能力的发展，这些能力对于学生适应不断变化的未来社会和工作环境是非常重要的。教师对学生个性的认可是建立积极师生关系的关键。相互的尊重和理解让学生更愿意与教师进行沟通和合作，这种积极的互动有利于学生社交技能的提升，也有助于形成一个积极、健康的学习氛围。

（二）建立积极的师生关系对中小学生成长的影响

在中小学生的成长过程中，一种互相尊重和信任的师生关系能够为学生创造一个安全、支持和鼓励的学习环境，从而促进其全面而健康的发展。这一学习环境不仅能激发学生的学习动机，增强信任感，还能支持学生的个性发展，并对其自信心产生积极的影响。

1.有助于增强学生的学习动力

建立积极的师生关系有助于创造一个培养学生内在学习动机的环境，使他们的学习体验更加引人入胜且富有意义。这种关系是激发学生兴趣、面对学业挑战时坚持不懈的基石，为学生提供了学业成功所需的情感、动机和认知支持。

积极的师生关系以相互尊重、信任和理解为特征。当学生感知到老师是支持和关心他们的学术和个人成长的人时，就会在教育环境中产生归属感。这种情感和心理支持在中小学时期至关重要——这是一个充满快速发展变化和探索身份的时期。认可和赞赏学生的努力和进步的老师，无论结果如何，都会对学生的学习动力产生积极的影响。这种方法不仅验证了学生的尝试，还鼓励了他们的成长心态，其中，挑战被视为学习的机会，而不是对自尊的威胁。通过强调努力而非天生能力，老师帮助学生理解智力和技能是可塑的，从而激励他们接受挑战，坚持克服困难，将失败视为学习过程的一部分。

老师的激情具有感染力，可以激发学生对学习的真正兴趣。当老师以引人入胜、相关联和互动的方式呈现教学内容时，会吸引学生的注意力并激发他们的好奇心，使他们自主探索话题。提供建设性的反馈也是积极师生关系的重要组成部分，这能够帮助学生理解教师对他们的期望，创造一个有结构和可预测的学习环境。另外，建设性的反馈为学生提供了关于他们表现的具体信息，引导他们不断改善，同时强化了他们的能力。

2.有助于增强学生的信任感

一个基于互相尊重和信任的师生关系对于增强学生的信任感、促进学生的全面发展具有不可估量的作用。当学生感到教师真诚地尊重他们的个性、观点和感受时，他们更愿意开放心扉，积极参与学习过程，这种心理状态的建立是教育成功的关键。

　　互相尊重和信任的师生关系体现在教师对学生个性的充分认可上。每位学生都有自己独特的思想和能力，教师的任务是识别并肯定这些个性，而不是试图将所有学生塑造成一种模式。这种个性化的教学方法能够激励学生发挥自己的长处，同时帮助他们在遇到困难时找到适合自己的解决策略。建立信任的关系要求教师在学生面前展现真实的自我，包括自己的不确定性和对学生成功的真诚期望。当学生看到教师也会面对挑战，也在不断学习和成长时，他们会更容易产生共鸣，这种共鸣有助于深化师生间的信任感，使学生更加依赖教师的指导和支持。

　　信任还基于教师对学生的正直和公正。在评估和反馈学生表现时，教师需要公平无私，这样学生才会信服教师的评价并以此为动力。一旦学生感觉到教师存在偏见或不公，师生之间的信任关系就会受损，进而影响学生的学习态度和学业成绩。在互相尊重和信任的师生关系中，教师应鼓励学生表达自己的看法，即使这些看法与教师不同。这种开放的沟通模式让学生感到自己的声音被听见和重视，进一步增强了他们的信任感，这也是培养学生批判性思维能力和自主学习能力的重要环节。

　　3.有助于促进学生的个性发展

　　教师对学生个性的理解是建立在深入了解每位学生的基础上的，这要求教师不仅关注学生的学习成绩，更关注他们的兴趣、特长、情感状态和社交能力等各个方面。通过观察、交流和反馈，教师可以更全面地把握学生的个性特征，从而更有针对性地为他们提供教育和指导。对学生个性的支持体现在教师为其提供的个性化学习计划和教育资源上。教师可以根据学生的不同兴趣和能力，设计不同的学习任务和活动，鼓励学生在自己擅长和感兴趣的领域深入探索和发展。同时，教师还要鼓励学生勇于尝试新事物，即使面临失败也能从中学习和成长，这对于培养学生的创新思维和解决问题的能力至关重要。

　　教师的支持还包括在学生面对困难和挑战时给予情感上的鼓励和心理上的支持。教师应该成为学生的倾听者和引导者，帮助他们正视自己的情感和问题，使他们学会自我调节和自我激励。通过建立积极的师生关系，教师可以帮助学生建立自信和自尊，促进他们的社会适应能力和心理健康。教师对学生个性的理解和支持还应延伸到与家庭的合作中。

通过与家长的沟通和协作，教师可以更全面地了解学生的家庭背景和成长环境，与家长共同为学生创造有利于其个性发展的家庭和学校环境。

4.对学生的自信心有正向影响

中小学时期是个体自我意识、自尊心和自信心逐渐形成和发展的关键时期，教师在这一过程中的情感支持能够为学生的成长提供重要的心理基础。教师的情感支持能够为学生创造一个安全、包容的学习环境。在这样的环境中，学生感到自己被重视和尊重，更愿意展示自我，敢于尝试新事物，即便失败也不会轻易丧失信心。这种积极的学习态度是自信心建立的重要基础。教师的鼓励和认可能够显著提升学生的自我效能感，当学生在学习中取得进步或成功时，教师的及时鼓励和肯定能够让学生感受到自己的能力被认可，从而增强自信心；相反，如果学生的努力和进步被忽视，他们可能会对自己的能力产生怀疑，影响自信心的建立。

教师的情感支持还有助于学生形成积极的自我概念。通过与学生建立深厚的师生关系，教师可以更深入地了解学生的性格特点、兴趣爱好和需求，从而为他们提供更为个性化的支持和引导。这种个性化的关注不仅能够帮助学生认识和接纳自己，还能鼓励他们面对挑战，不断提升自我。教师的情感支持还能够帮助学生学习如何处理人际关系中的情感问题。在师生互动过程中，教师能够通过自己的言行示范，教会学生如何表达和管理自己的情感，以及如何理解和尊重他人的情感，这些社会情感技能对于学生建立健康的人际关系、增强社会适应能力具有重要作用。

三、同伴关系与群体影响

在中小学生的成长过程中，同伴关系和群体的影响是至关重要的，特别是在学校这一关键的社会环境中。学校不仅是中小学生获取知识的地点，更是中小学生进行社交和个性塑造的关键舞台。在这里，同伴为中小学生构建了一个特别的社会化环境，极大地影响着他们的行为模式、心理成长和价值观塑造。

（一）同伴关系的形成与影响

同伴关系指的是相同年龄层或有类似社会背景的个体之间建立的互动，这类关系通常是平等的，与成人或家庭成员间的关系有显著区别。这些关系不仅对中小学生的社交技能发展至关重要，而且对他们的心理健康、学业表现和整体的社会适应力都有深远影响。通过与同龄人的交往，中小学生学习和吸收社会规范，培养人际沟通能力，这些同伴关系也极大地影响着他们的行为决策和价值观形成。对于中小学生而言，同伴在他们的社会化过程中起着不可忽视的作用。随着他们逐步从家庭向更广泛的社会环境扩展，同伴关系成为他们生活的重要部分。在这一成长阶段，中小学生通过与同龄人的互动学习如何在家庭之外的社会环境中建立和维持人际关系。这些关系通常是基于共同的兴趣、活动或学校经历，对他们社会认同的发展有着重要的影响。

在学校环境中，同伴的作用可以通过两种方式体现。一是积极的同伴关系可以提升学生的学习动力，使他们养成适应学校生活的能力。研究显示，那些拥有稳定友谊的中小学生在学校的表现更佳，能更好地应对学校生活中的压力和挑战。二是同伴之间的支持能提供情感慰藉和解决问题的方法，帮助中小学生应对学习和日常生活中遇到的困难。

（二）群体影响的实现方式与风险

在学校环境中，同伴对中小学生的行为、态度和学业表现具有重大影响。通过与同伴的互动，学生不仅发展了社交技能，还在认同感和行为模式上受到了影响。同伴影响主要通过模仿、正面增强和群体压力这三种方式实现，它们在学生的日常生活和学习中起着重要作用。

1.模仿

中小学生往往会模仿他们认为成功或受欢迎的同龄人，包括服装风格、行为举止、学习方式乃至价值观。通过模仿，学生能够在社交场合中找到行为的参照，这有助于他们适应不确定的社交环境。

2.正面增强

当学生在群体内展示的行为得到同伴赞赏或教师表扬时，这些行为更可能被重复。例如，中小学生积极参与学习或体育活动可以因为获得了正面反馈而被强化。

3.群体压力

这种压力有时源于对流行文化的追随或对被社群排斥的恐惧。尤其是在决策上，如尝试不良行为（吸烟或饮酒）时，群体压力就会格外强烈。此外，学校中的群体动态可能导致一些学生遭受排斥或欺凌，这会对他们的心理和学业造成长期影响。

（三）群体动态与学校环境

学校作为中小学生的主要社交场所，群体关系和动态在其中扮演了至关重要的角色。在这一环境中，同伴关系的形成和群体规范的建立直接影响学生的行为模式和心理成长。学生群体往往根据共同的兴趣、社会地位或显著的外部特征形成，这些特征对成员施加影响，既可以是积极的，也可能带来负面的后果。例如，群体中的领导者通过其行为和价值观设定标准，其他成员常常会模仿这些行为，从而增强群体内的团结，或者推动特定的集体行为。

学校内部的社交规范通常是在非正式的设置中通过社会化过程自然形成的，这些规范界定了哪些行为是被接受的，哪些是被排斥的，为中小学生的社交行为提供了框架。为了确保这些影响正面化，学校管理者和教育者需采取积极的干预措施，如推广包容性和执行反欺凌政策，以促进一个包容和多样的学习环境的形成，并确保学生在一个安全且充满支持的环境中成长。学校可以通过实施教育项目来培养学生的批判性思维和独立性，帮助他们识别和抵制负面群体压力，增强他们在社交互动中的公正感和责任感。教师在这一过程中扮演着关键角色，不仅为学生传授知识，更通过每日的互动和教学活动，对学生进行道德和社会行为的指导。

（四）学校教育的干预

在学校环境中，恰当的教育干预措施对优化学生的社交体验以及防止和减少因群体压力而引发的不良行为至关重要。通过实施全面的教育战略，学校可以对学生的社会发展产生积极影响，促使他们成长为有责任感的社会成员。

1.学校应该实施社会技能和情感教育

这类教育的目的是帮助中小学生发展必要的人际交往能力和情绪管理技巧，课程内容可以涵盖情感识别与表达、人际冲突处理、有效沟通等主题。这些课程的目标是让学生学会在面对群体压力和社交挑战时应采取适当的应对策略，并教会他们如何建立和维护积极的人际关系。

2.学校需要专门关注群体压力的管理

教育干预要求教师教导学生如何识别负面的社交影响，并提供应对不健康群体行为的工具和策略。学校可以通过角色扮演和情景模拟等互动教学方法，使学生在安全的环境中实践这些技巧，从而提高他们在现实生活中抵御社交压力的能力。

3.学校应促进正面的学生互动

这些活动不仅能够增强学生的团队合作精神，还能提高他们的归属感。通过参与体育、学术竞赛、艺术表演等团队项目，学生在合作过程中能够做到互相尊重和支持，这对他们的社会技能和情感发展具有积极作用。

4.学校应考虑整合社区资源进行教育干预

教育干预包括邀请心理健康专家、社会工作者来校举办讲座，以及与家长及社区组织合作，共同支持学生的全面发展。这种跨部门的合作可以为学生提供一个更全面的支持系统，确保他们在学校以外的环境中也能得到必要的支持和资源。

第三节 学校环境与设备设施

一、学校环境对中小学生发展的影响

（一）学校物理环境对中小学生健康成长的支持

学校的物理环境，包括校园的建筑布局、教室设计、运动场所、绿化空间以及安全措施等，对中小学生的健康成长具有重要的支持作用。

良好的学校物理环境不仅为学生提供了安全、舒适的学习和活动空间，而且创造了积极的学习氛围，促进了中小学生的身心健康和学习进步。

学校物理环境的安全性是基本要求，包括建筑结构的安全性、紧急逃生通道的合理规划以及消防、防灾等设施的完善，这些都直接关系到学生和教职工的生命安全。教室和其他学习空间的设计应考虑到采光、通风、噪声控制等因素，以为中小学生提供一个有利于学习和注意力集中的环境。充足的运动场地和设施能够鼓励学生参与体育活动，促进身体健康，同时，运动有助于缓解学习压力、提高心理健康水平。绿化空间和户外学习区的设置，不仅美化了校园环境，还能为学生提供接触自然、进行户外学习和休闲的机会，这对促进学生的环境意识、减轻学生的学习压力有着积极的作用。此外，学校物理环境的美观性和舒适性也对学生的情感态度和校园归属感有着直接影响，一个温馨、美观的学习环境能够激发学生的学习兴趣和创造力。

（二）学习资源和活动的重要性

图书馆、实验室以及体育和艺术教育等资源和活动为中小学生提供了丰富的知识和信息获取途径，还为他们的身心健康、创造力和审美观的培养提供了支持。图书馆和实验室等学习资源是中小学生知识探索和科学实践的重要场所。图书馆提供的丰富阅读材料可以开阔学生的视野，激发他们的学习兴趣和探索欲，促进批判性思维和创新能力的发展。实验室则为学生提供了实践操作的机会，让他们通过亲身体验学到科学的原理和技术，有利于增强学生的实验技能和问题解决能力。

体育与艺术教育是促进中小学生全面发展的重要组成部分。体育活动能够增强中小学生的体质，提升身心健康，还能培养中小学生的团队合作精神、自我挑战意识和公平竞争态度。通过参与体育运动，学生能够学会如何设置目标、如何面对失败和成功，这些都是对其未来生活和职业发展至关重要的生活技能。艺术教育则能够通过绘画、音乐、戏剧等形式，培养中小学生的创造力和审美能力，提高他们的情感表达和文化欣赏水平。艺术教育有助于学生理解多样化的文化背景，增强跨文化交流能力，促进情感健康和心理平衡。

（三）绿色校园的建设

绿色校园的建设不仅体现了对学校物理环境的改善，更重要的是，它在中小学生心中种下了环保意识和责任感的种子。绿色校园通过提供一个生态友好、健康可持续的学习和生活环境，能够使学生直观地体验和理解环境保护的重要性，从而培养他们的环保意识和社会责任感。

1. 绿色校园的建设涉及多个方面

建设绿色校园包括使用环保材料建设校园建筑、打造绿色植被覆盖的校园环境、实施垃圾分类和资源回收利用等不同内容。

使用环保材料进行校园建筑的建设，不仅能减少建筑过程中对环境的破坏，还能在学生心中树立起环保的概念。通过校园建筑和设施的环保设计，如太阳能照明系统、雨水收集再利用系统等，学生可以直观地了解和学习这些环保技术的应用，从而激发他们对环保科技的兴趣和探索欲。

打造绿色植被覆盖的校园环境，不仅美化了校园景观，更重要的是为学生提供了亲近自然的机会。通过参与校园内的植物种植、照料等活动，学生能够亲身体验植物生长的过程，感受到生命的奇妙和自然界的和谐，这对于培养学生的生态保护意识具有积极作用。

实施垃圾分类和资源回收利用等措施，能够让学生在日常生活中实践环保行动。通过具体的垃圾分类指导、定期的环保主题活动等，学生可以学习到垃圾减量、资源回收利用的重要性，从而在实际生活中养成良好的环保习惯。绿色校园的建设还包括推广绿色出行、节约用水用电等环保行为，这些都需要学校、教师和学生共同参与，形成一种全校师生共同参与环境保护的文化氛围。通过这种氛围的营造，学生不仅在知识上获得了环保教育，在行动上也践行了环保理念，对于培养他们的社会责任感、集体荣誉感有着重要意义。

2. 学生能够认识到环保行动的重要性

现代教育强调的是学生的全面发展和实践能力的培养，而绿色校园的建设与维护正是将这一理念具体化、实践化的重要途径之一。通过实际参与，学生不仅能学到有关环境保护的知识，更能在实践中培养其对环境保护的责任感和使命感，这对其个人成长和社会责任感的培养具有深远影响。

参与绿色校园建设使学生能够直观地了解环境保护行动对于环境的积极影响。通过具体的环保项目如校园绿化、节能减排措施的实施，学生可以看到他们的行动如何直接改善校园环境。这种见证自己行动效果的过程，能极大激发学生的成就感，增强其持续参与环境保护活动的动力。学生在绿色校园项目中的参与，有助于其理解可持续发展的重要性。在参与环保实践活动的过程中，学生不仅学习到了如何保护环境，更重要的是，他们开始思考人与自然的和谐共处，对可持续发展有了更深刻的认识。这种对于大局的理解，对培养学生的全球公民意识、加深其对全球环境问题的理解至关重要。

通过参与绿色校园的建设和维护，学生能够发展解决问题的能力。面对在环保项目中遇到的问题，学生需要思考解决方案，这不仅是在考验他们的创造力和创新能力，更是对其批判性思维的锻炼。在解决实际问题的过程中，学生能学习到团队协作、项目管理等一系列重要的生活技能和工作技能。学生通过参与绿色校园的建设，还能培养强烈的环境保护行动意识。当学生亲身参与环保活动，他们会逐渐形成"从我做起"的环保观念，这种观念一旦形成，将会伴随他们一生，成为其行为的一部分，为社会的可持续发展作出贡献。

3. 有利于培养学生的跨学科知识和技能

参与绿色校园的建设与维护往往需要学生从不同的学科领域汲取知识和技能。通过这样的跨学科学习，学生不仅能够在理论知识上得到全面的发展，更重要的是，他们能够学会如何将这些知识应用于解决实际问题。跨学科学习的重要性在于它能够培养学生的综合分析能力。面对一个复杂的问题，人们往往需要从不同的角度进行分析和思考。通过参与绿色校园的建设，学生能够学习到如何将不同学科的知识综合起来，形成对问题的全面理解。这种综合分析能力是未来社会对中小学生的重要要求，无论是在学习还是在工作中，这种能力都能够让他们更加出色地解决问题。

绿色校园的建设极大地促进了学生的创新能力。面对环境保护等全球性挑战，人们需要形成新的思路和方法。学生在跨学科学习的过程中，会不断地被激励去思考和尝试，他们会学习到如何将不同领域的知识融合创新，开发出新的解决方案。这种创新能力对于学生的个人成长乃至社会的发展都是非常宝贵的。绿色校园的建设还有助于培养学生的责任感和团队合作精神。面对环境保护这一全球性议题，学生能够意识到自己作为地球公民的责任，学习如何与他人合作，为一个共同的目标努力。这种在跨学科学习中形成的责任感和合作精神，对学生的终身发展具有重要的影响。

4.有利于培养学生的责任意识

在全球化和环境挑战日益加剧的今天，绿色校园的建设不仅是学校对环境保护承担的一份责任，更是一项重要的教育活动，它能够培养中小学生的全球视野和大国责任感。这种责任感不仅限于本国或本地区的环境问题，而是延伸到全球的环境保护行动中。通过参与绿色校园项目，学生能够直观地了解到人类活动对环境的影响，认识到环境保护的紧迫性和重要性，从而在他们的心中树立起责任意识，使他们关注全球环境问题。

绿色校园项目通常包括能源节约、废物减少和回收、生物多样性保护等多个方面。通过这些具体的活动，学生不仅能够学习到关于环境保护的知识，更重要的是，他们能够亲身参与实践，体验到自己的行动对环境带来的有利变化。例如，参与校园内的垃圾分类和回收项目，学生可以认识到资源的有限性和回收利用的重要性；参与校园绿化和生物多样性保护活动，则可以深化他们对自然生态的理解和尊重。

（四）数字校园环境对中小学生创新思维及能力的培养

通过构建一个集信息技术应用、网络资源共享、互动学习和创新实践为一体的学习环境，数字校园不仅极大地丰富了教学手段和学习内容，还为学生提供了广泛的知识获取渠道和自主学习平台，为学生提供了丰富的学习资源、互动的学习方式、广泛的实践机会和个性化的学习支持，为中小学生创新思维及能力的培养提供了有力支持，促进了中小学生的全面发展。

1.数字校园环境扩展了学生的学习空间和视野

数字校园环境通过提供多样化的电子资源、在线课程和虚拟实验等，打破了传统教育资源的时空限制。在这样的环境中，学生能够随时随地访问世界各地的图书馆、博物馆、科研机构等，获取前沿的科研成果，参与学术讨论。数字校园环境通过提供多媒体和互动式学习工具，极大地丰富了学生的学习体验。例如，虚拟实验室允许学生进行科学实验探索，而不受物理空间的限制；互动式课程则能够根据学生的学习进度和反应，为他们提供个性化的学习指导。这种学习方式不仅提高了学生学习的效率和趣味性，更重要的是，培养了学生自主学习的能力，为学生的跨学科学习和协作交流提供了广阔的空间。这种跨界的学习体验能够极大地拓宽学生的视野，促进他们的全面发展。

2.数字校园环境倡导主动、互动的学习方式

数字校园环境通过对网络平台的建设，使学生能够打破地理和时间的限制，与教师、同学乃至世界各地的学者进行实时的交流和讨论。这种互动方式极大地提升了学习的灵活性和可达性，为学生提供了一个广阔的知识交流平台。学生可以根据自己的学习需求，随时寻求帮助，分享观点，扩展视野。这种主动、互动的学习方式强调了学生的主体地位。学生不再被动地接受知识，而是积极参与知识的构建和分享过程。通过网络平台，学生可以发起讨论，提出问题，与他人协作解决问题，这种过程不仅增强了学生的沟通能力和团队协作能力，更重要的是，培养了他们的自主学习能力和创新思维。

网络平台上的多元观点和丰富资源为学生提供了批判性思维和问题解决能力的培养土壤。在交流和讨论过程中，学生会接触到不同的观点和思考方式，通过对比分析，他们能够学会批判性地接受或拒绝某些信息，形成自己的见解。这种批判性思维的培养，是学生在未来社会中独立思考和解决问题的重要基础。数字校园环境通过提供虚拟实验、模拟情境等互动体验，激发了学生的探索兴趣和创新意识。这些虚拟体验不仅能够使学生在安全的环境中实践，更能够让学生在实践中学习，通过亲身体验来获得知识，培养解决实际问题的能力。

3.数字校园环境为学生提供了广泛的实践机会

数字校园环境通过提供虚拟实验室和在线协作平台，突破了传统教育中时间和空间的限制，使学生可以随时随地参与实践活动。例如，虚拟实验室允许学生在没有实际实验设备的情况下，通过模拟实验操作来

进行科学探索和实验设计。这种形式的实践活动不仅可以提高学生对专业知识的理解和掌握，还能够激发他们的探索兴趣和创新思维。

数字校园环境促进了学生之间的交流与合作。在线项目合作让学生在完成任务的过程中，需要与其他同学沟通协作，共同讨论问题，寻找解决方案。这不仅锻炼了学生的团队合作能力和沟通技巧，更重要的是，学生在与他人互动的过程中，能够学会从不同角度看问题，培养多元化的思维方式和解决问题的能力。数字校园环境为学生提供的广泛实践机会，还有助于学生的职业发展和生涯规划。通过进行与未来职业相关的项目实践，学生可以更早地了解职业领域的实际需求和工作内容，这为他们未来的职业选择和职业技能的培养提供了宝贵的参考和经验。

4.数字校园环境能充分发掘每个学生的创新思维和能力

通过引入先进的教育技术，如人工智能、大数据分析等，教育者能够更准确地理解学生的学习状况和需求，从而实现对学习过程的个性化设计和实时反馈。这种个性化的学习方式不仅满足了每个学生不同的学习需求，更能最大限度地发掘每个学生的潜力，为他们创新思维和能力的发展提供了坚实的基础。

数字校园环境中的人工智能和大数据技术能够对学生的学习行为进行实时监控和分析，从而为教师提供科学的数据支持，帮助他们识别学生在学习过程中遇到的难点和挑战。这种精准的学习需求分析能够使教育者及时调整教学策略，采用更适合学生的教学方法，从而有效提高学生的学习效率和质量。个性化学习路径的设计让每个学生都能按照自己的兴趣、能力和学习速度进行学习，极大地提升了学生的学习动力和积极性。在这种学习环境中，学生不再是被动的知识接受者，而是主动的知识探索者，他们能够根据自己的兴趣选择学习内容，通过探索和实践深化对知识的理解，从而培养创新思维，提高解决问题的能力。

数字校园环境中的学习反馈和评价系统能够提供即时、具体的学习反馈，帮助学生及时了解自己的学习进展和存在的问题，从而有针对性地进行调整和改进。这种及时的反馈机制不仅能够帮助学生保持学习的连续性和有效性，更能够促进他们自我反思和自我管理能力的发展。

二、校园安全与健康促进

（一）校园安全政策与中小学生安全感的建立

学校作为中小学生学习和成长的主要场所，其安全性直接关系到学生的身心健康和未来发展。校园安全不仅涵盖了物理安全，如防止意外伤害和保障校园设施安全，更重要的是心理安全，即保护学生免受欺凌、威胁和其他形式的心理暴力。

1.校园安全是保障学生健康成长的基础

为了营造一个安全、和谐的学习环境，学校需要制定一套全面而有效的安全政策，这需要基于对学校的实际情况进行细致评估。校园安全政策的制定应以对学校实际情况的全面评估为基础，这包括但不限于对校园物理环境的检查、对学生行为习惯的观察、对以往安全事件的回顾以及对现有安全措施的效果分析。通过这一过程，学校能够明确安全政策需要重点关注的领域，如校园入口的监控、紧急出口的设置、防欺凌措施的实施等，从而确保安全政策的针对性和有效性。校园安全政策需要明确规定安全责任、预防措施、应急响应流程及违规行为的处罚规定，这不仅涵盖了学校管理层、教师、学生及家长的责任，也包括了学校在面对紧急情况时应采取的行动。通过这样的规定，学校能够在面对突发事件时迅速采取有效行动，最大限度地减少事件的负面影响。

校园安全政策的有效实施对于建立中小学生的安全感至关重要。学生在感知到学校是一个安全的学习环境时，他们的心理压力会显著减少，从而更能专注于学习和个人发展。此外，通过参与安全政策的实施过程，学生能够学习到如何自我保护，增强应对突发事件的能力。为了确保校园安全政策的长期有效性，学校需要定期对政策进行评估和修订，这包括收集政策实施的反馈信息、评估政策在实际操作中的效果以及根据学校的发展需要调整政策内容。通过这样的循环过程，学校能够不断完善安全政策，适应不断变化的学校环境和社会需求。

2.校园安全已成为影响学生健康成长的重要因素之一

学校需要建立一个有效的干预和支持体系，确保每一位学生的安全和身心健康。提升师生对欺凌行为的识别和防范意识是干预和支持体系的基础。教育工作者和学生应该通过专门的培训课程学习如何识别欺凌行为的各种形式，包括直接的身体攻击、言语威胁、网络欺凌等。同时，学校应当普及防范欺凌的策略，如建立互相支持的同伴关系、培养自我保护意识等。通过教育和培训，师生可以更轻易地识别欺凌行为，采取有效措施预防和减少欺凌事件的发生。建立报告和响应机制是干预和支持体系的关键。学校需要为师生提供一个简单、明确、可靠的报告渠道，确保学生在遭遇或目睹欺凌行为时能够及时报告。学校应当明确响应机制，包括接到报告后的初步调查、处理过程，以及对学生的后续关怀。这种机制可以确保每一起伤害行为都能得到及时和公正的处理，从而有效减少校园欺凌对受害者的伤害。

为校园安全受到威胁的学生提供心理支持和辅导是支持体系中的重要组成部分。学校应当让专业的心理咨询师为受害学生提供一对一的心理辅导，安抚他们受到的心理创伤，使他们重建自信和安全感。此外，学校还可以通过团体辅导或同伴支持小组的方式，为受害学生提供一个分享经历、互相支持的平台。对欺凌行为进行及时干预是保障校园安全的必要措施。一旦发现欺凌行为，学校应立即采取行动，根据学校的纪律规定和法律法规，对施暴者进行适当的处罚或教育。同时，学校还应对欺凌行为的根本原因进行深入分析，采取措施消除校园内的欺凌行为，比如改善校园文化、加强班级管理、提升师生的道德素养等。

3.校园安全的维护需要多方力量参与

校园安全政策的有效实施能够确保学生的身心健康与安全，但仅凭学校方面的努力是不够的，需要家长、教师和学生的共同参与，这样才能营造一个真正安全和谐的校园环境。家长不仅是学生安全教育的第一责任人，也是学校安全政策执行的重要支持者。家长应积极参与学校组织的安全教育培训，了解学校的安全政策和措施，与学校共同关注中小学生的校园生活安全。通过家庭教育，家长可以加强中小学生的安全意识和自我保护能力，引导中小学生遵守校园规则，积极报告校园内的不安全因素。

教师作为校园安全的直接责任人，扮演着引导和教育学生的角色。教师应通过日常教学和活动，将安全教育融入课程，培养学生的安全知识和自救自护能力。同时，教师应建立开放的师生关系，鼓励学生表达对自己安全问题的担忧，及时响应学生的安全报告，与学生一起参与校园安全的监督和改善。学生是校园安全政策实施的直接受益者，他们的积极参与对于政策的有效执行至关重要。学校应鼓励学生参与安全教育活动，如安全知识竞赛、安全技能演练等，增强学生的安全意识和应急能力。同时，建立学生安全小组、安全监察员等机制，能够让学生在校园安全管理中发挥作用，促进学生之间的相互监督和支持。

（二）健康宣传和营养餐饮支持中小学生身体发展需要

在中小学生成长的关键期，身体健康对于其全面发展至关重要。学校占据了中小学生生活的大部分时间，有责任通过健康宣传和提供营养餐饮来支持他们的身体发展。通过有效的健康教育，学校可以帮助学生树立正确的健康观念，培养健康的生活习惯，同时通过提供营养均衡的餐食，保证学生的身体健康，促进其身心发展。

1.学校的重要角色

学校作为中小学生主要的生活和学习场所，对于中小学生健康的促进和维护承担着重要责任。定期开展各种健康教育活动成为学校健康教育的重要组成部分，旨在通过全面、多样化的健康教育活动，增强中小学生的健康意识，促进他们身体和心理的全面健康发展。健康教育活动能够为中小学生提供必要的健康知识和信息，帮助他们建立正确的健康观念和生活习惯，从而使他们有效预防疾病，提升生活质量。随着社会的发展和生活方式的变化，中小学生面临的健康问题也日益多样化，包括营养不良或过剩、缺乏运动、心理压力过大等，这些问题如果不加以关注和干预，将对中小学生的成长和其未来的社会发展造成不利影响。

学校可以组织健康知识讲座、主题健康周、健康习惯竞赛等多种形式的活动，覆盖饮食营养、身体锻炼、心理健康、疾病预防等多个方面的健康教育内容。这些活动不仅能够为学生提供丰富的健康知识，还能够通过实践活动让学生亲身体验健康行为，增强他们的健康实践能力。例如，通过组织健康饮食小组讨论，学生可以学习如何搭配营养均衡的餐食；通过参加体育竞赛和锻炼，学生可以体验运动带来的乐趣和身体的变化。

通过定期开展健康教育活动，学生不仅能够在学习期间受益，更能够将健康的生活方式和习惯带入未来的生活中，为自己和家庭的健康负责。健康的生活方式不仅能够提高个人的生活质量，还能够减少医疗资源的消耗，对社会的可持续发展具有积极意义。此外，健康的学生更能够集中精力投入学习和生活，促进个人的全面发展，成为有能力、有责任感的公民。

2. 良好的饮食习惯和营养摄入的重要作用

养成良好的饮食习惯、保证营养摄入对于促进中小学生身体健康、智力发展及情绪稳定具有不可忽视的作用。学校作为中小学生日常生活的重要场所，为中小学生提供营养均衡的餐饮服务是其不可推卸的责任。营养学研究表明，中小学生的营养状态直接关系到他们的身体成长、智力发展以及学习能力。营养不良或营养过剩都可能导致中小学生出现一系列健康问题，如肥胖、贫血、骨质疏松等。因此，学校提供的餐食必须能够满足中小学生成长的营养需求，确保他们能够摄入足够的能量和营养素，促进健康成长。

为了实现营养餐饮服务的目标，学校需要采取一系列具体措施。第一，优先选择新鲜、健康的食材，减少对加工食品的使用，确保餐食的营养价值和食品安全；第二，通过营养师的专业设计，确保每一餐都含有适量的蛋白质、维生素、矿物质等营养素，满足中小学生的日常营养需求；第三，提供多样化的餐食选择，既能满足不同学生的口味，也能保证营养的全面性；第四，通过餐厅的海报、学校的健康教育课程等形式，向学生宣传健康饮食的重要性和营养知识，引导他们形成良好的饮食习惯。长期坚持提供营养均衡的餐食，不仅能够促进学生的身体健康和智力发展，还能够在他们心中树立健康饮食的意识。这种意识一旦形成，将对学生产生积极影响，帮助他们在未来的生活中做出更健康的饮食选择，使他们降低患病风险，提升生活质量。

3. 家庭和社区应被纳入健康教育体系

学校还应将家庭和社区纳入健康教育的体系中，形成共同推动中小学生健康成长的合力。通过家长会、社区活动和媒体宣传等渠道，学校可以向家长和社区成员普及健康知识，鼓励他们在家庭和日常生活中形成健康的生活方式，为中小学生创造一个健康的成长环境。

第五章 重视中小学生成长的社区环境

在中小学生成长过程中，社区扮演着不可或缺的角色，得益于地理位置的便利以及深远的社会影响，社区为中小学生提供了直接、具体且潜移默化的教育和指导环境。目前，我国的社区教育展现了多重功能。

第一，整合与统筹的功能。社区教育能够有效整合与统筹家庭、学校以及社会各类教育资源与要素，这是物质资源的共享，更是一种文化、价值观念和行为规范的传播，促进了社区成员之间的相互理解与支持，使人们共同为实现社区的整体效益而努力。社区教育的整合与统筹功能主要体现在以下三个方面：一是它将教育的场域从传统的学校教育拓展到了家庭和社会，形成了一个多维度、全方位的教育网络。在这个网络中，学校教育、家庭教育以及社区教育相互补充、相互促进，形成了一个共同育人的大环境，有效地促进了中小学生的全面发展。二是社区教育通过提供多样化的教育活动和资源，满足了社区成员不同层次、不同类型的学习需求。这种多样性不仅丰富了社区居民的精神生活，也促进了社区内部文化的多元化发展，增强了社区的凝聚力和文化吸引力。三是社区教育的整合与统筹功能还表现在其对社区资源的高效利用上。通过整合社区内的各类教育资源，社区教育能够避免资源的重复建设和浪费，实现资源的优化配置和高效利用，从而最大化地提升社区教育的整体效益。

第二，文化建设的功能。社区教育的文化建设功能在于通过丰富多彩的教育活动和内容，系统地提升社区居民的综合素质，进而促进社区文化的繁荣发展，构建和谐、有序的社区环境。这涉及知识的传授和技能的培养，更重要的是通过文化教育活动，弘扬社区文化，培养居民的社会责任感，增强社区凝聚力，实现社区的长期稳定和可持续发展。社区教育的文化建设功能表现在通过多样化的活动，如讲座、研讨会、文艺表演、社区节日庆典等，丰富社区居民的精神文化生活。这些活动不仅为居民提供了学习新知识、掌握新技能的机会，更是增强社区文化内涵、传承社区传统文化的重要途径。通过参与这些活动，居民能够更好地理解社区文化的深层意义，增强对社区的归属感和认同感。

社区教育在文化建设中起到了增强社区成员凝聚力的作用。通过组织各种文化活动，社区教育能够促进不同背景、不同年龄层居民之间的相互交流和理解，消除隔阂和偏见，增强社区内部的团结和协作。这种社区内部的紧密联系，是社区稳定和谐的基础，也是社区应对外部挑战、实现可持续发展的重要保障。社区教育通过文化建设功能，能够有效提升居民的综合素质。社区教育不仅关注居民的知识学习和技能培养，更重视培养居民的道德观念、审美情趣和社会责任感。这些综合素质的提升，对于促进居民个人发展、提高社区整体文明水平具有重要意义。

社区教育的文化建设功能还体现在促进社区创新和发展上。通过激发居民的创造力和创新精神，社区教育能够促进社区文化的不断创新和发展。这种文化的创新不仅能够提高社区的文化吸引力和竞争力，更能够为社区的可持续发展注入新的活力。

第三，社区教育的综合性功能。在市场经济快速发展的当下，社区教育承担起了越来越多的综合性功能，这些功能不仅涵盖了教育本身，还延伸至医疗保健、文化娱乐、后勤服务等多个领域，反映了社会结构和功能分配的变化，也体现了社区教育在适应和推动社会发展中的积极作用。社区教育作为连接家庭、学校与社会的桥梁，其综合性功能主要体现在对社区内各种教育资源的整合和统筹。社区教育通过有效整合教育资源，为社区居民提供了更为丰富、多样化的学习机会，不仅包括基础教育、职业技能培训，还包括生活技能、文化艺术等领域的教育。通过这种方式，社区教育为居民的终身学习提供了支持，促进了居民个人能力的提升和全面发展。

随着经济结构的调整，原本由其他功能单位承担的部分功能逐渐转移至社区，如医疗保健、文化娱乐、后勤服务等。通过社区平台，这些服务直接融入社区居民的日常生活，提高了服务的可及性和效率。例如，社区医疗保健站为居民提供便捷的医疗服务，社区文化中心面向居民举办各类文化活动和培训课程。

开展多样化的教育活动，有助于构建共享的社区文化，增强社区成员之间的认同感和归属感。同时，社区教育还能够促进拥有不同文化背景的居民之间的相互理解和包容，推动社区的和谐共处。社区教育的综合性功能还体现在对城市家庭教育的支持上。随着社会的发展和家庭结构的变化，家长在子女教育方面面临着越来越多的挑战。社区能够通过提供家庭教育指导、亲子活动等服务，帮助家长提高教育能力，促进家庭教育的科学化、系统化。

第一节　社区环境与氛围

一、社区环境对中小学生发展的影响

（一）社区的物理环境对中小学生成长的影响

社区的物理环境如公共绿地、娱乐设施、环境污染和噪声等，不仅影响中小学生的身体健康，还影响他们的心理状态和社会行为。优化社区环境，不仅可以提升中小学生的生活质量，还可以促进他们的全面健康发展。

1.公共绿地和开放空间

公共绿地和开放空间为中小学生提供了一个逃离日常学习和生活压力、接触自然的场所，他们可以在这些地方进行体育活动、社交互动。通过降低城市热岛效应、吸收空气中的污染物，绿地和开放空间为居民提供了清新的空气和自然景观。这种直接的自然接触对于促进中小学生的身心健康发展极为重要。众多研究已经证明，与自然环境的互动可以有效减少中小学生的压力和焦虑情绪，提高他们的整体幸福感和生活质量。无论是跑步、骑自行车、踢足球还是简单的散步，这些活动都能够帮助中小学生保持身体健康，发展良好的运动习惯。体育活动不仅有助于提高中小学生的体质，还有助于促进他们的心理健康，使他们通过释放体内的内啡肽来增加快乐感，减少抑郁感。

在这些区域，中小学生可以与同龄人一起参与集体活动，从而培养团队合作精神和社交技能。这种社交互动对于中小学生的社会化过程至关重要，有助于他们建立稳定的人际关系，学习社会规范，提高社会适应能力。公共绿地和开放空间对于激发中小学生的创造力和探索精神也有积极影响。自然环境中的各种元素和变化都可以激发中小学生的好奇心，鼓励他们探索未知的世界，从而促进他们发展认知和创新能力。

2.环境污染和噪声的负面影响

环境污染和噪声是当今社会中普遍存在的问题，对人们的健康造成了广泛影响，尤其是对正处于成长阶段的中小学生来说。这些负面因素不仅会影响中小学生的身体健康，还可能对他们的心理健康造成较大的影响。环境污染，包括空气污染和水污染，对中小学生健康构成了直接威胁。空气污染中的有害物质，如细颗粒物（PM2.5）、二氧化硫、氮氧化物等，可以通过呼吸道进入人体，增加人们患呼吸系统疾病的风险，如哮喘和慢性阻塞性肺病等。同时，水污染可能导致水中含有有害化学物质和病原体，饮用或接触受污染的水也会对中小学生的健康造成威胁。环境污染还可能导致皮肤问题，如皮疹和过敏反应。长期暴露在高噪声环境中对中小学生造成的影响同样不容忽视。持续的噪声暴露会损伤听力，导致听力下降，甚至出现永久性听力损失。噪声还可能干扰中小学生的睡眠，引起他们的睡眠障碍，这对于中小学生的身体成长和学习能力至关重要。此外，长期的噪声暴露还会影响中小学生的注意力和记忆力，进而影响他们的学习成绩和学习效率。

环境污染和噪声还可能对中小学生的心理健康产生负面影响。研究表明，生活在污染重和噪声大的环境中的中小学生更容易出现焦虑和抑郁情绪。这些心理压力不仅会影响中小学生的日常生活，还可能对他们的长期心理发展造成影响。因此，为了保护中小学生的健康，社区工作者需要采取有效的措施减少环境污染和噪声，同时提高中小学生和公众对这些问题的认识和防范意识。改善社区环境有助于为中小学生创造一个更加健康、安全的成长环境。

3.社区物理环境的改善需要政府、社区组织和居民的共同努力

社区物理环境的改善是一个综合工程，它涉及环境规划、公共设施建设、环境保护等多个方面，需要政府、社区组织和居民的共同参与和努力。这样的合作模式不仅可以有效地改善社区环境，还可以促进社区

成员之间的相互理解和支持，共同为中小学生创造一个更加健康、安全和具有支持性的成长环境。

政府部门在社区物理环境的改善中起着至关重要的领导和规划作用。政府不仅需要制定环境保护法律法规，还需要通过城市规划和环境管理政策，为社区环境改善提供方向和支持。例如，政府可以通过增加公园和绿地面积、改善城市基础设施建设、控制环境污染和噪声等措施，为中小学生提供更多的户外活动空间和更健康的生活环境。

社区组织可以通过组织各种环保活动和倡议，如植树造林、清洁社区、节能减排等，来增强社区成员对环境保护的意识和参与度。同时，社区组织还可以作为政府和社区居民之间的桥梁，反映居民的需求和意见，协调资源，促进社区环境改善项目的实施。每个居民都应该认识到自己对社区环境质量的影响，通过日常的环保行为，如垃圾分类、节约用水用电、少用一次性塑料制品等，共同为改善社区环境作出贡献。此外，居民还可以通过参与社区组织的环保活动，为社区环境改善提供直接的劳动力和智力支持。

（二）安全的社区环境与中小学生成长

安全感和归属感是中小学生心理健康发展的重要基础，而社区的安全性会直接影响到这两种感觉的培养。一个安全、包容、有归属感的环境，可以有效促进中小学生的心理健康发展，增强他们的社会参与度，为他们未来的成长奠定坚实的基础。

1.安全感是中小学生心理稳定和健康发展的关键

安全感被视为个体在其环境中感到受保护、无须担忧遭受伤害的状态，这对于中小学时期的个体尤为重要。在这一发展阶段，中小学生正处于身心迅速成长和社会角色转变的关键时期，他们对外部世界充满好奇，同时也面临多方面的挑战。在这种背景下，一个安全稳定的社区环境能够为中小学生提供必要的保护和支持，有助于他们形成积极健康的心理状态。在安全的社区环境中，中小学生可以自由地与他人交往，参与社交活动，这不仅有助于他们学习如何与不同的人建立联系，还有助于促进他们的社交技能和团队合作能力。通过这些互动，中小学生能够理解和尊重他人的差异，培养良好的人际沟通和解决冲突的能力。

安全感能够增强中小学生面对生活挑战和压力时的心理韧性，促进中小学生的独立性和自我效能感。在安全的社区环境中成长的中小学生，通常会对生活持有更加乐观的态度，他们相信自己能够克服困难，达成目标。这种乐观信念不仅能够激发他们的内在动力，还能够帮助他们在面对挑战时保持积极主动的态度，从而更有效地管理和减轻压力。在安全感的支持下，中小学生更愿意尝试新事物，探索自我潜力，这对于他们的个性发展和自我实现具有重要意义。他们不仅能够认识到自己的能力和价值，还能够在此基础上制定并追求自己的目标和梦想。

2.归属感是中小学生社会化过程中的另一个重要因素

归属感是指个体感觉自己被社群接纳、尊重，并视为其中一员的心理状态，直接关联到他们的社会责任感、自我价值感以及对社区的认同。社区环境，作为中小学生成长的重要外部因素，通过提供包容、友好和支持性的环境，能够有效地促进中小学生归属感的形成。归属感能够促进中小学生社会责任感和公民意识的发展。当中小学生感受到自己是社区的一部分时，他们更愿意为社区作出贡献，参与社区服务和公共活动。这种参与不仅能够增强他们的社会参与感，还能够培养他们对公共事务的关心和责任感，为成为负责任的公民打下坚实的基础。

归属感对中小学生建立积极的自我形象具有积极作用。在社区环境中被接纳和尊重，能够帮助中小学生确认自己的价值和地位，减少孤独和被排斥的感觉。这种积极的自我认同有助于中小学生抵御负面影响，如同伴压力和不良行为的诱惑，促进他们的心理健康和社会适应。通过参与社区活动，中小学生能够学习和实践合作与互助的原则。这些活动为他们提供了与不同背景和年龄的人互动的机会，帮助他们理解和尊重多样性，增进对不同文化和价值观的理解。在这个过程中，中小学生不仅能够发展社会技能和团队合作能力，还能够培养解决冲突和建立和谐关系的能力。

3.社区安全保护中小学生免受身体伤害和心理伤害

社区安全是构建中小学生健康成长环境的基石，它直接影响中小学生的身体健康和心理稳定。一个犯罪率低、没有暴力行为的社区能够提供一个安全、和谐的成长空间，这对中小学生的健康成长至关重要。社区的安全措施不仅涉及防止中小学生遭受身体伤害，更包括心理伤害的预防，是全方位保护中小学生健康成长的重要手段。

第一，社区的安全措施对于保护中小学生免受身体伤害非常重要。增加公共照明，可以减少夜间的犯罪活动，为中小学生提供一个更安全的夜间活动环境。设置安全巡逻和社区警报系统，能够及时发现和响应潜在的安全威胁，保障中小学生的人身安全。此外，为中小学生提供活动中心和辅导服务，不仅是为他们提供了一个安全的社交和学习空间，还能通过专业辅导帮助他们解决成长过程中遇到的心理和行为问题，从而避免可能导致伤害的高风险行为。

第二，社区安全教育对于增强中小学生的安全意识和自我保护能力同样重要。通过参加社区开展的各种安全教育活动，如安全意识提升讲座、自我保护技能培训等，中小学生可以学习到如何识别和应对潜在的安全威胁。这些知识和技能的掌握，不仅能够帮助中小学生保护自己免受身体伤害，还能够有效预防心理伤害的发生。

第三，社区的安全措施需要得到社区成员的共同参与和支持。家长、教师、社区工作者以及中小学生都应该积极参与社区安全建设。建立社区内的互助和支持网络，可以有效提升社区的整体安全水平，为中小学生创造一个更加健康、安全的成长环境。

二、积极健康的社区氛围对中小学生全面发展的影响

积极健康的社区氛围不仅可以塑造中小学生的日常行为习惯，还可以对其心理健康和社会适应能力产生重要影响。社区作为中小学生成长的重要环境，其氛围和文化能够直接影响中小学生的价值观、生活方式选择及对生活的态度。

（一）能够促使中小学生形成健康的生活习惯

在积极健康的社区氛围中，健康的生活方式不仅被广泛推崇，还通过各种活动得到实践和推广，进而让中小学生群体养成了一系列健康的生活习惯。社区中积极健康的活动能够直接影响中小学生的生活方式。通过参加社区的运动会、健康讲座、烹饪课程等活动，中小学生有更多机会了解和实践健康饮食、定期锻炼等健康生活方式。这些活动不仅提供了知识和技能，还通过集体参与创造了一种积极向上的社区环境，鼓

励中小学生培养健康习惯。在一个重视健康的社区中，中小学生易于模仿社区成员的健康行为，尤其是当这些行为来自他们尊敬和认同的成年人或同龄人时。通过观察和模仿，中小学生可以学习到如何在日常生活中养成健康习惯，这种学习过程对于他们形成长期的健康生活方式至关重要。

社区中的健康设施不仅便于中小学生接触和参与健康活动，还通过为中小学生提供相应的场所和设备降低了参与门槛，从而促进了健康习惯的形成。社区的健康教育和宣传也是使中小学生形成健康生活习惯的重要途径。通过社区中心、学校和媒体发布的健康信息，中小学生能够获得关于如何维持健康生活方式的知识和建议。有效的健康教育不仅增强了中小学生的健康意识，还为他们提供了实际操作的方法和策略，帮助他们在日常生活中做出健康的选择。

（二）对中小学生的社会技能和情感发展极为有益

在构建中小学生的成长环境时，社区中积极向上的交往氛围促进了中小学生之间的健康互动，为他们提供了一个学习、实践社会技能的平台，同时对他们的情感发展产生了深远的影响。社区作为社会微观的缩影，为中小学生提供了丰富的社交机会。在一个开放、包容且互助的社区环境中，中小学生能够自由地参与各种社交活动，这些活动使他们有机会与来自不同背景的人交流和建立联系。这种多样化的社交经验，不仅有助于中小学生扩展社交圈，形成广泛的社会关系网络，还有助于他们增强社会适应能力。通过与他人的交往，中小学生能够学会如何在社会中定位自己、如何与人沟通和合作，从而提升他们的团队协作能力和社会交往能力。

积极的社区氛围为中小学生提供了重要的情感支持。在这种氛围中，中小学生能够感受到来自社区成员的关怀与支持，这对于他们安全感和归属感的形成至关重要。社区成员之间的互助和支持，可以有效减少中小学生的孤独感和社会疏离感，帮助他们建立起积极的自我形象和自尊。特别是对于那些可能在学校或家庭中遇到挑战的中小学生，社区提供的情感支持可以成为他们重要的心理资源，帮助他们应对生活中的压力和挑战。

社区中的正面榜样和积极价值观的传递对中小学生的价值观形成和品格建设也有着不可忽视的作用。通过参与社区活动和与社区成员交往，中小学生能够形成积极的生活态度和健康的行为模式。这些正面的社会价值观和行为准则，逐渐被中小学生内化为自己的行为准则，引导他们形成健康的生活方式和积极的人生态度。

（三）能激发中小学生的责任感和公民意识

在一个健康积极的社区氛围中，中小学生被鼓励参与社区服务、环境保护和公共事务的讨论，这种参与不仅是他们社会化过程的一部分，也是培养责任感和公民意识的重要途径。通过参与这些活动，中小学生学会了关注社会问题，理解了自己作为社区成员和公民所承担的责任，也能通过实际行动为社区和社会贡献自己的力量。参与社区服务和环境保护项目能够直接让中小学生体验到自己行动的力量和影响。无论是参与社区清洁、绿化项目，还是加入环保组织、参与节能减排和资源回收活动，这些经历都能使中小学生意识到个人行动对社区和环境的正面影响。这种体验不仅增强了他们的责任感，还激发了他们继续参与社会活动的兴趣和动力。

参与公共事务的讨论，能够使中小学生了解到民主参与的重要性和价值。在社区会议和公共讨论中，中小学生有机会表达自己的观点和建议，听取不同的意见，并学习如何通过对话和协商解决问题。这种参与过程不仅提升了他们的沟通和协作能力，也让他们认识到了作为公民参与社会治理的重要性，从而使他们增强了公民意识。通过参与社区建设和公共服务，中小学生能够发展出一种对社区和社会的归属感——他们不再是被动的社会成员，而是能够通过自己的努力改善社区环境、促进社会进步的积极参与者。这种归属感和成就感能够进一步增强中小学生的自信心和自我效能感，促使他们在未来的生活中继续承担责任，积极参与社会活动。

三、社区支持服务对中小学生身心健康的正向影响

社区的支持服务通过为中小学生提供各种资源和帮助，对其身心健康产生了显著的正向影响。社区支持服务的范畴广泛，包括心理健康咨询、学业辅导、职业规划等，这些服务为中小学生提供了一个全面的支

持系统，有助于他们应对成长过程中遇到的各种挑战。

（一）心理健康服务的重要作用

在当今社会，中小学生面临诸多压力和挑战，包括学业压力、人际关系问题以及自我认知探索等，这些都可能影响他们的心理健康。社区心理健康服务为中小学生提供了一个安全、私密的交流空间。在这样的环境中，中小学生可以自由地表达自己的想法和感受，不必担心被误解或评判。专业的心理咨询师可以通过倾听和引导，帮助中小学生认识和接受自己，使他们增强自我价值感和自尊心。心理健康服务能够通过科学的方法帮助中小学生处理情绪问题和压力。专业人士运用各种心理治疗技术，如认知行为疗法、情感聚焦疗法等，指导中小学生学习如何有效管理情绪、应对压力和解决问题。这种技能的培养不仅对中小学生当前的心理健康有益，也为他们日后面对生活的挑战打下了坚实的基础。

心理健康服务还能够促进中小学生的人际关系和社会适应能力。通过进行团体咨询和参加工作坊，中小学生有机会与遇到类似问题的同龄人交流，从而产生归属感，获得支持。这些活动不仅有助于中小学生拓展社交圈，也让他们学会了如何在人际交往中有效沟通和建立健康的关系。社区心理健康服务还承担着预防和早期干预的重要职责。通过开展心理健康教育和宣传活动，社区可以提高中小学生及其家庭对心理问题的认识，鼓励他们在遇到困难时及时寻求帮助。这种积极的心理健康文化有助于减少中小学生心理健康问题的发生率，促进社区整体的健康和幸福。

（二）学业辅导和职业规划服务对于中小学生成长的重要作用

社区提供的学业辅导和职业规划服务在促进中小学生学业成就和未来规划方面起着至关重要的作用。这些服务不仅可以帮助中小学生克服学习困难，发现个人兴趣和潜能，还能够促进他们自我认知和自主能力的发展，为他们的全面健康成长提供重要的支持。

1.学业辅导服务为中小学生提供了必要的学习支持和帮助

随着教育竞争的加剧和学科知识的不断更新，许多中小学生在学业上遇到了前所未有的挑战。这些挑战可能包括学习效率低下、基础知识薄弱或对某些科目的理解不足。在这种背景下，社区的学习辅导中心为中小学生提供了一个重要的学习资源。学业辅导服务通过制订个性化的辅导计划，对中小学生的具体需求进行专门的指导和帮助。这种个性化的指导策略是基于对每位学生学习能力、知识水平和兴趣偏好的深入了解。通过这种方法，辅导服务能够为学生制定出最适合其学习需求的辅导方案，使其能够更有效地掌握知识和技能。辅导服务不仅提供学术知识的传授，更重要的是，这类服务还通过各种教学方法和策略，如问题解决、批判性思维训练和合作学习，帮助中小学生提高学习效率。这些方法旨在激发学生的学习兴趣，提高他们的自主学习能力，使他们能够在日后的学习中更加自信和独立。

学业辅导服务的另一个显著优势是增强中小学生克服困难的信心和动力。面对学业上的挑战，中小学生可能会感到沮丧和无助，这时，辅导服务提供的正面反馈和鼓励至关重要。教师和辅导员的支持和认可能够帮助中小学生重建学习的自信，激发他们继续努力的意愿。通过接受学业辅导服务，中小学生不仅在学业上取得了进步，更重要的是，他们在心理和情感上也得到了支持。这种全面的发展对于他们的成长至关重要，为他们日后在学术和职业生涯中取得成功奠定了坚实的基础。

2.职业规划服务对于中学生的未来发展具有重要意义

个体在中学时期开始探索和思考自己未来的职业道路，这一时期的职业规划对他们个人职业生涯的发展具有深远的影响。中学生往往存在信息缺乏和经验不足的问题，难以做出适合自己的职业选择。社区此时为中学生提供职业规划服务便显得尤为重要，它能够为中学生提供必要的信息、指导和支持，帮助他们认识自我、发现自己的兴趣和潜能，制定合适的职业规划。职业规划服务通过组织各种职业探索活动、职业咨询会和实习机会，使中学生接触到了广泛的职业信息，这些活动能够帮助中学生了解不同职业的工作性质、要求的技能以及职业发展的前景等，为他们提供了全面、实时的职业信息，加深了他们对职业世界的认识。

通过接受职业规划服务，中学生可以更加明确自己的兴趣点和优势所在，这对于他们建立自信心和积极的自我形象极为重要。当中学生能够根据自己的兴趣、能力和价值观来选择职业道路时，他们更有可能在未来的工作中获得满足和成功。此外，个性化的职业规划指导还能帮助中学生设定实际可行的职业目标，制订达成这些目标的具体计划，为他们实现职业理想打下坚实的基础。社区职业规划服务的重要性不仅在于它为中学生提供了职业发展的方向和支持，而且还在于它促进了中学生的主动学习和自我探索，鼓励他们积极参与社会实践，培养了他们的责任感和独立性。通过参与职业规划活动，中学生可以扩展社交网络，与来自不同行业的专业人士建立联系，为自身的未来职业发展打下坚实的基础。

3.学业辅导和职业规划服务的重要作用

学业辅导和职业规划服务不仅为中小学生提供了学习上的支持和职业上的指导，尤为重要的是这些服务能够显著增强中小学生的自我认知和自主能力。这种增强不仅表现在学业和职业选择上，更深远地影响着他们个人的成长和未来的生活规划。学业辅导通过为中小学生提供个性化的学习计划和策略，使他们更加深入地理解自己的学习风格、优势和不足。在这个过程中，中小学生不仅能够学会如何有效地利用自己的学习资源，更重要的是，他们能够通过自我反思和评估，逐步建立起对自己学习能力的认知。这种自我认知的过程是自主学习能力形成的基础，有助于中小学生在面对学习挑战时独立寻求解决方案，而不是完全依赖他人的帮助。职业规划服务通过提供职业探索、兴趣测评和未来规划，使中学生有机会探索自己的职业兴趣和潜力。这一过程不仅能够帮助中学生建立起对不同职业领域的认识，更重要的是，它能够促使他们进行深入的自我探索，从而更清楚地了解自己的兴趣所在、价值观念和生活目标。这种对自身的深入了解和认识是自主规划未来职业和生活路径的前提，也是中学生形成独立人格和自我效能感的重要途径。

学业辅导和职业规划服务的实施使中小学生被鼓励积极参与决策和规划，这种参与不仅提升了他们的决策能力，更重要的是，增强了他们的自主能力。中小学生通过这一过程学会了如何根据自己的情况做出合理的选择、如何为自己的决定承担责任。这种能力的提升对于中小学生未来的发展和社会适应具有不可估量的价值。

第二节　社区资源与设施

一、社区与学校合作的教育资源共享

社区与学校合作的教育资源共享旨在通过整合社区和学校的资源与优势，为中小学生提供更为丰富和多样化的教育机会，这不仅能够扩大教育资源的覆盖范围，还能够促进教育内容的实用性和生活化，进而更好地满足中小学生的学习和成长需求。社区与学校之间的紧密合作，可以实现教育资源的有效整合，提高资源利用率，促进中小学生的全面发展。社区与学校教育资源共享的主要目标是为中小学生创造一个全面、多元、平等的学习环境，帮助他们获得全面发展。

（一）社区与学校合作能够使资源的使用效率最大化

学校作为传统的教育机构，拥有完整的教学计划、专业的教育团队以及一系列的教学设施。然而，在某些情况下，学校所能提供的资源和活动范围还是有限的。而社区，作为学校之外的更广泛的环境，拥有丰富多样的公共设施和文化资源，如图书馆、文化中心、体育馆等，这些资源如果能够得到有效利用，将极大地拓展教育的边界。社区与学校的合作，可以将学校的教育活动延伸至社区，利用社区的公共设施开展教学活动，如在社区图书馆设立阅读角、在文化中心举办学生艺术展览、在体育馆开展体育赛事等。这些活动不仅能够使学生接触到学校以外的知识和文化，还能够增强他们的社会实践能力。

社区内的专家学者、志愿者的参与，为学校教育注入了新的活力。这些社区成员可以根据自己的专长和经验，为学生提供更为丰富和深入的学习内容。比如，科技公司的工程师可以进校园讲解最新科技，当地艺术家可以带领学生进行艺术创作，这样的跨界合作不仅拓宽了学生的视野，还激发了他们的学习兴趣，使他们拥有了创新思维。社区与学校合作还能够实现资源的优化配置和有效利用。双方通过信息共享和资源对接，可以避免资源的重复建设和浪费，确保教育资源得到最大化的利用。例如，学校的体育设施在课余时间对社区居民开放，社区的会议室可以作为学校课外活动的场所，这种资源共享机制不仅节约了成本，还促进了学校与社区的互动与合作。

（二）社区与学校共享的多元教育资源

社区与学校的合作，即通过共享多元化的教育资源，为中小学生的全面发展提供广阔的空间。这种合作模式突破了传统教育资源配置的局限性，将社区的丰富资源纳入了教育体系，为学生提供了更为丰富和多元化的学习机会。社区与学校共享的多元教育资源包括物质资源、人力资源和信息资源。物质资源的共享，如社区图书馆、文化中心、体育设施等的开放，不仅丰富了学校的教学资源，也为学生提供了更为广泛的学习和活动空间。人力资源的共享，则是指社区专业人士和学者进入学校，为学生带来了新的知识和视角。这些来自社区的艺术家、科学家、工程师等，通过特色讲座、研讨会和工作坊等形式，与学生面对面交流，不仅激发了学生的学习兴趣和创造力，也促进了学生综合素质的提升。信息资源的共享也是社区与学校合作的重要方面。学校可以通过建立与社区的信息交流平台，及时获取社区资源和活动信息，为学生提供更多的学习和参与机会；反之，学校也可以向社区成员提供教育资源和信息，如开设家长学校、成人教育课程等，促进家庭成员和社区居民的终身学习。

这种多元教育资源的共享模式有助于建立一个开放、互助的教育生态系统。在这个系统中，学校和社区不再是孤立的两个部分，而是相互依存、相互促进的合作伙伴。通过共享教育资源，学校和社区可以实现资源的优化配置和高效利用，同时促进学校教育与社区生活的联系。这种教育资源的共享和合作，能够为中小学生提供一个更加全面和多元的成长环境。学生不仅可以在校内学习基础知识和技能，还可以在社区中实践和探索，了解社会、体验生活。这样的教育体验，有助于中小学生形成正确的价值观和人生观，培养他们成为具有社会责任感和创新精神的全面发展的人才。

（三）社区与学校合作的教育资源共享能够促进教育公平

教育公平一直是社会关注的核心议题，它直接影响着社会的整体进步和公民的全面发展。在这一背景下，社区与学校合作的教育资源共享模式，为促进教育公平提供了一种有效的方案。这种合作模式通过整合双方的教育资源，确保所有中小学生，特别是来自低收入家庭的学生，都能平等地获得高质量的教育资源，从而缩小教育资源分配的差距，推动社会的整体进步。社区与学校合作的教育资源共享能够为中小学生提供更加公平的学习机会。在这种模式下，社区的公共设施和资源，如图书馆、体育馆、文化中心等，不仅服务于社区居民，也向学校开放，成为学校教育的延伸。这样，学生将不再受限于学校内部的资源配置，而是可以享受到更为广泛和丰富的教育资源。特别是那些家庭经济条件较差的学生，他们可以通过社区提供的免费或低成本的教育资源，获得与其他学生相同的学习和发展机会，从而在一定程度上缩小与他人因家庭经济条件不同而产生的教育差异。

社区与学校合作的教育资源共享有助于提高教育资源的使用效率，从而更好地满足中小学生的教育需求。合作模式可以避免资源的重复建设和浪费，将有限的资源投入最需要的地方。例如，社区的专业人士和志愿者可以进入学校，与教师共同开展教育活动，这样一来，不仅丰富了学校的教育内容，也为学生提供了更多学习的视角和体验机会。同时，学校也可以向社区开放其教育资源，如利用学校的体育设施举办社区体育活动，既能活跃社区生活，也能促进学生体质的健康发展。社区与学校合作的教育资源共享还能够增强社区的凝聚力，促进社区成员之间的相互支持和帮助。在共享资源的过程中，社区和学校之间能够建立起紧密的联系，共同关注和解决中小学生的学习和成长问题。这种合作关系不仅培养了中小学生的社会责任感和公民意识，也为他们提供了一个支持性和包容性的成长环境。学校与社区共同努力，可以有效地促进社区内部的资源优化配置，为中小学生的全面发展创造更加有利的条件。

二、社区体育设施与中小学生的身心健康

（一）体育设施的可达性与中小学生体育活动参与度

体育设施的可达性不仅指物理距离上的接近性，也包括设施的开放性、可用性以及设施是否满足中小学生的需求和兴趣。体育活动对于中小学生的身心发展至关重要，它不仅能够促进中小学生的身体健康，增强体质，还能培养中小学生的团队合作能力、竞争意识和自我挑战精神。

1. 体育设施可达性的影响因素

体育设施与中小学生居住地的物理距离是影响其可达性的一个关键因素。理论上，设施越接近居住区，中小学生参与体育活动的可能性就越大。距离的远近直接关系到中小学生是否能方便地到达设施地点，进行体育活动。当体育设施位于中小学生居住地附近时，他们更倾向频繁参与体育活动，这是因为近距离可以大幅降低时间和交通成本。反之，如果体育设施距离居住地较远，可能会因交通不便或时间成本高而降低中小学生的参与意愿。体育设施的开放时间应该与中小学生的空闲时间相匹配，如放学后、周末和节假日等时段，以便他们可以充分利用这些时间进行体育活动。此外，设施使用的费用也不应过高，以免因经济负担过重而限制中小学生的参与。合理的费用标准和灵活的开放时间安排能够有效提高体育设施的可达性，从而鼓励更多中小学生参与体育活动。

设施种类与质量对其可达性同样具有影响。不同的体育活动需要不同的设施支持。多样化的体育设施能够满足中小学生不同的兴趣和需求，吸引他们积极参与。例如，篮球场、游泳池、跑道等设施能够满足不同中小学生的体育活动偏好。同时，设施的维护状况和安全性也极为重要。良好的维护状况和充足的安全措施能够确保中小学生在进行体育活动时的安全，增强他们使用体育设施的意愿。

2. 体育设施可达性与中小学生体育活动参与度的关系

体育设施的可达性与中小学生的体育活动参与度之间存在着密切的关系，这种关系既体现在直接影响上，也体现在间接影响上。直接影响方面，体育设施的高可达性通过减少地理和经济上的障碍，为中小学生参与体育活动提供了便利条件间接影响方面，体育设施的质量和种多样性能够提升中小学生的体育活动体验，从而促使他们更加积极地参与体育活动。

体育设施的可达性能够直接促进中小学生的体育活动参与度。便捷的地理位置意味着中小学生可以在较短的时间内到达体育设施，这对于学业忙碌的中小学生来说尤为重要。合理的开放时间和费用设置能够满足拥有不同家庭背景的中小学生的需求，无论是放学后的空闲时间还是周末、节假日，中小学生都能找到合适的时间参与体育活动。此外，多样的设施种类能够满足中小学生不同的运动兴趣和需求，无论是团队运动还是个人锻炼，都能找到合适的场地和器材，这些都直接促进了中小学生体育活动的参与度。

体育设施的可达性还能间接提高中小学生体育活动的参与度。一个优质的体育设施不仅仅是提供运动场地和器材，更重要的是为中小学生提供了一个良好的运动环境。当中小学生在参与体育活动时感受到安全、舒适，能够享受运动带来的乐趣时，他们的满意度和参与感会大幅提升。这种积极的体育活动体验能够激励中小学生持续地、主动地参与体育活动，形成良好的运动习惯。长期而言，这种积极的体验还能够帮助中小学生养成健康的生活方式，对他们的身心发展产生长远的积极影响。

3. 提升体育设施可达性的策略

提升体育设施可达性有利于促进中小学生积极参与体育活动、促进其身心健康发展，通过优化设施布局、延长开放时间并调整费用、提升设施质量和安全性，可以有效提高中小学生体育活动的参与度，进而对其健康成长产生积极影响。

社区和学校应当根据中小学生的分布情况，合理规划和布局体育设施，确保每个区域的中小学生都能便捷地进行体育活动。这需要对社区内的空间资源进行全面的评估和利用，如在人口密集区域设立更多的体育设施，或者在学校周边增设体育场地，以缩短中小学生与体育设施的距离，提高其参与体育活动的便利性。延长体育设施的开放时间并合理调整使用费用，是降低中小学生参与体育活动门槛的有效措施。社区和学校可以根据中小学生的学习和生活时间，灵活安排体育设施的开放时间，如在周末和假期提供更长的开放时间，或者在中小学生放学后提供专门的免费或优惠时段，以鼓励更多中小学生参与体育活动。此外，合理的费用设置也是提升体育设施可达性的关键，体育设施管理部门应考虑不同家庭的经济状况，为低收入家庭的中小学生提供优惠政策，确保每个中小学生都有机会参与体育活动。社区和学校应定期对体育设施进行维护和升级，确保设施的良好运行和使用安全；还应根据中小学生的反馈和需求，适时增设或改进设施，如增加多样化的运动项目和器材，提供适合不同年龄段中小学生的运动环境，从而提高体育设施的吸引力和使用效率。

（二）社区体育活动对中小学生体质和团队精神的影响

社区体育活动在促进中小学生身心健康发展方面扮演了不可替代的角色，它不仅有助于提升中小学生的体质，还能显著增强他们的团队精神。中小学生可以在享受运动乐趣的同时，锻炼身体、提高自信、培养合作意识和社交技能，从而在多方面促进自身的全面发展。

1.社区体育活动对中小学生体质的提升具有显著作用

社区体育活动为中小学生提供了一个释放能量、挑战自我的平台，对他们健康生活方式的形成和维持起到了推动作用。体育锻炼能够有效增强中小学生的心肺功能，这是因为规律的体育活动能够提高心脏泵血效率，增强血管弹性，从而提升全身血液循环效率，增强心肺耐力。体育锻炼还能够加强肌肉力量，提高中小学生的身体协调性和柔韧性，这些都是健康体魄的基础。在预防中小学生肥胖症和慢性疾病方面，社区体育活动同样起着不可忽视的作用。通过参与足球、篮球、跑步等有氧运动，中小学生能够有效燃烧体内的多余脂肪，控制体重，避免肥胖。同时，规律的运动还能调节血糖和血压，预防糖尿病、高血压等成人病的早期发生。

社区体育活动对于提升中小学生的耐力和持久力也至关重要。通过长期和持续的体育锻炼，中小学生能够提高自身的抗疲劳能力，这不仅有助于他们在体育活动中表现更加出色，也有助于他们在学习和日常生活中展现出更强的耐压能力和更高的效率。体育锻炼还能促使中小学生形成和维护健康的生活方式。在社区体育活动中，中小学生不仅学会了运动技能，更重要的是学会了如何通过运动来调节情绪、释放压力，培养了积极向上的生活态度和坚韧不拔的意志力。这种积极的心理状态对于中小学生的身心健康及其未来人生观和价值观的形成有着深远的影响。

2.社区体育活动在增强中小学生团队精神方面具有不可估量的价值

社区体育活动为中小学生提供了一个展示身体素质和培养团队精神的重要平台，中小学生通过参与各种体育运动，可以增强体质、提高健康水平，还可以在团队互动中学习社会技能。社区体育活动通过团队运动，如篮球、足球、排球等，为中小学生提供了理解合作重要性的实践机会。在这些活动中，每个成员都扮演着特定的角色，共同为团队的目标努力。这种团队协作的过程，使中小学生学会了如何有效沟通、解决冲突和共同制定策略，这些技能对于他们的社会化进程非常重要。

通过共同训练和比赛，中小学生学会了信任和依赖队友，认识到了集体成功高于个人成就。这种团队精神的培养，不仅加深了他们之间的友情，也增强了他们对团队和社区的归属感。社区体育活动还能提升中小学生的领导能力和责任感。在团队中，中小学生有机会担任领导角色，如队长或是关键球员，这要求他们不仅要在比赛中表现出色，还要引领和激励队友，展示出积极的领导风范。这种经历能够促进中小学生责任感和自我效能感的提升，为他们日后成为对社会有贡献的成员打下了基础。

3.社区体育活动能为中小学生提供一个展示自我、挑战自我的平台

社区体育活动为中小学生提供了一个展示自我和挑战自我的平台，对中小学生个性的健康成长和心理素质的培养具有深远的影响。社区体育活动中的竞技和比赛让中小学生有机会展现自己的能力和勇气，在比赛中，每一次尝试、每一次冲刺都是他们对自我能力的展示和验证。这种展示不仅能够提升中小学生的自信心，还能够让他们体验到努力后的成就感，无论是赢得比赛的喜悦还是面对失败的坦然，都是成长过程中宝贵的经历。通过参与各种体育比赛，中小学生不仅能够认识到自己在体育技能上的优势和不足，还能够在持续的训练和比赛中学会如何设定目标、如何面对挑战。这个过程有助于他们建立起积极向上的人生观和价值观，学会在面对困难和压力时不轻易放弃，培养出坚忍不拔的意志。

社区体育活动通过提供一个健康的竞争环境，帮助中小学生形成正确的竞争观念。在这个环境中，中小学生学会了尊重对手、遵守比赛规则、接受比赛结果，这不仅是体育精神的体现，也是社会公民应有的态度和行为。通过体育竞争，中小学生能够理解竞争并不仅仅是为了胜利，更重要的是过程中的努力、团队协作和个人成长。在这个平台上，中小学生不仅锻炼了身体，更重要的是，他们学会了如何面对生活中的各种挑战和竞争，如何在竞争中寻找自我、超越自我，从而实现个性的健康成长和心理素质的全面提升。

三、社区图书馆的作用

社区图书馆作为一个知识的汇聚地，为中小学生开启了宽广的学习与探索之门。这些图书馆不单是书籍的收藏地，它们更是信息交流的核心区域和推动学习的关键力量，对中小学生的教育成长和个性发展产生了深刻的影响。通过向中小学生提供丰富的阅读材料、先进的学习工具，社区图书馆营造了一个综合性、多样化、自主性的学习氛围，有效促进了中小学生的全方位发展和持续的学习兴趣。

（一）社区图书馆满足了中小学生多样化的学习需求

社区图书馆作为中小学生学习和成长的重要场所，通过提供丰富的学习资源和先进的学习工具，极大地满足了中小学生多样化的学习和探索需求，为中小学生提供了广泛的学科领域覆盖，包括但不限于文学、科学、艺术、历史等。随着科技的快速发展，社区图书馆的资源种类已经从传统的印刷书籍扩展到电子书籍、在线数据库、音视频资料等多种形式，这种多元化的资源配置使中小学生能够根据自己的学习偏好和需求，选择合适的学习材料。电子资源的便捷访问特性，尤其是为居住在偏远地区或者有特殊需求的中小学生提供了无限的学习可能，打破了时间和空间的限制，使他们的学习变得更加灵活和个性化。

社区图书馆还经常组织各类教育活动，如作家讲座、学术研讨、阅读俱乐部、写作工作坊等，这些活动不仅能够激发中小学生的学习兴趣，还能够为他们提供与同龄人交流和分享的机会，促进社会技能的发展。通过参与这些活动，中小学生可以更好地了解不同文化和观点，增强批判性思维能力，促进自身的全面发展。社区图书馆在满足中小学生多样化学习需求的同时，也致力培养中小学生的终身学习习惯。社区图书馆提供的自主学习环境鼓励中小学生自我探索和自我指导，这种学习方式有助于培养他们的自主学习能力和责任感，对他们未来的学术和职业生涯具有深远影响。

（二）社区图书馆是中小学生研究和项目学习的重要场所

作为知识仓库的社区图书馆是中小学生研究和项目学习的重要基地。社区图书馆提供的专门学习区域和研究设施，如数字中心、多媒体中心和讨论室等，为中小学生提供了一个理想的学习和研究环境，能够满足他们的个人学习需求，并鼓励小组合作与知识共享。这些设施的存在使图书馆成了一个集学习、研究和交流于一体的综合性学习中心。数字中心和多媒体中心配备了先进的技术和软件，使中小学生能够利用最新的信息技术进行学习和研究，从而提高他们的信息素养和技术能力。同时，社区图书馆也提供了丰富的电子资源，包括电子书籍、在线期刊和数据库，为中小学生的研究和项目学习提供了必要的资料支持。

讨论室等合作学习空间为中小学生提供了进行团队合作和项目学习的场所。在这里，中小学生可以围绕一个主题进行集体研讨，共同探索问题和解决方案，这种合作学习模式不仅有助于提升他们的学习效率，还有助于培养他们的团队协作能力、沟通能力和批判性思维能力。通过这样的学习方式，中小学生能够学会如何在集体中贡献自己的力量，如何尊重和倾听他人的意见，以及如何共同完成任务和解决问题。社区图书馆通过这些专门的学习区域和研究设施，不仅为中小学生提供了所需的物理空间和技术资源，更为他们创造了一个促进个人成长、知识探索和社会互动的平台。这种多功能的学习环境，使图书馆成为中小学生研究学习项目和开展社交活动的重要场所，对他们的全面发展具有深远的影响。

（三）社区图书馆为中小学生提供了一个自主学习的环境

社区图书馆为中小学生提供了自主学习环境，中小学生在这个环境中能够根据个人的兴趣和学习需求自主选择阅读材料，自由安排学习时间，这种学习方式与传统的课堂教学形成了鲜明对比。在传统教育模式中，学习内容和进度往往由教师决定，而在社区图书馆的自主学习环境中，中小学生可以完全根据自己的意愿探索知识，这种自主权的转移对于激发中小学生的学习兴趣和培养其自我驱动的学习习惯至关重要。自主学习环境的建立，不仅仅在于为中小学生提供丰富多样的阅读材料，更重要的是创造一个有利于中小学生独立思考和自我探索的学习氛围。社区图书馆通过设置舒适的阅读区域、安静的学习空间和便捷的信息查询系统，为中小学生提供了一个无干扰、资源丰富的学习环境。在这样的环境中，中小学生不仅可以沉浸在书籍的海洋中，自由地探索感兴趣的领域，还可以通过网络资源进行更广泛的信息检索和学习，大大拓展了学习的形式。

中小学生在自主选择学习内容和方式的过程中，需要不断地思考自己的学习目标，评估自己的学习效果，这种反思过程有助于他们认识自我，明确自己的兴趣和优势，从而更有针对性地进行学习和个人发展规划。这种自我管理能力的培养，对于中小学生适应未来复杂多变的社会环境具有重要意义。社区图书馆所提供的自主学习环境，为中小学生的个性化学习和全面发展提供了重要的支持。通过在社区图书馆学习，中小学生不仅能够获得知识，更重要的是，他们能够学会如何学习，如何在未来的学习和生活中不断探索和成长。这种自主学习的经验和能力，是中小学生成为终身学习者的重要基础，对他们的未来发展具有深远的影响。

四、社区科创中心

社区科创中心作为中小学生科学教育和创新实践的重要场所，对于激发中小学生的科学兴趣、培养中小学生的科学思维和探索精神具有不可估量的作用。通过提供丰富多彩的科学展览、实验工作坊、科技竞赛和创新项目，社区科创中心为中小学生打开了探索科学世界的大门，使他们能够在实践中感受科学的魅力，激发对科学学习的热情，有效促进创新能力和综合素质的提升。

（一）拓宽中小学生的知识视野

社区科创中心通过提供丰富的科学展览、最新的科技成果展示以及各种互动式学习活动，为中小学生提供了一个直观、生动的学习环境，激发了他们对科学探索和技术创新的热情。社区科创中心通过展示覆盖广泛领域的科学知识和最新的科技成果，有效地拓展了中小学生的知识边界。这些展览项目不限于传统的自然科学知识，更包括人工智能、可持续能源、生物技术等前沿科技领域，旨在使中小学生及时了解科学技术的最新发展趋势。这种跨学科的知识传播对于激发中小学生的好奇心、增强他们的科学素养，乃至培养他们对科学研究和技术创新的兴趣具有不可估量的价值。

　　社区科创中心通过组织各种科学实验和技术创新活动，为中小学生提供了一个实践和探索的平台。在这里，中小学生不仅可以参与科学实验，体验科学原理的应用，还可以通过参加各种创新设计和科技竞赛等活动，将自己的创意和想法付诸实践。这种"学以致用"的教育模式，不仅有助于加深中小学生对科学知识的理解和掌握程度，更有助于培养他们的创新思维和问题解决能力。社区科创中心还致力将科学教育与社会发展紧密结合，通过举办科普讲座、科技展览和社区服务活动等，鼓励中小学生将所学知识应用于实际生活，从而提高他们的社会责任感和公民意识。这些活动不仅有助于中小学生认识到科学技术对于社会发展的重要性，还有助于激发他们为解决社会问题和促进可持续发展作出贡献的愿望和动力。

（二）提供探索平台

　　社区科创中心通过组织多样化的实验工作坊和科学实践活动，为中小学生提供了一个亲手操作和实践学习的空间，是中小学生探索科学世界、培养科学思维和创新能力的重要场所。社区科创中心的实验工作坊和科学实践活动允许中小学生参与科学实验的设计和执行过程，这种直接的操作体验使他们能够深刻理解科学原理和技术应用。与传统的课堂学习相比，这种在实践中学习的方式更加生动和有效，能够让中小学生在实际操作中遇到问题、寻找解决方案，从而深化对科学知识的理解和掌握。

　　社区科创中心通过提供丰富的科技资源和实验设备，鼓励中小学生进行自主探索和创新实践。在这个过程中，中小学生不仅能够发现科学的乐趣，还能够通过解决实际问题来培养自己的观察力、分析能力和创新思维。这种自主探索的过程有助于中小学生建立科学学习的自信心和动力，进一步增强他们对科学探索的兴趣。社区科创中心还通过举办科学讲座、科技展览和竞赛等活动，为中小学生提供了一个展示自我、交流思想和学习先进科技的平台。这些活动不仅能够让中小学生接触前沿技术，还能够激发他们对科学研究的热情，鼓励他们在科学领域进行更深入的探索和学习。

（三）支持中小学生把想法变成行动

社区科创中心在支持中小学生将创新想法转化为实际行动方面扮演着重要的角色。通过定期举办的科技竞赛和创新项目挑战，社区科创中心为中小学生提供了一个展示自己的舞台。科技竞赛和创新项目挑战能够激发中小学生的创新精神和实践意识。在参与这些活动的过程中，中小学生需要将自己的科学想法具体化，设计并实施实验或项目，这不仅需要中小学生拥有丰富的科学知识和技术技能，还需要他们具备创新思维和解决问题的能力。这种从想法到实践的过程对中小学生来说是一次宝贵的学习和成长经历，有助于他们更深入地理解科学原理和技术应用，也有助于提升他们将理论知识应用于实践的能力。

科创中心通过提供一系列的支持服务，如专业指导、技术支持和资源获取等，进一步提升了中小学生把想法变成行动的能力。这些支持服务不仅可以帮助中小学生克服他们在实践过程中遇到的技术难题，还可以提供必要的资源和平台，让中小学生的创新项目得以实现和展示。通过这样的实践活动，中小学生能够体验到科研过程的艰辛与乐趣，从而深化对科学研究的认识和兴趣，有助于培养他们解决复杂问题的能力和持之以恒的精神。

（四）跨界合作

社区科创中心与学校教育之间的跨界合作为中小学生的科学教育提供了新的视角和实践路径。通过将科学教育资源和活动融入学校课程，社区科创中心和学校之间形成了有效的资源联动，不仅拓宽了学校科学教育的内容和方式，也为中小学生提供了更多接触和参与科学实践的机会，进一步激发了他们对科学的兴趣和热情。跨界合作模式通过课程项目的共同开展，使科学学习不再局限于传统的课堂教学。社区科创中心为中小学生提供的实验工具、科学设备以及专家资源为学校教育带来了丰富的实践内容和教学方法。例如，学生通过参与社区科创中心的科学实验项目，能够在真实的科研环境中学习和实践，这种亲身体验对于培养他们的科学探究能力和创新思维具有重要作用。

教师培训是跨界合作中的重要环节。社区科创中心可以为学校教师提供最新的科学知识和技术培训，帮助教师提升自身的专业素质和教学能力。通过学习新的科学理念和教学方法，教师能够在课堂教学中更好地引导学生进行科学探究，激发学生的学习兴趣，提高教学效果。学生研学旅行是跨界合作中的又一创新形式。社区科创中心与学校合作，共同组织学生参加科学主题的研学旅行活动，通过参观科技企业、科研机构和科学博物馆等，学生不仅能够直观地了解科学知识和科技成果，还能够亲身体验科研过程，这种学习体验对于提高中小学生的科学素养和实践能力具有显著影响。

五、社区健康与福利服务

（一）社区医疗设施对中小学生健康的支持

社区医疗设施不仅能为中小学生提供基本的医疗服务，还能通过进行预防性健康教育和采取及时的干预措施，促进中小学生的身心健康。社区医疗设施的存在，使中小学生能够在第一时间获得必要的医疗帮助，降低了健康问题带来的长期影响，为中小学生的健康成长提供了坚实的保障。

1.方便快捷的医疗服务

社区医疗设施为中小学生提供了方便快捷的医疗服务。大型医院往往人流密集，且距离居住地较远，使中小学生的就医过程变得复杂和耗时。相比之下，社区医疗中心以其便捷的地理位置和简化的就医流程，为中小学生提供了一个更加方便快捷的医疗服务平台。社区医疗中心通常位于居民区附近，易于中小学生及其家庭成员就医。这种地理上的便利性大大减少了就医的时间和交通成本，使中小学生在遇到突发健康问题时能够迅速获得医疗援助。此外，相较于大型医院复杂的挂号和就诊流程，社区医疗中心的就医流程通常更加简化，等待时间更短，会使中小学生的就医体验更为顺畅。

社区医疗中心提供的个性化服务是其另一大特色，这里的医生和医疗工作人员能够更加细致地了解中小学生患者的健康状况、生活习惯和心理需求，从而为其提供更精准和个性化的治疗方案和健康管理建议。这种个性化的医疗服务有助于构建医患之间的信任关系，使中小学生更愿意积极参与自身的健康管理，从而促进其健康状况的改善。社区医疗中心往往还会与社区内的其他健康与福利服务相互配合，形成一个综合的健康支持网络。例如，社区医疗中心可能会与学校合作，提供中小学生健康教育课程，或与社区心理健康服务机构合作，为有需要的中小学生提供心理咨询和支持。这种多方面的健康支持体系，不仅能够有效应对中小学生的多样化健康需求，还能促进其健康习惯的养成，保障其心理健康。

2.各种预防性健康教育活动的开展

社区医疗设施通过开展各种预防性健康教育活动，有助于增强中小学生的健康意识。社区医疗设施在提供常规医疗服务的同时，能够通过开展各种预防性健康教育活动，帮助中小学生形成健康的生活习惯，增强他们对健康信息的认知和理解，这为中小学生的健康成长提供了重要的支撑。通过健康讲座和疾病预防教育，中小学生能够及时了解关于营养、体育锻炼、心理健康等多方面的健康知识。这些讲座和教育活动通常由专业医疗人员或公共卫生专家主持，内容贴近中小学生的实际需求，使他们能够在轻松愉快的氛围中学习到实用的健康信息。

疾病预防、疫苗接种和定期健康检查为中小学生提供了及时的疾病预防和健康监测。这些服务能够帮助中小学生及早发现潜在的健康问题，并采取相应的预防措施，有效降低中小学生的疾病发生率。同时，通过健康咨询服务，中小学生可以针对自身的健康状况或疑问获得专业的指导和建议，这对于他们培养自我保健的能力具有重要意义。这些健康教育活动还涵盖了中小学生成长过程中可能面临的各种心理和生理健康问题，如应对青春期的心理变化、性健康教育和防止药物滥用等。通过这些综合性的健康教育，中小学生能够更全面地了解自我保护的重要性，对自身建立起正确认识，形成健康的生活方式。

3.及时有效的心理支持和干预

社区医疗设施在中小学生面临心理健康问题时，能够提供及时有效的心理支持和干预。中小学时期是个体心理和情感发展的关键阶段，面对学习压力、人际关系调整以及自我认识的探索等挑战，不少中小学生可能会遭遇压力、焦虑、抑郁等心理健康问题。在这一背景下，社区医疗设施提供的心理健康服务就成了中小学生心理健康干预的重要平台。

社区医疗设施能够为中小学生提供专业、便捷的心理咨询服务。这些服务通常由专业的心理医生或心理咨询师提供，他们能够利用专业知识和技能，为中小学生提供一对一的心理支持和咨询，帮助他们解决心理问题、缓解心理压力，并在必要时为中小学生提供进一步的治疗建议或转介服务。通过接受这些专业服务，中小学生能够在遇到心理困扰时获得及时有效的支持和干预，避免问题加重。

社区医疗设施还会举办各种心理教育工作坊和公益讲座，目的是增强中小学生的心理健康意识和自我调适能力。这些活动涵盖了压力管理、情绪调节、人际交往技巧、自尊自爱等多个方面，旨在帮助中小学生形成健康的心理状态，促进他们的正向发展。通过参与这些活动，中小学生不仅能学习到实用的心理健康知识，还能在日常生活中应用所学技能，有效应对生活中的挑战和困难。社区医疗设施还注重家庭和学校的联动，通过与家长和教师的合作，共同关注和支持中小学生的心理健康。通过定期的沟通和交流，医疗工作者能够及时了解中小学生的心理状态和需求，为中小学生提供针对性的指导和建议，同时帮助家长和教师提升关注中小学生心理健康的能力。

4.健康指导和健康管理服务

社区医疗设施能够为中小学生提供针对性的健康指导和长期健康管理服务。社区医疗设施通过建立个人健康档案，能够为每位中小学生提供个性化的健康管理服务。这一做法能够使医疗人员详细记录中小学生的健康状况、疾病史和生活习惯，从而在后续的健康管理中为中小学生提供更具针对性的指导和干预。通过对中小学生进行定期的健康检查和评估，医疗团队能够及时发现中小学生的健康风险和问题，提早进行干预和治疗，从而避免健康问题的加重。针对中小学生的生活习惯和行为特点，社区医疗设施能够为其提供科学的饮食和锻炼指导。中小学时期是生长发育的关键时期，合理的饮食和适量的运动对促进中小学生的身体健康、预防肥胖症和其他慢性疾病有着重要影响。社区医疗团队通过举办健康讲座、设立工作坊和开展个别咨询等形式，向中小学生普及健康饮食知识和锻炼方法，帮助他们养育健康的生活习惯。

长期的健康管理服务包括心理健康的支持和指导。中小学时期是心理变化频繁的时期，面对学业、人际关系和自我认识等方面的压力，中小学生可能会出现焦虑、抑郁等心理问题。社区医疗设施提供的心理健康服务能够为中小学生提供一个倾诉和寻求帮助的平台，通过为中小学生提供专业的心理咨询和心理教育，帮助中小学生建立积极的心态，使他们提高应对生活挑战的能力。

（二）社区福利服务在保障中小学生基本发展需求中的作用

通过提供物质支持、教育援助、心理关怀和生活质量提升等综合服务，社区福利服务为中小学生的全面成长和健康发展提供了坚实的基础，不仅有助于解决中小学生正在面临的问题，还有助于在更深层次上增进中小学生的整体福祉，包括提高生活质量、促进社会融合等。

1. 能够为中小学生提供基本的物质支持

社区福利服务通过为中小学生提供基本的物质支持，确保他们能够在一个健康和安全的环境中成长。对于来自低收入家庭的中小学生而言，社区福利服务能够有效缓解中小学生家庭经济压力，帮助中小学生克服生活中的困难。社区福利服务为中小学生提供的食物援助、衣物支持以及住宿服务等，对于那些生活条件较为艰难的家庭来说，直接缓解了他们的基本生活需求，保障了中小学生的健康成长。特别是食物银行和低收费或免费的住宿服务，这些为中小学生提供了稳定的饮食和居住条件，让他们能够有一个安全、稳定的生活环境。

社区福利服务还能够增强中小学生的社会参与感和归属感。通过参与社区组织的活动，中小学生不仅可以获得物质上的帮助，也可以感受到社区的关怀和支持，从而增强他们的社会责任感和社区归属感。这种参与和归属感的培养对于中小学生的社会化过程至关重要，有助于他们建立正面的社会关系和健康的社会身份。

2. 在保障中小学生教育权益方面发挥着重要作用

对于那些来自经济困难家庭的中小学生，通过提供经济援助、教育资源和辅导服务，社区确保了他们不因家庭经济条件而失去接受教育的机会，促进了教育公平，为他们的全面发展提供了坚实的基础。经济援助如奖学金、教育补助和学习用品捐赠，直接解决了中小学生因经济原因无法继续接受教育的问题。这类支持使中小学生能够购买必要的学习材料、支付学费和其他教育相关费用，确保他们能够在不受经济压力影响的情况下顺利完成学业。这种经济上的支持不仅减轻了中小学生的家庭负担，也提升了中小学生继续接受教育的动力和信心。

3.致力提高中小学生的生活质量和幸福感

社区福利服务通过举办各种文化、体育和娱乐活动，为中小学生创造了丰富多彩的休闲和社交机会，致力提高他们的生活质量和幸福感，促进中小学生的全面发展。这些活动不仅能够丰富中小学生的业余生活，还能够使他们在放松和娱乐中学习新知识、培养新技能，提升整体的生活满意度和幸福感。

社区举办的文化活动如音乐会、艺术展览和戏剧表演等，为中小学生提供了接触和欣赏艺术的机会。这些活动能够激发中小学生的艺术兴趣和创造力，通过参与艺术创作和表演，中小学生也可以表达自己的情感和想法，增强自我认同感和自尊心。社区举办的文化活动还为中小学生提供了与同龄人交流和合作的机会，有助于他们建立积极的人际关系。社区还会举办各类娱乐和休闲活动，如电影夜、社区聚会和旅行团等，这些活动不仅能增加中小学生的社交机会，还能帮助他们放松心情，减轻学习和生活的压力。通过参与这些活动，中小学生能够在轻松愉快的氛围中与他人建立联系，培养社会技能和情感交流能力。

第三节　社区文化与活动

一、社区文化与中小学生价值观形成

（一）社区节日活动、传统习俗对中小学生文化认同的作用

在促进中小学生的文化认同方面，社区节日活动和传统习俗不仅是文化传承的重要方式，也是建立中小学生文化认同感和社会归属感的关键途径。通过参与社区举办的节日庆典，中小学生能够深入了解和体验本土文化和传统价值观，从而在多元文化的环境中培育对自己文化根源的认同和自豪感。

1.是中小学生了解和接触本土文化的直接途径

通过直接参与社区传统节日活动，中小学生不仅能够观察和体验传统的仪式和庆典，还能通过长辈的讲述和示范深入了解文化的历史背景和内涵。这种亲身参与和体验是了解和接触本土文化直接和有效的途径之一，它能够使中小学生从多个层面认识和理解自己的文化传统，从而建立起对本土文化的认同感。

社区节日活动和传统习俗能够使中小学生直观地感受到文化的魅力和价值。在这些活动中，中小学生能够看到文化的多样性和丰富性，感受到节日庆典中的欢乐和温馨，理解文化背后的深层含义。例如，通过参与春节的庆祝活动，中小学生可以学习到关于家庭团聚、感恩祖先的传统价值观，这些体验有助于他们理解和欣赏中华文化的独特性和重要性。社区节日活动和传统习俗为中小学生提供了与长辈互动和学习的机会。在这些活动中，长辈通过向中小学生讲述历史故事、传授文化知识和技能，不仅传承了文化遗产，也加强了代际联系。这种传统的传递方式能够使中小学生从家庭和社区中获得文化教育，增强他们对本土文化的归属感和认同感。

社区节日活动和传统习俗有助于培养中小学生的文化自豪感。当中小学生参与富有意义的文化活动，体验中华文化的独特性时，他们会对自己的文化背景产生自豪感。这种自豪感是文化认同感形成的重要部分，它鼓励中小学生成为本土文化的积极传播者和保护者，积极参与文化的保护和发展。通过与社区成员共同庆祝节日和参与习俗活动，中小学生学会了如何在社会中与他人互动，学会了理解和尊重社会规范和文化传统。这种社会经验对中小学生的个人成长和社会适应能力有着积极影响。

2.有助于增强中小学生的社会归属感和文化自豪感

中小学生在社区传统节日的活动中不仅能够体验到中华传统文化的魅力，还能够加深对这种文化的认同。这种认同感和归属感是中小学生形成积极社会身份和文化自觉的重要基础，对于他们的心理健康和社会适应具有深远影响。通过共同庆祝、体验社区节日活动和传统习俗，中小学生增强了与社区成员之间的联系。在这些活动中，中小学生可以与家人、朋友和邻里共享欢乐时光，共同参与传统仪式，了解传统习俗，从而感受到社区的温暖。这种共享的经历不仅加深了中小学生对社区的归属感，也让他们在社区文化的实践中找到了自己的位置，加强了他们的社会归属感。

社区节日活动和传统习俗有助于中小学生发现和欣赏中华文化的独特性和价值。通过参与这些活动，中小学生能够亲身体验中华传统文化的丰富性和深度，了解文化背后的历史和故事，以及文化传承的重要性。这种深入的文化体验和认识能够激发中小学生对中华文化的自豪感，促使他们以积极的态度继承和发展中华文化，成为文化传承的积极参与者。社区节日活动和传统习俗通过强化文化认同，促使中小学生建立积极的身份认同，认可自我价值。在文化的共享和传承过程中，中小学生不仅学习到了传统价值观和行为规范，也通过自己在文化实践中的角色和贡献，逐渐形成了对自我价值的正面评价和认同。这种自我认同和自我价值感的提升是中小学生发展健康人格和形成积极人生观的关键。

3.促进了中小学生的跨文化交流和理解

在当今全球化的时代背景下，不同文化背景的交流和融合变得尤为重要。社区作为多元文化共存的场所，为中小学生提供了一个理想的平台，让他们能够直接接触和体验不同的文化传统和习俗，从而增进对多元文化的尊重和理解，培养全球化时代所需的跨文化能力。通过参与社区组织的节日庆典，中小学生不仅能够深入了解中华文化的独特性和价值，还能够向他人展示中华文化的魅力和丰富性。这种文化的自我表达和分享，不仅加强了中小学生对中华文化的认同和自豪感，也为拥有其他文化背景的人提供了了解和接触的机会，促进了文化间的相互理解和尊重。

社区通过组织多文化交流活动，鼓励中小学生主动学习和体验其他文化。在这些活动中，中小学生有机会亲身参与其他文化背景的节日庆典，了解拥有不同文化背景人们的价值观念和生活方式，这种亲身体验能够使中小学生有效打破文化障碍，消除对其他文化的误解和偏见。通过这样的跨文化交流，中小学生能够建立起对多元文化的包容心态，认识到文化多样性的价值和重要性。社区在促进中小学生形成跨文化理解的同时，也为他们提供了发展跨文化沟通能力的机会。在与来自不同文化背景的人进行交流和互动时，中小学生需要学习如何有效地表达自己的观点和尊重他人的文化习惯，这种沟通和协作的过程对于培养中小学生的跨文化沟通能力和适应全球化社会的能力至关重要。

4.是中小学生参与社区生活、培养社会责任感的有效途径

社区的传统节日活动不仅是文化传承的重要形式，也是中小学生学习和实践社会责任的实际平台，通过这些活动，中小学生能够深入了解和体验传统文化，积极参与社区发展，同时培养他们的社会责任感和公民意识。与社区成员共同庆祝和纪念的经历有助于他们建立对社区的深厚感情，增强他们对社区文化的认同感。同时，这种参与过程也让中小学生意识到了自己是社区不可分割的一部分，能够使他们为社区贡献自己的力量。

许多社区活动都需要中小学生的参与和贡献，如节日庆典的筹备、文化展览的组织等。在这些活动中，中小学生不仅能够展示自己的才能和技能，还能通过实际行动服务社区，如志愿服务、社区美化项目等。这些活动不仅丰富了中小学生的社会实践经验，也让他们在服务中理解和践行了社会责任，增强了他们的社会参与意识和公民责任感。在筹备和参与活动的过程中，中小学生需要与社区成员、同龄人合作，共同解决问题，这不仅有利于提升他们的沟通能力、组织协调能力，也有利于他们建立积极的人际关系，学习如何在多元文化背景下进行有效合作。这些社会技能的掌握，对于中小学生未来在社会中的适应和成功具有重要意义。

（二）社区文化多样性对中小学生价值观形成的影响

随着全球化的加速和社会的多元化，中小学生生活的社区常常融合了来自不同背景的文化元素，这种多样性不仅丰富了中小学生的生活环境，也对其价值观的形成产生了深远的影响。社区文化多样性通过提供广阔的视角、促进开放的思维、增强跨文化的理解和尊重等途径，对中小学生的成长和价值观塑造具有积极的促进作用。在多元文化的社区环境中，中小学生有机会直接体验不同文化的节日庆典、饮食习惯、艺术表现形式等，这种亲身体验不仅增加了中小学生的知识储备，也使他们意识到了世界的广阔和多样。通过与拥有不同文化背景的人交往，中小学生学会了欣赏文化差异，理解了不同文化之间的共性与特性，建立起

了更加开放、包容的世界观。

社区文化多样性促进了中小学生开放和包容思维方式的形成。在多元文化的影响下，中小学生被鼓励保持好奇心和探索精神，对不同的观点和生活方式持开放态度。这种多元文化环境要求中小学生在认识世界和形成价值观时，不仅要考虑自身的文化背景，也要尊重和理解他人的文化立场，从而培养跨文化交流和合作的能力。开放和包容的思维方式对于中小学生形成平等、尊重和合作的价值观至关重要，这种思维方式也是其未来在全球化社会中成功交往的关键。

社区文化多样性增强了中小学生的跨文化理解和尊重。通过参与多元文化的交流和活动，中小学生不仅能够认识文化差异，更重要的是能够学会从不同文化的视角看待问题，理解和尊重文化差异背后的深层价值和意义。这种跨文化的理解和尊重是构建和谐社会的基石，也是中小学生形成正义、公平和人权等普遍价值观的重要途径。通过学习和实践跨文化交流的原则和技能，中小学生能够更好地适应全球化的世界，成为促进文化多样性和践行社会包容性的积极力量。

二、社区艺术与手工艺工作坊

（一）艺术教育在中小学生创造力培养中的作用

社区提供的艺术教育不仅可以让中小学生学习到具体的艺术技能，更重要的是，可以让他们在艺术创作的过程中激发个人的想象力和创新思维，从而培养出强大的创造力。社区艺术教育为中小学生提供了一个自由表达和探索个性的空间，有助于他们发现自我、表达情感，并通过艺术作品与他人进行交流。艺术活动往往不受传统学科知识的限制，给予了中小学生广泛的探索空间和自由表达的机会。在艺术创作过程中，中小学生需要运用自己的想象力来构思作品，这种过程鼓励他们跳出常规思维，探索新颖的表现手法和创作理念。此外，解决在艺术创作中遇到的问题也需要中小学生运用创新思维，寻找创造性的解决方案，从而在实践中不断提升自己的创造力。

艺术是情感表达的重要途径，通过艺术创作，中小学生可以将自己的感受和想法转化为具体的艺术形式，这不仅有助于他们更好地理解自己的内心世界，也有助于他们增强自信心和自我效能感。同时，参与集体艺术活动还能够让中小学生在合作中学习如何进行沟通和协作，通过共同完成艺术项目，他们能够学会倾听他人的意见、尊重不同的观点，培养团队合作精神。通过接触和欣赏不同类型的艺术作品，中小学生可以增长见识，提升自己的审美鉴赏能力。艺术教育还常常涉及对艺术史和文化背景的学习，通过接受艺术教育，中小学生能够了解艺术作品背后的文化意义和社会价值，从而提升自己的文化素养和跨文化理解能力。

（二）手工艺活动对中小学生细致观察能力和耐心的培养

通过参与编织、陶艺、木工等手工艺制作，中小学生能够在实践中学习到对细节的关注、精细操作的技巧以及面对复杂任务时的耐心和坚持。社区开设的手工艺工作坊提供了一个理想的环境，能够让中小学生在探索和创作的过程中，自然而然地发展这些重要的个人品质。手工艺活动要求中小学生对作品的每一个细节都要精心打磨和雕琢，这一过程能够使他们显著提高观察力。在制作手工艺品的过程中，中小学生需要仔细观察材料的性质、颜色的搭配以及作品的整体结构，这不仅能够帮助他们精确地执行工艺流程，也能够让他们在实践中学会从细节中发现美。这种对细节的关注不仅限于手工艺活动本身，更能够在中小学生的学习和日常生活中发挥积极作用。

手工艺活动的完成往往需要较长时间的专注和努力，这有助于培养中小学生的耐心和持之以恒的品质。与即时满足相比，手工艺品的制作过程充满了不确定性和挑战，中小学生需要一遍又一遍地尝试和改进，直到作品达到满意的效果。这种过程教会了他们面对困难和挫折时不轻言放弃，而是通过不断的努力和尝试来克服问题。这种耐心和坚持不懈的精神，对于中小学生的个人成长是极其宝贵的财富。手工艺活动还能够促进中小学生的社会交往和团队合作。在社区手工艺工作坊中，中小学生有机会与同龄人一起参与项目，共同解决在制作过程中遇到的问题，这不仅增强了他们的沟通和协作能力，也让他们在共同创作的过程中建立了深厚的友谊，学会了如何相互尊重。通过这种社交活动，中小学生能够获得团队合作的经验，为日后的社会生活打下基础。

三、社区志愿服务活动与中小学生的全面成长

社区志愿服务活动为中小学生提供了一个宝贵的学习和成长平台，

通过参与各种志愿服务，中小学生不仅能够为社区贡献自己的力量，还能够在这一过程中获得全面的个人发展。这些活动能够有效促进中小学生的社会责任感、团队协作能力、人际交往技能以及对社会问题的理解和关注，对中小学生的全面发展具有深远的影响。

（一）能够培养中小学生的社会责任感

通过参与环境保护、帮助弱势群体、进行社区清洁等多样的志愿服务项目，中小学生不仅能够直接感受到自己的行为对社区和他人生活带来的积极影响，也能够深刻理解作为社会成员应承担的责任和义务，从而在实践中培养和强化自身的社会责任感。

1.能够让中小学生直接参与社区建设和社会服务

社区志愿服务活动能够使中小学生直接面对社会问题，并通过实际行动参与解决问题的过程。无论是参与环境保护，还是进行社区清洁，这种亲身体验对于中小学生认识社会、理解社会责任的重要性具有不可替代的作用。社区志愿服务能够使中小学生更加深刻地体会到为社区和社会作贡献的价值和意义。通过自己的努力为社会带来正面的影响，中小学生能够体验到帮助他人和服务社会的满足感和成就感，从而进一步增强他们的社会责任感和公民意识。

2.为中小学生提供了学习和成长的机会

在社区志愿服务活动中，中小学生能够通过实际行动为社会贡献自己的力量，更在服务的过程中获得了个人能力的发展和心理成长的促进，从而全面提升了自身的素质和能力。在参与社区服务的过程中，中小学生需要与不同的人群交流合作，解决实际问题，这不仅能够增强他们的沟通技巧和团队协作能力，还能够使他们学习到项目管理、事件策划等实用技能。通过这些活动，中小学生可以更好地了解社会运行的规则和机制，增加自己的社会经验，为将来的社会生活和职业发展打下坚实的基础。

在志愿服务过程中，中小学生可能会遇到各种挑战和困难，既如何有效沟通、如何解决突发事件、如何调动团队成员的积极性等。通过积极面对和解决这些问题，中小学生能够培养坚忍不拔的意志和克服困难的能力，提高自我效能感，增强面对生活挑战的信心。中小学生通过社区志愿服务活动能够帮助他人、服务社会，可以体验到服务带来的成就感和幸福感，理解个人价值的实现不仅仅源于个人成功，更在于自身对社会的贡献和对他人的帮助。这种经历有助于中小学生树立积极向上的人生态度和价值追求，形成全面发展的人格。

（二）是中小学生拓展人际交往网络的良好途径

社区志愿服务活动不仅是一种社会服务形式，也是中小学生拓展人际交往网络的重要途径。在这些活动中，中小学生有机会与来自社区的其他成员、志愿者及服务对象进行互动和交流，从而建立新的社交联系，增加社会经验。这种多元化的人际交往对于中小学生的社会化过程具有重要意义，能够促进他们社会适应能力、沟通能力和团队协作能力的发展。

社区志愿服务使中小学生能够接触到不同年龄、文化和社会背景的人。这种多元文化共存的交流环境有助于中小学生开阔视野，增进对社会多样性的理解和尊重。通过与不同背景的人交往，中小学生能够学习到不同的生活经验，这对于培养他们的文化敏感性和包容性具有积极作用。社区志愿服务活动中的合作和共同任务完成过程，能够增强中小学生的团队协作能力。在为同一个目标努力的过程中，中小学生需要与团队成员沟通协调，共同解决问题，这不仅能够加深他们之间的友谊，还能够培养他们的领导力和责任感。这些技能和品质对于中小学生的未来发展具有积极作用。

社区志愿服务能够帮助中小学生建立正面的社会角色认同。通过为社区和他人提供服务，中小学生能够体验到自我价值实现的满足和为社会作贡献的满足感，这有助于他们形成积极的自我观和社会观。同时，这种正面的社会参与体验还能够激发中小学生未来继续参与社会服务活动的热情，形成持续的社会参与行为。社区志愿服务为中小学生提供了一个自我展示和自我提升的平台，在参与服务活动的过程中，中小学生能够展现自己的能力和才华，也有机会学习新的知识和技能。这种自我提升的机会不仅有助于中小学生提高自信心，还有助于进他们的个人成长和发展。

第六章　搭建家校社协同育人的对话机制

第一节　家校社协同育人模式构建

在现代教育体系中，家庭、学校和社区协同育人是基于一个共享的愿景，旨在建设一个全员参与、多方共育的教育共同体。这种模式突破了传统教育的界限，通过整合各方面的教育资源和力量，形成了一个有机、动态和互补的教育系统。在这一教育模式下，家庭、学校和社区要充分发挥各自在教育过程中的独特作用和功能，就要探索和发展高效的合作模式，以增强合作意识和共同行动的能力，而且各方要在教育目标和实施方法上达成共识，共同努力，实现互利共赢的教育效果。

成功实施家校社三结合的教育合作体系，需置于整体的教育功能观、服务观和合作观之下。这种教育合作不是简单的组织性联系，而是一个复杂的、动态的互动系统，其中，家庭、学校和社区三者不仅是彼此独立的单元，更是在教育过程中相互作用、相互影响的统一体。这种系统通过三方要素的共同作用和相互渗透，形成了一个正向的合力，有效提升了教育质量和效果。

为了实现这一目标，各方必须调动和利用各自的教育资源，激发内在的教育潜能，以志同道合、一致行动的精神共同努力。这不仅包括在教育目标和策略上的一致性，也包括在执行过程中的相互激励、竞争和监督，确保教育活动能够全面、连续、有序地进行。通过这样的共同努力，家庭、学校、社区可以构建一个全员参与、全过程覆盖、全方位展开的大教育模式，确保每个环节都有人关注、每个角落都有人关怀、每时每刻都有人付出关心。这一模式的成功实施将使对中小学生的教育成为一个社会广泛参与的活动，不仅仅局限于学校的课堂、家庭的居家环境，或是社区的公共空间，而是在这三者之间形成了一个无缝连接、相互支持的教育网络。在这个网络中，每个中小学生都能感受到来自社会各界的关注和支持，从而在一个充满爱和关怀的环境中健康成长。

一、家校社合作的理论基础

美国霍普金斯大学的爱普斯坦教授提出了交叠影响域理论，强调家庭、学校和社区之间的关系。[①]交叠影响域理论以关怀、关爱为中心，连接了家庭、学校、社区三个不同角色，是一种全新的生态系统与实践模式。三者频繁、高效的良性互动形成了叠加效应，进而培养了学生的学习能力、合作意识和创造性思维，促进了学生自由而全面的发展。该理论认为，学校、家庭和社区三者相互作用，并通过各自或联合的努力对中小学生的学习和成长产生影响。这种理论强调了教育过程中这三个主要因素的协同效应，认为每个因素都不是孤立存在的，它们相互依赖，共同塑造了中小学生的发展轨迹，如图6-1所示。

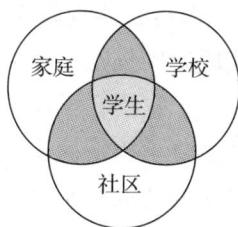

图6-1 交叠影响域理论模型

在交叠影响域理论框架内，学生被置于家庭、学校与社区三者重叠的核心区域。在这一模式中，学生既是教育活动的承接者，也是家校社合作的主动参与者。他们的行为和态度能够对家校社之间的沟通与合作起到决定性的作用。如果学生能够积极参与，将大幅提高教育活动的执行效率和家校社合作的成果；反之，他们若持消极态度或表现出负面行为，则可能阻碍这些合作的有效进行。因此，学生的行为和态度对于实

---

① 卫沈丽.美国"家长参与"政策批判研究[M].北京：光明日报出版社，2019：180.

现教育目标及促进家校社之间的协作至关重要。

交叠区代表了家庭、学校和社区在教育目标和措施上形成的共同区域，标志着三者在教育实施中的协作互补。这一模式允许三者对教育资源进行更高效的配置，从而共同促进学生的全面成长。此种合作方式突出了协作的动态交互性，注重在教育过程中互动与反馈的核心作用。在这一框架下，家庭主要提供情感的温暖和教育的基础，学校则承担系统教育和知识教授的职责，而社区则成为扩展学习资源和提供实际操作的平台。

"家庭般的学校"与"学校般的家庭"这两个概念描绘了一种高度融合且有效的家校合作模式，在这种模式中，家庭与学校界限变得不那么明显，共同担负起了教育学生的责任。在此模式中，学校超越了传统教育的范畴，更加注重满足学生的个人需求，提供类似家庭的关怀与支持，努力营造一个温馨和具有支持性的学习环境。同时，家庭也更积极地参与学校的教学和决策过程，与学校紧密协作，确保教育活动与家庭教育有效衔接。在这种合作中，学校常常发挥协调和领导作用，不仅确保教育合作的内容和方向与教育目标相符，而且通过举办各种高质量的互动活动，不断扩展合作的范围和深度，实现教育效果的最优化。

非交叠区在交叠影响域理论中描绘了家庭、学校和社区在中小学生教育中扮演的独立角色，显示了它们在学生成长过程中的独特和不可替代性。在这一区域中，家庭主要承担情感支持和基础社会化的职责，旨在为孩子提供一个充满爱与安全的成长环境，促进他们在情感上的成熟与稳定。学校则在学术教育和认知能力的培养上集中力量，通过有组织的课程和教育活动，发展学生的批判性思维和解决问题的能力。社区通过提供各类社交活动和公共参与机会，帮助中小学生实践和提升社交技能，加强他们的社会责任感和公民意识。这三个独立领域虽然聚焦不同的发展方面，但在协同作用下构成了一个全面支持中小学生成长的综合体系。

二、家校社合作的实践模式

（一）以尊重家庭为基础的家校合作

作为个体接触到的第一种形式的教育，家庭教育不仅奠定了基础，还为个体的后续学习和发展指明了方向。在整个教育体系中，家庭教育是最根本的一环，可以视为教育活动的起源和核心，它是所有教育活动的基础，在教育过程中发挥着无可替代的作用。通过家庭教育，个体不仅学会了基本的生活技能和社会规范，还形成了初步的世界观和价值观。但家庭教育不是孤立的，它是现代教育体系的重要组成部分，与其他教育形式相结合，可以发挥出更大功用。

1.家长在抓好子女家庭教育的同时，也要加强同学校的联系

在协同育人模式中，家庭教育的基础地位不可动摇，家长作为学生教育的首要责任人，需要在抓好子女家庭教育的同时，积极与学校建立紧密联系，营造有利于学生成长的环境。这种联系不仅包括基本的信息交流，更涉及家长在学校教育管理和活动中的参与，以及通过家校合作提升家庭教育的科学性。

第一，家长需要通过多种渠道与学校保持有效沟通。家庭与学校之间的有效沟通和密切合作对于促进学生的全面发展至关重要。为了实现这一目标，家长需要通过多种渠道与学校保持有效沟通，确保信息的流通畅通无阻，进而形成教育的合力。家长与学校之间的有效沟通可以通过电话、电子邮件或家校联络簿等多种方式实现。这些沟通工具使家长可以及时了解学生在学校的学习情况、行为表现和遇到的困难，为家长提供了向学校反馈学生家庭学习情况和心理状态方面信息的渠道。通过这样的沟通，家长与教师可以及时交换对学生教育和成长的看法和建议，共同为学生制订更为个性化和有效的教育计划。

积极参与学校组织的家校活动，加强家长与学校之间的联系，这不仅为家长提供了与教师面对面交流的机会，还能使家长深入了解学校的教育环境、教育理念以及学生在学校的具体学习和生活情况。参与家长会、亲子活动等不仅能增进家长对学校的了解和信任，也是家长支持学校教育、参与学生教育过程的体现，有利于构建积极的家校合作关系。家长在与学校沟通和合作的过程中，不应仅仅被动接收信息，而应积极提供反馈和建议。家长可以通过参与家长咨询委员会、家长联合会等组织，参与学校的管理和决策过程，为学校的教育教学活动提出建设性的意见。家长的这些参与和反馈不仅能够增强学校教育的针对性和实效性，也是家长履行教育责任、关注和参与孩子成长的重要方式。

第二，家长可以通过参与家长咨询委员会、家长联合会等机构，参与学校的管理和决策过程，为学校的发展献计献策。家长的参与不仅有利于加强家校联系，还有利于促进家庭教育与学校教育的有效对接，从而为中小学生提供一个更加协调的成长环境。家长通过参与家长咨询委员会、家长联合会等机构，能够直接参与学校管理和决策过程。这种参与机制为家长提供了一个平台，让他们能够了解学校运行的内部情况，包括教育目标、教学活动、学校政策等。更重要的是，家长能够在这个平台上发声，提出自己的见解和建议，这些反馈对学校来说极具价值，有助于学校在教育教学策略、学生管理、家校合作等方面做出更加符合学生及其家庭需求的调整。

参与家长咨询委员会和家长联合会等机构的过程中，家长不仅是学校政策和决策的参与者，也是学校文化和教育理念的传播者。他们能够将学校的教育理念和文化带回家庭，增进家庭教育与学校教育的一致性，为孩子营造一个连续统一的教育环境。此外，家长的这种参与还能增强家长对学校教育的信任和支持，建立起家校之间基于共同教育目标的伙伴关系。家长参与学校管理和决策的过程也是一种互学互助的过程，家长在参与中能够获取新的教育信息和知识，提升自己的教育理念和方法。同时，家长的参与也为学校提供了来自家庭和社会的多元视角，有助于学校教育活动的创新和改进，使学校教育更加贴近学生实际，更能满足学生和家庭的需求。

第三，家长还可以通过志愿服务等形式，为学校提供直接的支持。志愿服务是家长参与学校活动的一种直接且有效的方式。家长可以通过参与学校组织的各类志愿活动，如课外辅导、学校美化、活动组织等，为学校提供实质性的支持。这种参与方式不仅能为学校带来额外的人力资源，还能让家长更加深入地了解学校的运作模式和教育理念，从而增强家长对学校的信任和归属感。同时，家长的这种实际行动也向孩子展示了积极参与社区和学校事务的重要性，有助于树立孩子的社会责任感。

家长通过志愿服务等方式参与学校活动，是家校合作模式的重要体现。这种合作不仅限于资源的共享和交换，更重要的是通过合作传递正确的价值观念，共同肩负起教育下一代的责任。家长的这种积极参与不仅能直接丰富学校的教育资源，美化学校的教育环境，还能通过家校之间的紧密联系，构建一个更为开放、互助、共育的教育生态系统。

第四，为了更有效地参与孩子的教育过程，家长还需要不断提升自身的教育知识和教育能力。家长作为孩子的第一任教师，是连接家庭和学校的重要桥梁。为了更有效地参与孩子的教育过程，家长需要不断提升自己的教育知识和教育能力，这对于孩子的全面发展具有至关重要的作用。教育知识和能力的提升使家长能够更好地理解当前的教育理念和教育趋势，为孩子提供与时俱进的教育支持。随着教育领域的不断发展和变化，新的教育理念、方法和工具层出不穷，家长通过参加学校举办的教育讲座和培训班，可以系统地获取这些新知识，更加科学地指导孩子的学习和成长，避免因陈旧的教育观念误导孩子。提升教育能力有助于家长更有效地解决家庭教育中遇到的问题，如亲子沟通、学习习惯的培养、心理健康的指导等。家庭教育中遇到的问题多种多样，家长通过学习可以掌握更多的解决问题的策略和方法，从而更加从容地应对家庭教育中的挑战，与中小学生建立更为和谐的亲子关系。

家长教育能力的提升也是实现家校合作的重要前提。只有当家长具备足够的教育知识和能力，才能更有效地与学校进行沟通和协作，共同为中小学生的成长提供支持。通过参与学校的家长会、家教工作坊等活动，家长不仅可以增进对学校教育环境和教育活动的理解，还可以在这一过程中提出自己的见解和建议，为学校的教育教学提供有价值的反馈。不断提升教育能力的家长可以成为社区中的教育资源，通过自身的经验和知识帮助其他家庭解决教育问题，促进社区教育资源的共享和优化。这种以家庭为单位的教育力量的聚集，将进一步强化家庭、学校与社区三者之间的教育合力，构建一个更加和谐、高效的教育生态系统。

2.家长要重视社区教育对子女成长的影响

社区作为家庭和学校之外的第三个生活空间，其教育资源丰富、形式多样，对于中小学生的全面发展和社会化进程有着积极的促进作用。因此，家长在重视家庭教育和加强与学校联系的同时，还应充分认识到社区教育对子女成长的重要影响，并积极引导中小学生融入和利用社区资源。

社区教育为中小学生提供了丰富的社会实践机会。通过参与社区组织的各种活动，如社区服务、文化艺术展演、科技创新竞赛等，中小学生不仅能学习到书本以外的知识，还能在实践中培养自己的社交能力、团队合作能力和公民责任感。这些经验对于中小学生理解社会、融入社会具有重要意义。在社区生活中，中小学生能够直接观察和参与社会互动，通过与不同年龄、不同背景的社区成员交往，中小学生可以学习到社会的多样性和包容性。家长可以通过引导中小学生参与社区活动、讨论社会新闻事件，帮助他们学习如何从不同角度观察问题，培养他们的批判性思维能力和正确的价值观。

社区教育还能为中小学生提供一个相对安全的探索环境。与学校相比，社区环境更为宽松自由，他们可以在这里尝试不同的活动，探索个人兴趣和潜能。家长应鼓励中小学生利用社区资源，如图书馆、科技中心、体育设施等，自主学习和发展个人特长，这对于中小学生的自我认知和自信心建立非常有益。家长自身的社区参与对中小学生同样具有示范作用。家长应该积极参与社区建设、志愿服务等活动，积极带领中小学生参与社区的各类活动，特别是公益性活动和社会服务活动，注意培养中小学生的社会服务意识和社会实践能力等，这不仅能提升家长自己的社会责任感，还能向中小学生展示积极向上的社会参与态度，从而激发他们的参与热情。

（二）坚持以学校教育为主导，兼顾家庭和社区教育

在构建家庭、学校与社区的教育合作模式时，必须突出学校教育的主导地位。这意味着，学校不仅要承担其本身的教育职责，还应主动拓展其影响力，与家庭教育和社区教育形成有效的互动和补充。通过这种方式，学校教育成为连接家庭和社区的桥梁，有利于促进各方资源的整合和优化利用。学校应充分利用自身优势，主动向家庭和社区提供支持和服务，共同为中小学生的全面发展创造有利条件。

1. 增强意识，大力推进学校信息公开工作

在构建家庭、学校与社区协同育人模式时，学校信息公开是确保协同育人顺利实施的条件之一。学校信息公开工作的目的在于促进学校、家庭、社区等多方面的相互理解和信任，建立透明、开放的教育环境。

第一，学校信息公开能够促进家庭与学校的互动和沟通。学校信息公开不仅体现了教育的透明度，也是促进家庭与学校互动和沟通的重要

桥梁。在协同育人模式中，学校信息公开对于构建家校合作的良好环境具有至关重要的作用。学校信息公开可以帮助家长全面了解学校的教育政策、教育资源、教学质量及中小学生在学校的学习和生活状况。学校信息公开不仅能增强家长对学校教育活动的信任和支持，还能让家长更有针对性地参与中小学生的教育过程。例如，家长了解了中小学生在学校的学习进度和存在的问题后，可以在家庭环境中进行具有针对性的辅导和支持，与学校形成教育的合力。学校信息公开能够增加家长参与学校管理和决策的机会，发挥家长在学校教育活动中的积极作用。家长不仅是教育的受益者，也应成为教育活动的参与者。通过参加家长会、家长委员会等形式，家长可以对学校的教育政策、教学安排提出自己的意见和建议，促进学校教育的持续改进和发展。学校信息公开还有助于维护家校之间有效的沟通渠道，解决家校沟通中的信息不对称问题。在协同育人模式下，家校沟通不应局限于传统的家长会这一单向的信息传递方式，学校应通过网站更新、电子通信、社交媒体等多种渠道，及时向家长提供学校的最新动态、教育资源和学生的学习情况，确保信息的及时性和准确性。学校信息公开还能够促进家庭教育与学校教育的有效衔接。家长对学校教育活动的充分了解，有助于家庭教育与学校教育之间形成互补和支持，共同促进孩子的全面发展。例如，家长在了解学校的课程设置和教学重点后，可以在家庭教育中有针对性地进行辅导，对学校教育内容进行巩固和延伸。

第二，规范和完善的信息公开制度可以增加学校的公信力和社会责任感。信息公开不仅能够提升学校的公信力，还能够加强学校对社会责任的认知和承担，形成一个互信、互助的教育生态环境。规范和完善的信息公开制度能够确保学校决策的透明度，所有教育活动、管理决策以及学校发展规划均在公众监督之下进行，这不仅能够提高学校运作的效率和公正性，也能够减少错误和不公行为的发生。例如，公开招生信息和收费标准能够有效避免招生过程中的不公平现象，保证每个学生都有平等的教育机会。学校信息的公开可以增强学校与家庭、社区之间的沟通和合作。当学校的基本情况、教学资源、学生服务等信息对家庭和社区公开时，可以帮助家长和社区更好地理解学校的教育理念和教育质量，从而信任和支持学校。这种信任是家校合作的基础，有助于形成教育合力，共同促进学生的全面发展。

通过信息的公开，学校可以主动承担社会责任，积极回应社会关切。当前社会，公众对教育的关注度日益增加，学校作为教育的主体，应当主动公开教学成果、学生发展情况以及学校的社会服务项目等，以展示学校的社会价值和贡献，增强公众对学校教育的信心。规范和完善的信息公开制度也是学校自我提升和自我完善的过程。在社会的监督和评价下，学校能够及时发现自身存在的问题，不断优化教育教学活动，提高教育教学质量。这种开放的态度和不断进步的过程，最终将促进学校教育质量的整体提升，使学校形成良好的教育生态。

第三，学校信息公开还有助于社区对学校教育的参与和支持。学校信息公开极大地促进了社区对学校教育的参与和支持。社区的参与为学校教育注入了新的活力，为学生的多元发展创造了更加广阔的空间。学校信息的透明化有助于社区全面了解学校的教育资源、教学成果和发展需求，从而精准地为学校提供支持。社区拥有丰富的文化、艺术和体育资源，通过与学校的信息共享和沟通，社区可以根据学校的教学需求，提供场地资源、专业人才或特色活动支持。这种资源共享不仅丰富了学校的教育内容，也为社区成员参与学校教育活动提供了平台，促进了社区与学校的紧密联系。

社区对学校教育的参与和支持，还能够促进学校教育内容的多元化。社区的参与可以引入更多的实践活动、社会实践机会，使学生能够在真实的社会环境中学习和成长。此外，社区文化和社会问题的引入，也能够丰富学生的社会知识，增强其社会责任感和公民意识。社区的支持还能够为学校提供更多的外部评价和反馈，有助于学校持续改进教育教学工作。社区成员作为学校教育的受益者和评价者，其反馈能够为学校提供重要的参考，帮助学校优化教育方案，提高教育质量。

第四，学校信息公开要确保信息的及时更新和准确性。确保信息的及时更新和准确性成为学校信息公开工作的核心。学校需要建立和完善信息公开的制度机制，明确哪些信息需要公开、公开的具体内容、公开的频率以及公开的方式方法。这一制度机制的建立不仅能够保障信息公开的有序进行，还能够确保信息的准确性和时效性，避免因信息滞后或不准确而导致的误解和信任危机。学校在发布任何信息之前都需要进行仔细的审核和确认，确保所有对外公开的信息都是真实、准确无误的。信息的准确性直接关系到学校的公信力，一旦发布的信息出现错误，不仅会影响学校形象，还会损害家长和社区成员的利益。

及时更新信息也是学校信息公开工作的重要一环。学校应定期更新公开信息，特别是对于一些变动性较大的信息（如学校活动安排、教学计划等），需要保持及时更新，以便家长和社区成员能够及时获得最新信息。此外，学校还应在突发事件发生时，及时通过有效渠道公开相关信息和处理进展，以减少不确定性带来的焦虑和猜测。随着信息技术的发展，除了传统的家校联络簿、公告板等方式，学校网站、微信公众号、校园 APP 等新媒体平台成为信息传播的重要渠道。多样化的信息发布渠道不仅能扩大信息的覆盖面，还能满足不同人群的信息获取习惯，提高信息公开的有效性。

2.应加大对家庭和社区教育的理论与方法支持

第一，学校应通过各种渠道向家庭提供教育知识支持。通过各种渠道的有效沟通与交流，学校能够确保家庭教育与学校教育的理念和方法相一致，共同促进中小学生的全面发展。学校应主动向家庭传递教育的最新方针政策，介绍正确的教育方法，并就家庭教育中可能遇到的问题提供专业的解答。这不仅能够帮助家长建立正确的教育观念，还能够提高家长解决问题的能力，从而使家庭教育更加科学、有效。学校应利用家长会等平台，与家长共同探讨教育经验，通过这些活动，学校可以为家长提供一个学习和交流的场所，使家长能够在实践中不断提高自身的教育水平。同时，家长之间的交流也能够形成互助互学的良好氛围，共同推动家庭教育的发展。

学校应通过制定家校联系手册、开设家校联络渠道等方式，加强与家长的日常沟通。通过这些渠道，学校能够及时了解家庭教育的实际情况，为家长提供个性化的指导和支持；反之，家长也可以通过这些渠道反馈中小学生在家庭中的学习和生活情况，使学校教育更加贴近学生的实际需要。学校还应通过开展社区教育项目，将教育科学知识向更广泛的社区成员传播。通过举办社区讲座、开设工作坊等形式，学校可以向社区及家庭普及科学教育知识，提升社区及家庭的教育水平。这种向社区延伸的教育服务不仅能够提高社区及家庭的教育能力，还能够形成社区、家庭支持学校教育的良好氛围。

第二，学校应与家长建立全面且深入的交流，这不仅是信息传递的简单过程，更是一种共同参与、协作解决问题、共同促进中小学生全面发展的过程。学校作为教育的主导方，应采取主动、开放的态度，与家长建立全方位、多层次的沟通机制，确保教育活动的有效性和教育目标的实现。学校通过家校联系簿、家长会、家访、家校互动平台等多种渠道，可以及时向家长传达学校的教育方针、课程设置、学习进度以及中小学生在学校的表现和需求。反之，家长也能够通过这些渠道反馈中小学生的学习状态、家庭教育情况以及对学校教育的意见和建议。学校与家长之间的交流应涵盖中小学生的全面发展，不仅应包括学业成绩和学科知识的学习，还应关注中小学生的心理健康、人际交往、兴趣爱好等方面。学校应为家长提供关于如何支持孩子全面发展的科学指导和建议，帮助家长正确理解和应对孩子成长过程中可能遇到的问题。

学校需要与家长共同制订教育计划，这要求学校在制订教学计划和确定课程安排时充分考虑学生家庭成员的意见和需求，确保教育内容既符合教育标准，又贴近学生的实际情况。通过共同讨论和制订教育计划，家长和学校可以形成一致的教育目标和教育方法，为孩子提供一致的教育环境。学校应建立有效的反馈和评估机制，定期向家长报告学生的学习进展和成长变化，同时收集家长对学校教育活动的反馈和建议。通过这种定期的反馈和评估，学校和家长可以及时发现并解决教育过程中的问题，确保教育活动的质量和效果。

第三，学校应加强与社区之间的联系和配合，这能够极大地拓宽学生的学习和实践领域，促进其社会责任感和社会实践能力的提升。为此，学校应积极探索与社区的合作模式，充分利用社区资源，为学生提供一个更加丰富多彩的学习和成长环境。学校与社区之间的合作应建立在相互支持、共同发展的基础之上。学校可以通过与社区组织、机构及居民建立稳定的合作关系，共同策划和组织各类教育活动和社区服务项目，这些活动不仅能够让学生在实践中学习社会知识，了解社会规则，还能促进学生社会适应能力和人际交往能力的提高。学校应主动利用社区的教育资源，为学生提供多样化的学习机会。社区内的图书馆、博物馆、科技中心、艺术展览等都是宝贵的教育资源，组织学生参观学习，不仅可以拓宽学生的知识视野，还能激发他们的学习兴趣和探索欲。此外，社区的自然环境和社会环境也为学生提供了实践学习的良好场所，学校可以通过组织户外教学、社区调查等活动，让学生在亲身体验中获得知识和技能。

学校应鼓励和支持学生参与社区服务，培养其社会责任感。通过参与社区清洁、助老帮困、环境保护等志愿服务活动，学生不仅能学习到合作与服务的价值，还能通过实际行动对社区作出贡献，从而增强自我价值感和成就感。学校与社区的合作还应注重家庭的参与，形成教育合力，家长作为社区的一员，其参与不仅能加强家校联系，还能增强家庭成员对社区的归属感和参与感。学校可以通过组织家庭教育讲座、家庭日活动等形式，鼓励家长参与子女的教育过程，促进家长对社区文化活动的了解和参与。

3.充分发挥纠错功能

学校教育的纠错功能主要涉及预防和解决家庭与社区可能对中小学生成长带来的负面影响。这一职能的有效实施，直接影响中小学生的健康成长并培养出正确的价值观和世界观。通过深入理解家庭和社会的正负面影响，并与之紧密配合，学校能够通过进行预防性教育和及时纠正，最小化负面因素的影响。同时，学校需要通过各种教育活动，积极引导学生形成积极的生活态度和行为习惯，确保中小学生在健康的环境中成长，形成健全的人格，树立社会责任感。

第一，学校需要深入了解家庭和社区对学生成长的影响。在协同育人模式中，学校教育不仅要致力传授知识和技能，更要深入了解家庭和社区对学生成长的影响，并据此采取积极措施。家庭和社区对学生的成长具有复杂的双重作用，既可能提供支持和正能量，也可能带来误导和消极影响。因此，学校在教育过程中应深入分析这些因素，以便更有效地促进学生的全面发展。学校需要通过各种渠道，如家访、社区调研、与家长和社区工作者沟通等方式，深入了解学生家庭环境和社区环境。这种了解应包括家庭的教育观念、家庭成员间的相互作用、社区的文化氛围、可用的社会资源和风险因素等，以全面把握家庭和社区对学生成长的影响。

学校应与家庭和社区建立有效的合作机制，共同为学生营造积极健康的成长环境。例如，学校可以举办家长教育讲座、设立家庭教育工作坊等，向家长传授科学的教育方法和理念，帮助家长建立正确的家庭教育观念。同时，学校还可以与社区合作，共同开展丰富的文化、体育和社会实践活动，为学生提供积极向上的社区学习和交流平台。面对家庭和社区环境中的消极因素，学校应采取积极措施，引导学生正确理解和应对，这包括教导学生辨识和抵御不良信息，培养学生的批判性思维能力和自我保护意识。同时，学校还应提供心理健康教育和咨询服务，帮助学生处理家庭和社区环境中可能遇到的心理和情感问题，促进学生的心理健康和社会适应能力。

第二，学校应积极开展预防性教育。在当代社会，中小学生面临多元复杂的社会环境，家庭与社区环境对其成长的影响日益增强。学校应积极开展预防性教育，为学生构建一道思想上的防护墙，防止家庭及社会可能为学生带来的消极影响。预防性教育的核心在于提前介入，即在学生受到社会和家庭的消极影响之前，通过一系统的教育活动，为学生打下坚实的思想和行为基础。这种教育方式可以有效地帮助学生构建正确的世界观、人生观和价值观，从而在面对复杂多变的社会环境时，具备较强的判断力、抵抗力和适应力。

学校应通过开展丰富多样的预防性教育活动，如道德教育、法律教育、心理健康教育等，增强学生的社会责任感、法治观念和自我保护意识。这些活动不仅可以让学生了解社会的基本规则，还可以培养学生的公民意识，提高他们的社会适应能力。在日常教学中融入批判性思维的培养，鼓励学生对接收到的信息进行独立思考和判断，不盲目被外界影响。通过案例分析、讨论辩论等教学方法，教师可以激发学生的思考兴趣，培养他们分析问题、解决问题的能力。学校还应加强与家庭、社区的合作，共同为学生提供一个积极向上的成长环境。通过家长会、社区讲座等形式，教师可以向家长和社区成员普及中小学生成长的科学知识，提高他们在教育子女时的科学性和正确性。学校还可以联合社区，为学生提供志愿服务、社会实践等活动，让学生在实践中学习，在服务中成长。

第三，学校应充分利用中小学生的可塑性，对学生的错误观念和行为进行及时的引导和矫正。

对于正处在成长阶段的中小学生来说，他们的思想观念和行为模式极具可塑性。因此，学校教育应充分利用这一特点，及时发现并纠正学生的错误观念和行为，是学校不可推卸的责任。学校教育应建立在科学的教育理念之上，教师需具备高度的责任感和洞察力，能够在日常教学和生活指导中，及时发现学生可能存在的问题，这不仅包括学习上的困难，更重要的是对于学生在形成世界观、人生观和价值观的过程中出现的偏差进行引导和矫正。

为了有效地进行这一过程，学校应采用多种教育手段和活动，如开展主题班会、心理辅导课程、社会实践活动等，这些活动不仅能增强学生的社会责任感和集体荣誉感，还能使学生在实践中锻炼社会实践能力，帮助他们在实际社会环境中树立正确的世界观、人生观和价值观。在这个过程中，教师的角色尤为重要，他们不仅是知识的传递者，更是学生思想上的引导者和心灵导师。教师应通过日常教学和各种教育活动，传达科学的世界观、人生观和价值观，对学生进行个性化的指导和帮助，特别是对于那些在思想或行为上有偏差的学生，教师应给予他们更多的关注和引导。

（三）以社区教育为平台和依托

社区是中小学生成长的重要舞台，它补充了学校和家庭教育的局限，为中小学生提供了丰富的社会实践机会。在社区这个小型社会中，中小学生可以接触到多样化的人群和事件，通过实践学习，拓宽自己的知识视野，拥有成为社会成员的能力。社区不仅是学习的场所，更是中小学生社会化过程的关键平台，它通过创造积极的社会环境和提供多样的实践活动，引导中小学生积极参与社会生活。与此同时，社区教育还与学校教育和家庭教育紧密结合，形成了教育合力，其中，社区教育起到了承接和补充作用，为中小学生的全面成长提供了支持和服务。

1.深化社区教育

第一，社区活动场所的有效整合对于深化社区教育至关重要。社区中的图书阅览室、墙报、板报以及宣传栏等文化资源，不仅是知识的宝库，也是中小学生情感和审美的培养基地。社区应充分利用自身文化资源，通过科学规划和有序整合，将社区建设为中小学生学习知识、陶冶情操、愉悦身心的乐园，从而发挥社区教育在中小学生成长过程中的重要作用。社区文化活动空间的有效整合能够为中小学生提供一个多元化的学习平台。图书阅览室等场所收藏了大量的书籍和资料，覆盖了从科学到文学等多个领域，为中小学生提供了广泛的知识来源和学习机会。这些资源的有效整合，能够激发中小学生的学习兴趣，鼓励他们主动探索和学习，促进其知识结构的全面发展。

社区文化活动空间的整合能够为中小学生提供一个展示自我、实现自我价值的舞台。墙报、板报等形式的文化展示，不仅能够丰富社区的文化生活，更能够使中小学生展现自己的才华、分享学习成果。通过参与这些文化活动，中小学生不仅能增强自信心，还能促进与他人的交流与合作，进而提高自身的社交能力和团队协作能力。图书阅览室、文化展示等活动，不仅能丰富中小学生的精神世界，还能帮助他们建立起正确的世界观、人生观和价值观。通过阅读书籍、参与文化活动，中小学生能够更好地理解社会、认识世界，形成积极健康的心态和人格魅力。

第二，在构建和谐、富有教育功能的社区环境中，挖掘并利用社区内的人才资源，对于提升社区教育质量发挥着至关重要的作用。社区内的老干部、老战士、老专家、老模范、老教师等，他们丰富的生活经验、深厚的知识积累以及崇高的品德风范，是社区教育不可多得的宝贵资源。有效地整合这些资源，不仅能够丰富社区的教育内容，还能够提升社区教育的质量和水平，为中小学生的全面发展提供强有力的支持。社区通过组织相关人员开展讲座、设立工作坊、进行亲身示范，能够直接将他们的知识和经验传授给中小学生。这种形式的教育活动，既能传承和弘扬正能量，又能激发中小学生的学习兴趣，引导他们学习新知识、掌握新技能。

社区人才资源的挖掘对于培养中小学生的价值观具有重要意义。通过与相关人员的互动交流，中小学生不仅能从他们的生活经历和精神风貌中学习到坚持信念、勇于奉献的精神，还能从中获取面对困难不屈不挠、追求卓越的力量。这种教育对于中小学生形成正确的世界观、人生观和价值观起到了积极的促进作用。社区人才资源的有效利用，还能够促进社区文化的传承和发展。社区内的"五老"人员往往是社区文化的传承者，能够将社区的优良传统和文化传递给下一代，使中小学生在认识和尊重传统文化的同时，也能够积极思考如何将传统文化与现代社会相结合，并实现创新发展。

第三，中小学生回社区报到、参与社会实践不仅能够丰富中小学生的社会实践经验，提升其社会责任感和实践能力，还能够促进家庭、学校与社区在中小学生教育中的有效合作，是深化社区教育、促进中小学生全面发展的重要方面。完善中小学生回社区报到、参与社会实践的策略能够有效提升中小学生的社会责任感。中小学生是社会的未来和希望，其社会责任感的养成对于社会的可持续发展至关重要。通过参与社区服务、公益活动等社会实践，中小学生可以直接接触社会，感受社会的温暖与需要，从而逐渐树立起为社会贡献自己力量的意识。

社会实践是中小学生学习知识、培养能力、理解社会、认识自我、提高综合素质的重要方式。通过参与社区的各种活动，中小学生可以将在学校学到的理论知识与社会实践相结合，解决实际问题，提升解决问题的能力和创新能力，从而在实践中成长。社会实践活动为中小学生提供了展示自我、服务社会的舞台，在参与社区服务的过程中，中小学生能够发挥自己的特长和才能，实现自我价值，增强自信心。同时，通过服务社会，中小学生可以增进对社会的了解和感悟，树立良好的公民意识，培养社会责任感，为成为合格的社会成员奠定坚实基础。

2. 净化社区文化环境

第一，加强社区文化活动场所建设，将社区文化活动场所纳入公共文化服务体系建设并坚持公益性原则，意味着这些场所不仅要向所有中小学生开放，而且要免费或提供低成本服务，确保每一位中小学生平等地享受到优质的文化资源和活动。这样的做法有利于缩小社会中的教育资源差距，促进社会公平。社区文化活动场所的建设和运营需要社区、学校、家庭以及更广泛社会力量的共同参与和支持，这包括政府的政策支持和资金投入、社区组织的管理和维护、学校教育资源的整合、家长和志愿者的参与等。各方的共同努力可以构建一个多元化、开放性和互动性强的社区文化活动环境，更好地满足中小学生的发展需求。加强社区文化活动场所的建设还需要注意场所的功能多样化和特色化。每一个社区都有其独特的文化背景和资源优势，因此，场所建设应充分考虑这些因素，设计和提供符合当地中小学生需求和兴趣的特色活动和服务。

这不仅能够增加中小学生对社区文化活动的参与度，也有助于促进社区文化的传承和发展。

第二，政府对中小学生文化活动的支持和引导，是实现社区文化环境净化、推进社区教育质量提升的重要途径。政府应通过制定相关政策，为中小学生文化活动的开展提供必要的支持和保障，这包括但不限于出台专项政策，明确支持中小学生文化活动的目标、范围、资金投入和管理机制等。这些政策的实施，可以确保社区文化活动的丰富多彩和持续，为中小学生创造一个良好的文化成长环境。政府的财政支持是推进社区文化活动、净化社区文化环境的重要保障。政府应投入必要的资金，支持社区建设公共文化设施、举办中小学生文化活动、开展文化创作和研究等，加大校外活动场所建设力度，建好各级各类未成年人活动场所。这些投入不仅能激发中小学生的创新意识和创造力，还能促进中小学生的全面发展，提升社区的整体文化水平。

政府应引导和鼓励社会力量参与中小学生文化活动。政府的引导和支持可以促使企业、非政府组织、文化机构和社会志愿者等共同参与社区文化活动的举办和管理。这种社会化、多元化的参与方式，不仅能丰富中小学生的文化生活，还能增强社区文化活动的影响力和覆盖面。政府应加强对中小学生文化活动的监管和评估，确保活动的质量和效果。通过建立健全的监管机制和评估体系，政府可以及时发现和解决中小学生文化活动中存在的问题，不断提升活动的质量和效益。同时，通过评估活动的实际效果，政府可以更加精准地调整和优化政策措施，更好地为中小学生的文化成长需求服务。

第二节　家校社协同育人的机制保障

建立家校社协同育人的保障机制旨在为中小学生提供一个多元、综合的成长环境，以促进其身心健康、智力开发和社会适应能力的全面提升。在当前社会背景下，中小学生作为国家的未来和希望，其成长的质量直接关系到社会的长远发展和国家的未来竞争力。

第一，保障机制的构建能够满足中小学生发展的多样化需求。中小学生成长包括教育、健康、休闲活动以及社会参与机会等多个方面，这些因素共同作用，能够促进中小学生的全面和均衡发展。因此，一个全面的中小学生成长支持系统必须涵盖这些方面，提供一个支撑中小学生在身心健康、知识获取、社交能力提升等多维度向上成长的平台。通过这样的保障机制，中小学生能够在一个全面支持和促进其多方面能力发展的环境中成长，满足他们在不同发展阶段的需求。

第二，建立家校社协同育人的保障机制有助于提高中小学生教育的质量和效果。在教育领域内，家庭、学校、社区构成了中小学生成长的三大支柱，三者之间的紧密合作与资源整合是中小学生健康成长的重要保证。搭建一个高效的保障机制，不仅能够加强家庭、学校与社区的相互沟通与协作，还能够确保资源的优化配置和利用，为中小学生营造一个包容、多元的成长环境。这样的环境不仅拓宽了中小学生的视野，也极大地丰富了他们的学习和生活体验，从而有效提升了教育的整体质量与实际成效。

第三，建立保障机制有助于预防和解决中小学生在成长过程中可能遇到的问题。在青春期，中小学生面临学业压力、心理健康挑战和人际交往等诸多问题，这些都可能影响他们的健康成长。建立一个全面有效的保障系统，可以为中小学生提供必要的支持和指导；实施早期干预措施，可以有效预防这些问题的发生。这样的机制能够及时为中小学生解决他们遇到的困难，确保他们能够在一个被支持和理解的环境中健康成长，降低负面因素的影响，促进中小学生的全面发展。

第四，建立家校社协同育人的保障机制对于实现社会公平与正义具有重要意义。社会通过提供平等的教育机会和资源，使所有中小学生都能享受到高质量的教育，拥有高质量的发展机会，有助于缩减教育和社会经济之间的差距。家校社协同育人的保障机制不仅为中小学生提供了公平的起点，也为他们打开了通往成功的大门，进而推动社会整体向着更加和谐、稳定的方向发展。通过这种方式，保障机制成为增进社会福祉、实现每个中小学生潜能的关键支撑，确保社会正义得以实现。

一、政策支持与制度建设

（一）建立政策保障机制的基础

《中华人民共和国未成年人保护法》等相关法律法规的贯彻落实是建立政策保障机制的基础，相关法律法规的贯彻落实无疑是保障中小学生权益的根本方式，为构建政策保障机制提供了坚实的基础。这一机制不仅涵盖了中小学生保护的法律依据和政策指导，也涵盖了对中小学生成长有益的社会活动和服务的规范和支持，其目的在于通过制度创新、机制创新以及手段创新，确保法律法规的有效执行，保护中小学生免受伤害，促进其健康发展。

1.法律法规的贯彻落实为未成年人的权益保护提供了法律依据

保护未成年人权益的相关法律的存在和执行，构成了保护中小学生权益的法律基石，为他们提供了一个全方位的保护框架。这些法律法规通过对中小学生应享有的基本权利和保护措施进行明确规定，确立了一个清晰而坚固的法律保障体系，涵盖了中小学生在家庭、学校以及更广阔社会环境中的多维度权益保护。

法律法规确保了中小学生的基本权利不受侵犯，这包括保护中小学生免受任何形式的身体、精神或情感上的虐待，确保他们的生存权、发展权、参与权和受保护权得到全面尊重。特别是在对抗虐待、忽视和剥削等方面，我国法律提供了明确的禁止令和处罚措施，旨在为中小学生营造一个安全的成长环境。法律法规的贯彻落实促进了社会对中小学生权益保护的普遍认识和重视。法律教育和普法活动提高了公众，尤其是家长、教师及中小学生自身对中小学生权益的认识，增强了社会各界保护中小学生的意识和能力。同时，这也鼓励了社会对违反中小学生权益的行为进行监督和举报，形成了全社会共同保护中小学生的良好氛围。

法律法规为中小学生的权益保护提供了司法救济的途径。当中小学生的权益受到侵害时，他们或其代理人可以依法向有关机关投诉或提起诉讼，寻求法律的保护，这不仅为受害的中小学生提供了救济的渠道，也对侵害中小学生权益的行为形成了强有力的遏制。法律法规的贯彻落实还需要结合实际情况进行不断的更新和完善。随着社会的发展和中小学生成长环境的变化，新的保护需求和挑战将不断出现。因此，持续的法律创新和机制创新是确保中小学生权益得到有效保护的必要条件。

2. 法律法规的实施推动了制度创新和机制创新

现代社会，中小学生成长的环境日益复杂，这对中小学生的权益保护提出了新的挑战。应对这些挑战不仅需要依赖现有的法律法规，更需要通过制度创新和机制创新不断提升保护效果。法律法规的实施为制度创新提供了基础框架。随着社会的进步和科技的发展，中小学生的保护需求也在不断变化。不断更新和完善相关法律法规，可以为中小学生的保护工作提供更加全面和具有针对性的法律支持。例如，针对网络欺凌、数据隐私等新兴问题，相关法律法规的更新能够为中小学生提供更具时代性的保护。法律法规的实施促进了机制创新，中小学生的权益保护工作不仅需要法律的规范，还需要有效的执行机制。建立未成年人保护专项基金、发展面向中小学生的法律咨询服务等措施，能够更好地落实法律法规，为中小学生提供更加具体和实际的保护。这些机制创新能够将法律法规的规定转化为实际可执行的行动，确保中小学生的权益得到实质性的保障。

制度创新和机制创新能够提升中小学生权益保护工作的专业性和系统性。推行中小学生权益代言人制度、加强对保护工作队伍的建设等措施，可以集聚更多专业力量参与中小学生权益保护工作，从而提升整体的保护效果。同时，这些创新措施也有利于构建跨部门、跨领域的协作机制，实现资源共享，提高保护工作的效率和覆盖面。制度创新和机制创新还能够提升公众对中小学生保护工作的认识和参与度。加大舆论宣传，普及保护知识，不仅能够提高中小学生及其家长的法律意识，还能够激发社会各界对中小学生权益保护工作的关注和支持。这种广泛的社会参与是保障中小学生权益的重要力量。

3. 通过手段创新确保法律法规得到有效执行

通过手段创新确保法律法规得到有效执行不仅需要政府部门的积极行动，还需要社会各界的共同参与和支持。网络平台和多媒体工具的广泛应用，以及社交媒体的有效利用，可以大大提高法律法规的实效性，为未成年人营造一个更加安全和健康的成长环境。

利用网络平台和多媒体工具对未成年人进行法律教育成为一种创新

手段。在互联网和社交媒体时代，未成年人大部分时间都在网络空间中活动，他们通过网络获取信息的速度和广度远超传统媒介。因此，建立专门的法律教育网站、移动应用程序或社交媒体账号，并在这些地方发布法律知识、自我保护技巧等内容，不仅可以增强未成年人的法律意识和自我保护能力，也能够让法律法规更加贴近未成年人的生活实际，提高法律教育的效率和效果。

通过社交媒体等渠道加强对未成年人权益保护信息的传播，提升全社会对未成年人保护重要性的认识，也是一种重要的创新手段。社交媒体具有传播速度快、覆盖面广的特点，在社交媒体平台发布未成年人权益保护的相关信息、案例分析、法律知识等内容，可以有效地提高公众对未成年人保护工作的关注度和参与度。同时，这种方式还能够为社会公众提供一个互动交流的平台，收集社会各界对未成年人保护工作的意见和建议，进一步完善和强化未成年人保护机制。

4.全社会的广泛参与与协作有利于相关法律法规的有效实施

在全社会广泛参与过程中，政府部门扮演推动和监督的角色，家庭、学校、社会组织及公众等都需要积极投入与支持。每个社会成员都有责任构建一个坚固的保护网，形成强有力的集体行动，确保中小学生能在一个安全、健康的环境中成长。这种全民参与的合力，不仅加深了各方对中小学生保护重要性的认识，也为中小学生提供了更加全面和有效的成长保障，促进了他们的健康成长和全面发展。

（二）落实相关财政扶持政策是政策保障机制的关键

1.财政扶持政策的有效实施

财政扶持政策的有效实施，可以促进中小学生教育、文化、体育等的全面发展。财政扶持不仅是提供经济资助的简单行为，更是一个深远影响中小学生成长的综合策略。政府的财政投入可以极大地丰富中小学生的学习资源和活动平台，这对于激发中小学生的学习兴趣、培养中小学生的创新能力和提升中小学生的综合素质至关重要。财政扶持政策能够确保中小学生教育资源的充足和多样化。在教育领域，政府的财政扶持可以用于更新教学设备、扩大图书资源、支持教育软件的开发等，这些措施可以直接提高教育质量，促进中小学生的智力发展。财政扶持还可以促进中小学生在文化和艺术方面的成长。通过政府的资助，学校可以举办各类艺术培训班、文化交流活动等，这不仅为中小学生提供了展示自我和才艺的平台，还为培养中小学生的审美能力和文化素养提供了条件。

政府可以资助体育设施的建设、体育竞赛的举办等，这些措施不仅能鼓励中小学生积极参与体育活动，增强体质，还能培养他们的团队精神和竞争意识。政府通过资助中小学生的科技创新项目、创业竞赛等，可以鼓励中小学生积极探索新知，勇于创新，为社会培养出更多具有创新能力的人才。这些政策的实施，不仅可以直接改善中小学生的成长环境，还可以通过提升社会的整体教育和文化水平，促进社会的长期健康发展。

2.引导社会力量参与

通过政府购买服务的方式引导社会力量参与，是实现中小学生成长服务多元化、专业化的重要手段。在当代社会，中小学生成长服务的多元化、专业化需求日益增长，政府单一的服务供给已难以满足这些需求。因此，通过政府购买服务的方式引导社会力量参与成为一个重要的策略。在这一模式下，政府不再直接提供所有服务，而是通过招标、委托等方式，邀请非政府组织、企业和社会组织参与中小学生成长服务项目的运作。这种方式能够集合社会各方的力量和智慧，根据中小学生的不同需求提供更加丰富和多样的服务项目，从而满足中小学生在学习、心理、健康、娱乐等方面的多元需求。

政府购买服务有利于提升中小学生成长服务的专业性。社会组织和非政府组织等在特定领域往往拥有更加专业的知识和经验，能够为中小学生提供更加专业的服务。例如，在心理健康领域，专业的心理咨询机构能够为中小学生提供专业的心理辅导和咨询；在艺术教育领域，专业的艺术培训机构能够为中小学生提供高质量的艺术教育服务。政府购买服务可以有效整合这些专业资源，提升服务的质量和效果。政府购买服务也是促进社会各界对中小学生成长关注和支持的重要方式。当政府通过公开招标等方式邀请社会组织参与中小学生服务项目时，能够激发更多社会力量的参与热情，形成共同关注和支持中小学生成长的良好氛围。同时，这也有助于提高公共资源的使用效率和社会服务的覆盖面，实现公共服务供给的优化配置。

3.强调效果导向和责任追究

为了确保这些政策不仅仅停留在纸面上，而是能够真正落到实处，带给中小学生实实在在的好处，政府需要在政策实施过程中强调效果导向和责任追究。这种做法能够确保每一笔资金的使用都达到预期的效果，也能够提高政策的透明度和公众的信任度。这要求政府在设计财政扶持政策时，应该基于对中小学生成长需求的深入分析，确立清晰的项目目标、实施步骤和成效评价标准。这种方式可以确保资金投入的方向和领域都是符合中小学生成长需求的，能够有效促进他们的全面发展。

建立科学的评估和监督机制是确保资金使用透明性和效率的关键。政府应该通过设立独立的评估机构或引入第三方评估服务，对财政扶持项目的实施过程和成效进行定期检查和评价。这种评估不仅包括资金使用的合规性、项目实施的进展，还应当包括项目对中小学生成长的实际影响。通过这种定期的评估和反馈，政府可以及时了解项目的执行情况，调整和优化政策实施策略，确保政策目标的实现。财政扶持政策还需要强调责任追究。对于那些未能有效利用财政资金、未能达到预期成效的项目和机构，政府应该明确责任，采取必要的纠正和处罚措施。这种责任追究机制能够促使各相关机构和组织更加重视项目的实施质量和成效，避免资金浪费。

（三）加大宣传、提高认识是政策保障机制的重要补充

在现代社会中，信息的流通速度和影响范围前所未有，这为中小学生保护工作的宣传提供了广阔的平台和机会。利用多种媒体和宣传方式，可以有效地提高公众，特别是家长、教育者以及中小学生自身的法律意识和保护意识，从而形成全社会共同关注和支持中小学生健康成长的良好氛围。

1.能够广泛普及中小学生保护的相关知识和信息

舆论宣传的重要性体现在其能够广泛地普及中小学生保护的相关知识和信息。多元化的传播渠道，如电视、广播、网络和社交媒体等，可以有效地将中小学生保护法律法规、权益保护知识以及支持中小学生成长的政策以易于理解的方式传达给广大公众。这种普及教育不仅是信息

传递的过程，更是提升公众，特别是家长和不同教育者科学、合法进行中小学生教育和保护意识的过程，也是增强中小学生自我保护能力的有效途径。

舆论宣传的普及性能够确保每一位社会成员都有机会接触中小学生保护的相关知识，这对于构建一个全社会参与的中小学生保护网络至关重要。通过普及教育，家长和教育者能够更加深入地理解中小学生面临的风险并做好预防措施，从而在日常生活中更加注意中小学生的保护与教育。舆论宣传还可以增强中小学生的自我保护意识。在信息时代，中小学生面临的挑战和风险更加多样化和复杂化，他们需要掌握必要的知识和技能以自我保护。通过广泛的舆论宣传，中小学生能够学习到如何识别潜在危险、如何应对各种情况以及如何寻求帮助，这些都对他们的安全成长具有重要影响。

多种渠道的舆论宣传能够有效地提升社会对中小学生保护重要性的共识。在全社会形成对中小学生保护工作的高度重视和支持，是保障中小学生权益不被侵犯的基础。此外，舆论宣传还可以作为一种反馈机制，为政策制定者和实施者提供意见和建议，帮助他们更好地调整和完善中小学生保护措施。

2.能够提升社会对中小学生保护工作的支持和参与度

政府通过媒体和网络等多种渠道，将中小学生保护的成功案例和社会各界参与中小学生保护的积极行动广泛报道和展示，不仅能提升公众对中小学生保护重要性的认识，还能激发公众，特别是家长、教育者及社会各界人士的参与热情，共同构建一个全社会关注和支持中小学生成长的良好氛围。

舆论宣传可以向社会大众普及中小学生保护的相关知识和信息，增强公众，尤其是家长和教育者对中小学生法律权益的认识，提高他们预防和应对中小学生面临问题的能力。例如，播放中小学生权益保护的公益广告、出版相关的宣传册、在网络平台上分享中小学生保护的知识，可以有效地提升公众的法律意识和保护意识。积极的舆论宣传可以塑造社会对中小学生保护工作的正面形象，展示中小学生保护的成功案例和社会各界的积极参与，能够激发更多人对中小学生保护工作的关注和支持。这种正面的舆论氛围有助于营造一个全社会共同关心和支持中小学生健康成长的环境，鼓励更多的社会力量加入中小学生保护工作。

有效的舆论宣传还能促进政策的传播和实施，广泛的宣传活动能够使中小学生保护的政策和措施迅速传递到每一个社会角落，确保中小学生保护的法律法规和政策措施得到广泛认可和有效执行。同时，舆论宣传也为中小学生提供了一个表达自己声音和关切的平台，促进了中小学生与社会的沟通和交流。增强舆论宣传力度可以加大社会对中小学生的关注度，为中小学生提供更多的保护和支持，也为政府和社会组织提供反馈，帮助他们更好地调整和完善中小学生保护策略和措施。

3. 能够促进政策和法律的实施效果

持续的宣传教育活动，不仅能够提升公众，尤其是家长、教育工作者以及中小学生本身对中小学生保护法律法规的认识和理解，还能够激发全社会对中小学生保护工作的积极参与和支持，形成强大的社会监督力量，从而有效推动中小学生保护法律法规的贯彻实施。

舆论宣传是指通过多种媒体平台，如电视、网络、社交媒体等，普及中小学生保护的法律知识和相关政策，使中小学生保护工作不仅仅停留在政策文件上，而是深入人心，成为社会共识。这种普及化的教育方式，能够使每一位社会成员成为中小学生保护的参与者和推动者，共同构建防护未成年人的安全网。舆论宣传能够增强政策和法律的社会影响力。通过报道中小学生保护的成功案例，展示政府和社会各界在中小学生保护方面的积极行动，有效提高了公众对中小学生保护重要性的认识，进而促使更多的社会资源和力量投入中小学生保护工作，为中小学生创造了一个更加安全和友好的成长环境。

舆论宣传还具有监督作用。媒体和公众对中小学生保护法律法规实施情况的关注和监督，可以促使政府和相关部门加大法律法规的执行力度，及时发现和纠正中小学生保护工作中的不足和漏洞，从而不断完善和优化中小学生保护的政策措施。舆论宣传为政策制定和实施提供了有效的反馈渠道。通过收集和分析公众对中小学生保护工作的意见和建议，政府和相关部门可以更加准确地把握中小学生保护工作的实际需求，不断调整和改进政策措施，确保政策更加贴近中小学生的实际需要，提高政策的适应性和有效性。

二、社会资源整合与利用

为确保中小学生能够得到均衡发展，构建一个由家庭、学校及社区共同参与的组织保障机制显得尤为重要。这不仅仅是为了联结各方力量，更是为了通过综合协作，为中小学生提供一个全面发展的支撑系统。此机制同时涵盖民政、教育、综治、公安等多个部门，形成了一个跨领域、多维度的工作网络，确保了在中小学生成长过程中所需的各类资源和支持得到有效整合与应用。组织保障机制的建立和完善，实质上是对中小学生成长保障体系的一种深化和拓展。通过整合家庭、学校及社区等多方力量，形成一个支持中小学生健康成长的强大网络。在这个网络中，中小学生不仅能获得知识与技能，更重要的是能在心理、社会适应等方面得到有效的支持与引导。此外，该保障机制还意味着中小学生在成长过程中遇到的问题能够得到更加及时和有效的解决，有利于促进他们的健康、全面、和谐成长。

（一）人员配备方面

建立中小学生成长体系的组织保障机制，人员配备是基础也是关键。有效落实该机制必须确保组织内部的专兼职人员配置充足、合理，并且具备相应的专业知识和经验。这样的配置不仅可以大幅提升工作的专业性和效率，还能确保教育与指导活动得到有效实施。

1.配备人员的角色定位

配备人员的角色定位直接关系到中小学生成长的全面性和有效性。专兼职人员的角色定位涉及心理健康教育、法律知识普及以及社会实践活动的组织与引导等多个方面，每个角色都在中小学生的成长过程中扮演着独特且不可或缺的作用。随着社会的发展和压力的增大，中小学生面临的心理问题日益复杂，包括学习压力、人际关系处理、自我认知等。心理健康教育人员不仅需要具备扎实的心理学专业知识，还需要具有丰富的实践经验和高度的敏感性，以便及时发现中小学生的心理问题并对其进行科学有效的干预。此外，心理健康教育人员还应开展定期的心理健康教育活动，增强中小学生的心理健康意识和自我调适能力。

在法治社会背景下，中小学生必须具备基本的法律知识和遵守法律的意识。法律知识普及人员需熟悉相关法律法规，能够通过各种形式（如讲座、研讨会等）向中小学生普及法律知识，引导他们理解法律的重要性，并使他们在日常生活中自觉遵守法律法规。社会实践是中小学生理论知识与实际能力相结合的重要环节，通过参与社会服务、志愿活动等，中小学生可以更好地了解社会、服务社会，并在实践中学习和成长。因此，负责社会实践活动的人员需要具备良好的组织协调能力，要能够根据中小学生的兴趣和特长，设计和组织丰富的社会实践活动，同时为中小学生提供必要的指导和支持。

2. 配备人员应具备良好的沟通技巧和教育技能

良好的沟通技巧意味着专兼职人员能够通过有效的沟通方式，建立与中小学生之间的信任关系，深入了解他们的真实需求和遇到的问题。在中小学生成长的过程中，他们会面临各种挑战和困惑，这时候，能够倾听、理解他们并给予他们适当反馈的教育者，将成为他们信赖的指导者。良好的沟通技巧不仅包括语言的交流，还包括非语言的沟通，如肢体语言、表情和声音，这些都能够传达教育者的关心和支持，增强中小学生的归属感和安全感。

教育技能直接决定了专兼职人员在进行心理健康教育、法律知识普及和社会实践活动引导时的效果。这不仅要求他们具备相应的专业知识，还要能够采用合适的教学方法和技巧，调动中小学生的学习兴趣，促进其主动学习和积极参与。例如，在心理健康教育中，教育者需要运用合适的心理咨询技巧，为中小学生提供个性化的咨询服务；在社会实践活动中，则需要设计创新的实践项目，激发中小学生的探索欲望和社会责任感。配备人员还需要具备团队合作精神和跨学科协作能力。中小学生成长体系的构建是一个复杂的系统工程，需要家庭、学校、社区等多方面力量的共同参与。专兼职人员要能够在不同的教育环境和文化背景下，与其他教育工作者有效协作，共同为中小学生的全面发展提供支持。

3. 应对配备人员进行培训和考核

对配备人员进行培训和考核旨在确保专兼职人员具备必要的专业知

识和技能，能够有效应对中小学生成长过程中的各种挑战和需求。培训环节对于专兼职人员来说，是提升专业知识、教育技能以及了解中小学生心理和成长规律的重要途径。培训内容应包括但不限于中小学生心理健康教育、法律知识普及、社会实践活动指导、沟通技巧以及急救知识等多个方面。通过系统的培训，工作人员能够在实际工作中更加有效地引导和支持中小学生的健康成长，提高他们解决中小学生可能遇到问题的能力。考核环节是检验培训效果和工作人员工作质量的重要手段。考核内容应涵盖工作人员的业务能力、工作态度、沟通互动以及对中小学生产生的影响等方面。定期的考核不仅可以使专兼职人员不断自我提升，还可以使他们及时发现并解决工作中存在的问题，确保中小学生成长体系的有效运行。

　　培训和考核机制的建立也应是一个持续的过程，人员应与时俱进地调整培训内容和考核标准，以适应中小学生成长需求的变化和社会发展的趋势。建立一个开放、透明的反馈和改进机制，能够鼓励专兼职人员积极参与中小学生成长体系的建设，共同促进中小学生的全面发展。

（二）人员联动方面

1.领导小组会议的召开

　　领导小组会议能够聚集多方智慧和资源，针对中小学生在成长过程中遇到的具体问题，共同制定和实施有效的解决方案，确保中小学生成长项目的顺利进行。会议促进了各参与单位间的信息共享和资源整合，通过明确各方的职责和任务，避免资源重复投入和工作重叠，提高了工作效率和效果。会议为政策的制定和实施提供了指导，通过评估中小学生成长计划的执行情况，为后续的政策调整和优化提供了依据，确保政策更加贴近实际，能够更好地服务中小学生的成长需求。领导小组会议不仅是中小学生成长计划执行的监督机制，也是评估成效的重要环节。通过定期召开会议，各单位能够及时了解和评估各项工作的进展，确保计划目标的实现。领导小组会议的具体作用如图6-2所示。

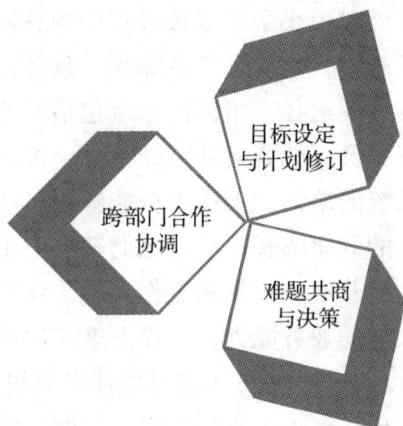

图6-2　领导小组会议的具体作用

在会议上，各方可以基于中小学生的实际成长需求，共同设定中小学生发展的目标，并根据实施过程中的反馈进行计划的修订和优化。面对中小学生成长过程中的难题，会议为各方提供了一个共商解决方案的机会，决策过程更加民主、公开和透明，有助于提升决策的科学性和有效性。领导小组会议强调跨部门的合作，通过打破部门壁垒，形成中小学生成长的整体推动力，为中小学生提供一个更加全面、协调的成长环境。

2.联络员会议是保持日常沟通的有效途径

除了领导小组会议的定期召开，联络员会议的作用也不可或缺。作为日常沟通的有效途径，联络员会议通过定期或按需召开的方式，为各方提供了一个实时信息共享和工作计划调整的平台。联络员会议使各参与单位能够及时共享重要信息，包括项目进展、成效反馈、遇到的挑战，确保信息的及时更新和准确传递。在中小学生成长的多维支持体系中，各种计划和项目往往需要根据实际情况进行调整。联络员会议提供了一个便捷的平台，使各单位可以根据最新的工作情况和需求，灵活调整和优化工作计划。定期召开联络员会议，可以确保各部门工作的同步性和连贯性，形成一个统一协调的工作机制，减少信息差错和资源浪费，提升工作效率。联络员会议为跨部门合作提供了一个平台，通过促进不同部门间的沟通和协作，加强了中小学生成长支持体系的整体效应。

联络员会议应根据工作需求灵活召开，既可以定期组织，也可以根据特定情况或紧急需求随时召集，确保沟通的及时性和有效性。为了提高会议效率，各单位应事先明确会议的目标和议程，确保讨论重点明确，能够有针对性地解决问题。联络员会议召开的目的是强化跨部门的协作机制，鼓励各方面积极参与，形成合力，共同推动中小学生的成长。会议后，各单位应建立有效的反馈和评估机制，跟踪会议决策的执行情况，确保会议成果得到有效实施。

3. 人员联动机制的跨部门合作

跨部门合作是实现资源共享和配置优化的关键。这种合作模式不仅能够为中小学生提供一个更加全面和多样化的成长环境，也能够有效提升公共资源的利用效率。跨部门协作可以更好地满足中小学生在教育、卫生、文化、体育等多个领域的成长需求，为他们的全面发展提供有力支持。通过跨部门合作，各部门可以共享资源，避免资源重复建设和浪费，实现资源的最优配置。例如，教育部门与体育部门合作，能够共同使用体育设施，为学生提供更多元化的体育活动。中小学生的成长不仅限于学业知识的学习，还包括心理健康、社会实践、文化体验等多方面的需求。跨部门合作能够为中小学生提供更为丰富的教育和成长机会，促进中小学生全面发展。跨部门合作通过整合教育、卫生、文化等多个领域的资源，为中小学生提供了全面的成长支持，有助于培养其全面发展。资源共享和协调使用能够有效提高公共资源的使用效率，避免资源浪费，实现社会资源的最大化利用。

政府应建立一个跨部门协作的平台，定期召开跨部门会议，讨论和协调与中小学生成长相关的资源配置和项目实施问题。各部门应根据自身职责，明确在中小学生成长体系中的具体责任和任务，确保每个部门都发挥其专业优势，共同促进中小学生的成长和发展。通过建立信息共享机制，各部门之间可以实时共享相关的政策、项目和资源信息，确保资源的有效利用和优化配置。

4. 责任分配与效果评估

在建立组织保障机制与联动机制维护中小学生成长的过程中，责任分配与效果评估是保障机制有效运行的两个关键环节。这不仅涉及如何高效地组织和调动各参与单位的资源和力量，还涉及如何科学地监控和评估中小学生成长支持体系的运行效果，确保每一项计划和措施实现其预期目标，从而促进中小学生的全面健康发展。

在多方参与的中小学生成长支持体系中，每个单位和个体都应明确自己的角色定位和责任范围，这样不仅可以避免工作重复和资源浪费，更可以确保各方在自己最擅长和最有影响力的领域发挥作用。通过科学合理的责任分配，实现资源的最优配置和利用。各参与单位根据自身职能和特点，协调提供中小学生在成长过程中所需的资源和支持，形成合力，共同推进中小学生的成长计划。明确的责任分配有助于各单位提升工作效率和执行力。只有各参与单位明确了自己的任务和目标，才能够有针对性地进行工作安排和实施，避免工作中的盲目性和随意性。

定期的效果评估可以使各单位及时了解中小学生成长支持计划的执行情况，包括哪些措施执行得好，哪些措施存在问题，从而为计划的调整提供依据。效果评估不仅是对已完成工作的检查，更是一个提供反馈和调整的过程，各单位要根据评估结果，及时调整策略和措施，确保计划的持续有效进行。效果评估还有助于促进各参与单位责任的落实。评估可以明确哪些单位和个体在执行过程中表现突出，哪些需要加强，从而激励各方更加积极地参与中小学生的成长支持工作。

（三）建立关爱服务机制

关爱服务机制不仅是一种简单的帮助或干预措施，它更体现了家庭、学校和社会共同参与、相互帮助的大家庭精神。这一机制涵盖了中小学生成长的各个方面，为中小学生提供了细致入微的关怀，旨在为中小学生创造一个利于他们健康成长的社会环境。它强调的是多方参与，确保中小学生能得到成长过程中所需的支持和关爱，从而营造出一个有利于其全面发展的环境。

1.关爱服务机制强调关爱的普遍性和持续性

关爱服务机制的构建，旨在为中小学生提供一个全方位、多层次的支持和关怀网络，确保中小学生在成长过程中感受到社会各界的关爱与支持。这一机制的核心在于其普遍性和持续性，它通过整合家庭、学校、社区及更广泛的社会资源，为中小学生的健康成长创造了一个优良的环境。

（1）关爱服务机制的普遍性。关爱服务机制的普遍性是指这种机制面向所有中小学生群体，不受他们家庭背景、经济条件、学业成绩或身心状况等因素的限制，为每一位中小学生提供持续且系统的关怀和支持。这种普遍性的关爱服务在于确保中小学生在一个充满关爱和支持的环境中健康成长，实现其潜能的全面发展。在当前社会背景下，中小学生作为特殊的社会群体，正处在生理、心理快速成长和转变的关键时期，他们面临着学业压力、身份认同、人际交往等一系列挑战，这些问题的复杂性和多样性要求社会为中小学生提供更为广泛和深入的关爱与支持。因此，关爱服务机制的普遍性不仅是对中小学生成长需求的全面响应，也是对中小学生权益保护的基本要求。

普遍性关怀的实施有助于为所有中小学生提供平等的成长机会。为每位中小学生提供个性化的学业辅导、心理咨询、社会实践机会等服务，可以有效降低因家庭背景、经济条件不同而产生的教育资源获取差异，促进社会的公平与正义。人们可以利用关爱服务机制的普遍性建立一个包容、多元的社会环境。在这样的环境中，每个中小学生都能感受到来自社会各界的关注和支持，无论他们的出身如何，都有机会展示自己的才华，实现自我价值。这种包容性和多元性的社会氛围有利于中小学生心理健康的发展，培养他们的社会责任感和公民意识。

（2）关爱服务机制的持续性。关爱服务机制持续性的关键在于其能够伴随中小学生成长的每一个阶段，为中小学生提供持久而连续的支持和指导。这种持续性不仅反映在对中小学生各类需求的持续响应上，也体现在关怀和支持方式的长期性与稳定性上。长期的关爱服务可以有效地帮助中小学生应对成长过程中遇到的各种问题，促进其健康、全面发展。

持续性的关爱服务机制能够为中小学生提供一个稳定的支持环境。中小学时期是个体心理和生理迅速成长变化的阶段，他们在面临不同阶段的问题与挑战时，需要拥有持续且稳定的关爱与支持。持续性关爱服务能够确保中小学生在遇到困难时随时有可靠的支持来源，无论是学业辅导、心理咨询还是生活指导，都能及时获得必要的帮助。持续性关爱服务机制能够为中小学生的全面发展提供持久动力。通过提供多样化的教育资源、实践机会和文化活动，长期关爱服务不仅能够满足中小学生的知识学习和技能培养需求，也能够丰富他们的精神世界，促进身心健康和个性的全面发展。这种全方位的成长支持，有助于中小学生在社会中找到自己的定位，实现自我价值。

持续性关爱服务机制的建立和实施，需要社会各方的共同努力和配合。家庭、学校和社区应该共同参与关爱服务，形成联动，确保关爱服务的持续性和有效性。此外，政府和相关机构也应提供必要的政策支持和资源保障，为向中小学生提供持续性关爱服务打下坚实的基础。

2. 关爱服务机制的关键在于具有及时性和差异性

（1）及时性原则强调该机制要在中小学生遇到问题时迅速做出反应。关爱服务机制中的及时性原则，是指能够对中小学生在成长过程中出现的各种问题和需求迅速响应和解决。这一原则的有效执行，不仅有助于预防问题的发展和扩大，更是对中小学生健康成长的有效保障。及时性原则的实现依托家庭、学校、社区以及更广泛社会网络的紧密合作与信息共享，构建起一个敏感反应、快速行动的中小学生关爱网络。

关爱服务实施的及时性需要构建一个有效的信息通报和反馈机制，这种机制能够保证中小学生的心理状态、学业进展、社交互动等信息被及时捕捉和分析。学校通过对中小学生进行定期的心理健康检查、学业评估以及对师生、生生互动的观察，可以尽早发现学生可能面临的问题。同时，家庭与学校之间的紧密沟通保证了信息的及时共享，使家长能够及时了解孩子在学校的表现及需求。社区作为连接家庭与学校的桥梁，通过组织多元化的文化和体育活动，不仅丰富了中小学生的业余生活，也为他们提供了展示自我、发现问题的平台。

及时性原则的实施需要依赖跨部门的合作。教育、卫生、公安、民政等多个部门之间的联动合作，能够为中小学生提供一个更全面的保护网。例如，当中小学生出现心理健康问题时，学校、家庭及社区可以迅速联合相关卫生部门，为其提供专业的心理咨询和干预服务。这种跨部门的合作不仅能够实现资源的最大化利用，也能够提高问题解决的效率和质量。

及时性原则还强调对每一位中小学生个体差异的尊重，提供个性化的关爱和支持。中小学生的成长背景、性格特点、兴趣爱好等都有所不同，因此，各部门在为中小学生提供关爱服务时，需要根据每位中小学生的实际情况，制订符合其特点的支持计划。这种个性化的关爱不仅能够更有效地解决中小学生的实际问题，也能够让他们感受到社会的温暖和支持。及时性原则的实施还需要全社会的共同参与和支持，要通过媒体宣传、公益活动等形式，提高全社会对中小学生成长问题的关注，形成全社会关爱中小学生的良好氛围。同时，鼓励更多的志愿者和社会组织参与中小学生关爱服务，为中小学生提供更加多样化的支持和帮助。

（2）差异性原则关注尊重中小学生的个体差异，旨在为中小学生提供符合其特点和需求的关爱服务。关爱服务机制中的差异性原则，着眼中小学生成长的个体差异，强调在关爱服务中实现个性化的支持和干预。这一原则基于对中小学生多样性的深刻认识，意识到在中小学生群体中，每个个体的成长背景、性格特征、兴趣爱好及所面临的挑战都具有独特性。实施差异性原则需要准确评估和识别中小学生的个体差异。这一过程依赖专业的心理健康教育工作者、社会工作者以及教育者的共同努力，他们通过观察、交谈和专业评估等方式，全面了解中小学生的心理状态、学习能力、社交技能和兴趣特长，进而确定支持和干预的重点领域。在此基础上，差异性原则强调制订个性化的关爱计划。例如，对于学习困难的中小学生，教师可以通过为其提供一对一辅导、学习策略培训等方式，帮助他们克服学习困难；对于遭受家庭暴力的中小学生，教师可以通过提供心理咨询、家庭干预等服务，帮助他们恢复心理健康，重建家庭关系；对于展现出特定才能的中小学生，教师则可以提供更多相关领域的深入学习和实践机会，支持他们的特长发展。

差异性原则要求关爱服务机制具备高度的灵活性和适应性。随着中小学生成长环境的变化和个人需求的变动，关爱服务的内容、方式和强度可能需要进行相应调整。这要求所有参与关爱服务的机构和个人能够保持敏感性和反应性，及时调整服务策略，确保关爱措施的有效性和适时性。实现差异性原则还需要建立跨部门、多领域的合作网络。整合教育、卫生、文化、体育等多方面的资源，可以为中小学生提供更加丰富和多元的成长支持。例如，学校、社区、非政府组织和企业等可以通过合作项目，共同为中小学生提供专业培训、实践活动和心理支持等服务，从而实现资源共享和优势互补。

（3）关爱服务机制的实施需要借助新技术。随着信息技术和大数据技术的迅速发展，这些现代技术手段使关爱服务能够更加精准、高效地响应中小学生的需求和挑战。建立中小学生成长监测系统，可以实现对中小学生成长状况的实时监控。这一系统能够收集和分析中小学生在学业、心理、社交等多个方面的数据，为关爱服务提供科学、客观的决策支持。例如，教师通过分析中小学生的学业成绩、社交活动参与度和网络行为等数据，可以及时发现他们存在的学习困难、社交障碍或网络成瘾等问题，从而在问题发现初期就进行干预，减少问题的发展和恶化。大数据分析等技术手段的应用，可以帮助关爱服务机构更好地理解中小学生的需求变化，并据此调整服务策略。通过对大量数据进行分析，关爱服务机构可以识别中小学生群体的共性问题和个体差异，为他们制订更为个性化和差异化的关爱计划。同时，这种数据驱动的方法还可以帮助工作人员评估关爱服务的效果，为未来的服务提供调整和优化的依据。

新技术的应用还可以增强关爱服务的互动性和参与感。例如，通过移动应用、在线平台等渠道，中小学生可以更方便地获取关爱服务资源，参与服务活动。这些技术平台还可以为中小学生提供一个表达自我、分享经验的空间，增强他们对关爱服务的认同感和满意度。不过，技术手段的应用不能完全替代人与人之间的直接互动，关爱服务的核心仍然是人文关怀和心灵沟通。

第三节　问题探讨与时代挑战

一、当前家校社合作面临的问题

（一）政策法规需进一步细化与落实

1.缺乏针对性和操作性的指导

虽然相关政策文件已经对加强家校社协同育人做出了总体规划和指导，强调了其在现代教育体系中的重要地位，但在具体实施层面上，相关政策法规的细节化规定尚不够完善，缺乏针对性和操作性的指导，使人们在实践中造成了一定程度的困惑和障碍。

第一，尽管当前的政策文件强调了家校社协同育人的重要性，但在具体实施路径和措施上的描述过于宽泛和笼统，未能提供明确的操作指南。家校社协同育人模式的实施涉及教育、社会福利、公共文化等多个部门，这些部门在职能、资源以及工作方式上各有不同，需要通过有效的政策协调和资源整合确保协同育人活动的顺利进行。然而，现行政策在跨部门协作方面缺乏具体的操作指导，这就会导致各部门在合作过程中因目标不一致、资源分配不均等问题无法形成合力。

第二，家校社协同育人的目标虽然明确，但有效实现这一目标的具体策略和方法在现有的政策文件中并未得到充分阐述。例如，如何建立家校社三方之间的有效沟通协调机制、如何平衡各方的权益和责任、如何对协同育人效果进行评价和反馈等关键问题，都缺乏具体的指导和规范。

第三，现行政策法规在对家校社协同育人实施的资源支持和制度保障方面也存在不足。尽管政策文件提出了协同育人的总体要求，但资源分配、责任分担以及激励机制等方面的具体落实措施并不明确，这在一定程度上制约了家校社协同育人模式的深入发展。家校社协同育人需要各方共同分享人力、物力、信息等资源，形成资源共享的协同机制。但在实践中，由于缺乏明确的资源共享政策和具体的操作流程，资源整合效率低下，不能充分发挥各方资源的优势，影响了协同育人的效果。现有政策在激励机制建设方面也存在不足。建立有效的激励机制是推动各方积极参与家校社协同育人工作的关键。然而，现行政策缺少针对参与家校社协同育人的明确激励措施，如表彰奖励、政策支持等，这在一定程度上降低了各方参与的积极性和主动性。

第四，政策执行的监督评估机制不健全。家校社协同育人的政策执行需要设立严格的监督评估机制，定期评估协同育人活动的成效，及时发现问题并加以改进。然而，现行政策在监督评估方面的规定较为模糊，缺乏有效的评估标准和明确的评估流程，难以确保政策执行的质量和效果。

2.需要更加注重实效性和可操作性

许多政策在制定时过于宏观和理想化，并未充分考虑不同地区、不同类型学校和家庭的实际需求和条件。这使政策在执行过程中出现了难以适应多变的实际的情况，难以产生预期的育人效果。政策法规的可操作性不足是制约家校社协同育人深入发展的一大障碍。许多政策文件缺乏具体的操作指南和明确的责任分配，使学校、家庭和社区在协同过程中不知该如何行动，谁来负责、如何负责；缺乏明确的操作步骤和责任主体，使协同育人活动往往停留在表面，难以深入开展。

（二）育人机制亟待强化

尽管国内外对于家校社协同育人模式的研究已有一定的积累，但从机制建构角度出发的研究相对缺乏，尤其是关于如何高效运作家校社协同教育的具体机制尚未形成系统的理论框架和实践模式。家校社协同育人模式的实质是一个跨界协同的复杂系统，涉及多个利益主体和多种教育资源。目前，在实际操作层面，这种协同往往存在着目标不明确、责任不清晰、资源共享机制不健全等问题，这些问题的存在大大降低了协同育人模式的效率和效果。因此，构建一套明确的运行程序和规则，明晰各方的责任和权利，是实现家校社协同育人的前提条件。家校社三方在协同育人过程中的相互关系和协作配合机制亟待建立和完善。当前，家校社之间缺乏有效的沟通和协调机制，资源整合和信息流通不畅，进而影响了教育协同的深度和广度。因此，建立一个稳定的沟通和协调机制，不仅可以增进三者之间的理解和信任，还可以促进资源的有效配置和利用。

家校社协同育人机制的顶层设计和机制建设是保证协同育人效果的关键，这需要政府部门、教育机构、社区组织和家庭等多方共同参与，形成统一的指导思想和行动纲领，通过颁布法律法规、明确政策导向等形式加以规范和引导。在此基础上，探索创新家校社协同育人的模式和路径，构建起一套能够适应新时代教育需求的协同育人机制至关重要。家校社协同育人的实施效果需要通过科学的评估和反馈机制来保障。通过定期的评估和监测，及时发现协同机制中存在的问题，根据反馈结果调整合作策略，优化合作模式，确保协同育人的质量和效果。

（三）育人实践探索有待加强

1. 视野有待扩展

现有的家校社协同育人实践往往聚焦特定的领域，如德育、体育和劳动教育等，这虽然在一定程度上促进了学生在这些领域的能力提升，但由于家庭、学校和社区缺乏对学生全面发展需求的深入理解和满足，这种存在局限性的实践难以实现中小学生多方面能力的均衡发展。家校社协同育人的核心目标是促进中小学生的全面发展，包括智力、情感态度与价值观、身体与心理健康、艺术审美、劳动教育等多个维度，仅仅在某一或某几个方面开展协同育人活动，难以达成这一目标。现行的家校社协同育人实践在内容上往往较为表层，缺少对育人理念、目标、内容和方法的深入整合与协作。这种表层的合作主要体现在活动的组织与实施上，而对于如何通过家校社协同实现教育理念的创新、教育目标的共识、教育内容的融合和教育方法的互补等方面的深入探索不足。例如，很多协同活动虽然形式多样，但缺乏对学生长远发展影响的深入考量，无法真正实现家校社资源的有效整合，不能在教育理念和实践上形成互补和协同。家校社协同育人模式在实施中往往无法形成系统性的探索和实践。缺乏系统性不仅体现在合作的内容和形式上，也体现在合作的管理和评估机制上，这会使家校社之间的合作很难形成闭环，难以对合作效果进行有效评估和持续优化。

2. 对家庭和社区的潜力挖掘不足

学校作为进行传统教育的场所，在家校社协同育人模式中占据核心位置。学校拥有系统的教育资源和专业的教育人才，是中小学生学习知识和技能的主要场所。然而，当家校社协同育人模式的实践主体过于侧重学校时，其他两个教育主体——家庭和社区的作用则会被相对忽视。在这种情况下，中小学生的教育和成长过程可能过于依赖学校提供的资源和环境，以至于忽略了家庭和社区作为教育资源的重要性。

家庭在中小学生的成长中具有无可替代的作用。家庭是中小学生情感依托的第一环境，家长的言传身教对中小学生品德、习惯的养成具有深远影响。此外，家庭环境和家庭教育风格也对中小学生的心理健康、社会适应能力等有着显著影响。因此，当家校社协同育人模式在实践中过于强调学校的作用，而未能有效利用家庭教育的潜力时，中小学生的全面发展就会受到限制。社区作为中小学生接触社会的重要环境，能够为中小学生提供丰富的社会实践机会和多样的文化体验。社区内的各种公共设施、文化活动和社会组织等都是宝贵的教育资源。通过参与社区活动，中小学生不仅能够学习到学校教育之外的知识和技能，还能够培养自己的社会责任感和公民意识。然而，若在家校社协同育人的实践中忽视了社区的教育潜力，中小学生的教育经历就会变得单一，难以实现全面发展。

3.合作深度和广度有待提高

尽管目前家校社协同育人模式已被尝试和推广，但在实际操作中的深度和广度仍面临一定的挑战。家校社三方的合作往往停留在初级阶段，缺乏深层次的交流和共同参与，这限制了协同育人模式的发展潜力及其在教育实践中的应用效果。家校社协同育人的现状表明，合作通常局限于某些单一活动或项目，如家长会议、社区服务项目等，而这些活动往往是独立进行的，缺乏系统性的设计和整合。这种单一的合作形式虽然在一定程度上促进了家校社之间的交流，但未能充分发挥各方在育人过程中的综合优势，没有形成覆盖学生学习、生活等各个方面的全方位协同网络。

家校社协同的深度有待加强。深度协同要求家庭、学校和社区要在规划、实施和评估教育项目的每一个阶段都进行深入的交流和协作。这种深入合作能够更好地满足中小学生个性化成长的需要，促进其在不同环境中获得一致的教育体验。然而，在目前的家校社协同育人实践中，往往缺乏有效的机制确保三方在教育项目的所有阶段都能够深入合作。三方合作的广度也需要进一步拓展。家校社协同育人应当是一个全面覆盖中小学生成长各个领域的合作体系，包括日常学习、身体健康、情感交流、社会实践等多个方面。然而，三者在现实中的合作往往只关注学生的学习成绩或是参与社区服务等有限的领域，忽视了中小学生在艺术、体育、情感等方面的成长需要，这种有限的合作广度难以满足中小学生全面发展的要求。

（四）信息交流不畅

家校社协同育人模式的有效实施在很大程度上依赖三方之间的有效信息交流。信息交流的畅通不仅能够确保教育资源的有效分配，还能够帮助家长、教师和社区工作者共同了解和解决中小学生在成长过程中遇到的问题。然而，在当前的实践中，家校社之间信息交流的不畅仍然是一个显著问题，这在一定程度上削弱了协同育人的潜力和效果。

1.家庭和学校之间

对于家长而言，由于工作繁忙、生活节奏加快等原因，他们往往没有足够的时间和精力深入了解孩子在学校的具体表现，包括学习进度、心理状态、人际交往等方面。此外，家长获取孩子在学校表现的信息渠道相对单一，多数情况下依赖孩子的主动汇报或偶尔的家长会，这些信息的及时性和全面性难以得到保证。对于学校而言，教师面临教学任务繁重、负责学生众多等挑战，无法为每一位家长提供定期且个性化的反馈。即便在家长会等正式场合，教师提供的信息也可能因时间有限而显得笼统和急促，难以满足家长对于孩子教育状况具体的了解需求。教师在了解学生家庭背景和个性化需求方面也存在局限，这在一定程度上影响了学校教育活动的精准性和有效性。

2.学校和社区之间

家校社协同育人比较理想的状态是学校能够充分利用社区资源，为学生提供多元化的学习和成长环境；社区则能够根据学校的需求，为学生提供相应的支持和服务，共同促进中小学生的全面发展。然而，现实中学校与社区之间的信息交流存在明显障碍。

第一，缺乏稳定且系统的沟通渠道。学校与社区之间往往缺少固定的交流机制，信息交流主要依靠临时联系或他人的传递，这种偶然和不稳定性使双方难以形成长期合作关系。此外，由于缺乏专门的协调人员或机构，即便双方有合作意愿，也常常因为沟通不畅而难以转化为实际的合作行动。

第二，信息不对等和需求不明确。学校对社区资源的了解不足，无法准确掌握社区可以提供的教育资源和服务类型，导致无法有针对性地对社区提出合作需求。同样，社区对学校的教育目标、需求和期望也缺乏足够的了解，难以提供符合学校需求的资源和服务。这种信息不对等和需求不明确，使双方的合作缺乏有效的对接，难以发挥应有的协同效应。

第三，缺乏有效的协调和支持机制。学校与社区之间的合作涉及多个部门和单位，需要有效的协调机制来统筹资源和需求，实现优势互补。然而，目前很少有专门机构或机制负责这种跨界合作的协调和支持，导致合作过程中的资源配置、活动安排和效果评估存在障碍。

3. 家庭与社区之间

第一，家庭对社区资源和活动了解不足。大多数家长由于各种原因（如工作繁忙、信息获取渠道有限等），很难全面了解社区可以为中小学生提供的教育资源和活动信息。这种信息的不对称，使家长无法有效地利用社区资源为孩子的成长提供支持和引导，也无法积极地参与社区教育活动。

第二，社区对家庭需求的了解不够。社区虽然能够为中小学生提供丰富的学习和发展机会，但在缺乏对特定家庭需求了解的情况下，社区提供的服务和活动往往无法精准对接家庭的实际需要。在这种情况下，即便社区愿意为家庭提供支持，也可能因为信息的不对等和需求的不明确使支持效果大打折扣。

家庭与社区之间的信息交流不畅，很大程度上是因为缺乏一个有效的沟通平台，这会使家庭和社区难以进行有效的信息交流和资源共享。在没有建立起有效沟通机制的情况下，家庭和社区很难建立起稳定的合作关系，且无法共同为中小学生的成长提供全方位的支持。在现有的家庭与社区交流模式中，很多时候信息的传递呈现单向性，即社区向家庭传递信息，而家庭的反馈和需求很难被社区所了解和接纳。这种单向性的信息交流模式无法使家庭与社区形成有效的互动和反馈，进而影响了家庭与社区合作的效果。

（五）家庭教育不足

家庭教育是中小学生成长过程中不可或缺的一部分，它不仅关乎中小学生的学习成绩，更关乎小学生的品格形成、情感发展和社会适应能力养成。然而，在当前的教育实践中，家庭教育的不足成为影响家校社共育效果的重要因素。

1.部分家长缺乏科学的教育理念

在当今社会，家庭教育的科学性和合理性对中小学生的全面发展具有决定性作用。然而，现实中部分家长在教育观念上存在明显的局限性，这种局限性主要表现在他们缺乏科学的教育理念上，传统观念的影响使一些家长在教育中小学生时过分强调他们的学习成绩，而忽视了对中小学生情感、兴趣和个性等方面的培养。这种教育方式往往以成绩为唯一评价标准，忽略了教育的全人目标，导致中小学生在情感表达、社会交往、兴趣探索等方面的能力得不到充分发展。长期下去，不仅会影响中小学生的心理健康，还会使他们在人际交往和社会适应上遇到困难。

由于缺乏对现代教育理念的了解和认知，部分家长在教育过程中未能充分重视对中小学生自主性和创造性的培养。在这种教育模式下，中小学生往往成为被动的学习者，缺乏自我探索和创新的机会，这在一定程度上限制了中小学生潜能的发挥和个性的形成。这种缺乏科学教育理念的家庭教育方式，往往会造成家长与中小学生之间的沟通障碍。因为家长过分关注学习成绩等外在表现，忽略了与中小学生之间的情感交流和理解，可能会使中小学生感到被忽视和不被理解，从而影响家庭关系的和谐，甚至导致家庭教育的反效果。

2.家长在中小学生的教育上投入不足

家长在中小学生的教育上投入不足的问题涉及家庭时间、经济、认识等多个层面，不仅会影响中小学生的学习成绩和个性发展，还会影响中小学生的心理健康和社会适应能力。现代社会的快节奏生活和工作的高压力给许多家庭带来了巨大的生活和经济负担，这导致一些家长难以抽出足够的时间和精力来关注中小学生的学习和成长。家长的缺席不仅使中小学生在学习过程中缺乏必要的家庭指导和支持，而且也影响了家长与中小学生之间的情感交流和互动，使中小学生感到孤独和缺乏安全感。

家庭经济状况的不同会导致家庭教育资源的严重不均衡。在经济条件较差的家庭中，中小学生往往难以获得高质量的教育资源，如优质的学习材料、丰富的兴趣班等，这在一定程度上限制了中小学生知识面的拓展和兴趣爱好的培养，进而影响了中小学生的全面发展。部分家长对教育的重要性认识不足，未能充分认识到家庭教育在中小学生成长过程中的重要作用。这种观念上的缺失使家长往往忽视了对中小学生进行科学、系统的家庭教育，未能为中小学生创造一个良好的学习和成长环境，也未能根据中小学生的实际情况和需求，为他们提供个性化的教育和指导。

（六）社区教育资源不足

在当前家校社协同育人的模式中，社区教育资源的不足成为制约社区教育发展的重要因素。社区教育资源，包括社区教育场所、社会实践机会及社区文化活动等，对于中小学生的全面发展具有重要意义。然而，许多社区在这些资源的配置上存在显著不足，影响了家校社协同育人模式的效果。在很多社区，公共教育设施如图书馆、体育场馆、文化中心等数量有限且设施老旧，不能满足中小学生和家庭的教育需求。这不仅限制了中小学生在社区中的学习和发展，也降低了家庭和学校利用社区资源进行教育合作的可能性。

社会实践机会匮乏也是社区教育资源不足的一个重要方面。实践活动是中小学生学习和成长的重要途径，通过参与社会实践，中小学生可以将所学知识应用于实际，培养解决问题的能力和社会责任感。然而，当前很多社区为中小学生提供的实践机会较少，特别是缺乏与学校教育内容相结合的、有指导意义的社会实践活动。社区文化活动的贫乏也是社区教育资源不足的表现。丰富多彩的社区文化活动可以为中小学生提供学习新知识、发展新兴趣的机会，有助于其个性和创造力的发展。然而，当前很多社区在文化活动的组织和资源的投入上仍然不足，无法满足中小学生及其家庭的需求。

社区教育资源的缺乏无法满足中小学生的学习和发展空间需求，中小学生难以从社区教育中获得多元化的学习体验，这不利于培养他们的创新意识和批判性思维能力。另外，社区教育资源的缺乏使学校和家庭难以找到合适的社区合作伙伴，限制了协同教育模式的实施。

二、家校社协同育人的对策

（一）完善理论建构，加强家校社协同育人的顶层规划

加强家校社协同育人的理论建构需要从理论依据出发，深入分析家校社协同育人模式的理论根基，包括教育哲学、心理学、社会学等多学科的理论支撑。通过跨学科的理论整合，构建起全面、系统的家校社协同育人理论框架，明确协同育人的价值取向、目标定位、基本原则和操作机制等，为理论研究和实践提供坚实的理论基础。通过系统梳理国内外家校社协同育人的发展历程，总结经验教训，分析成功案例，揭示家校社协同育人的有效机制和关键因素。同时，关注家校社协同育人的前沿趋势和新模式，探索适应新时代教育需求的创新路径，为理论创新和模式优化提供借鉴和参考。

建立跨领域、跨体制、跨系统的高级专家智库，充分利用跨学科、跨领域的研究优势，集合教育、心理、社会等领域的顶尖专家学者，加强对家校社协同育人的研究与实践。智库的深度研究和战略性指导，可以为家校社协同育人提供科学、系统的理论支持和实践指南，推动家校社协同育人理论和实践的结合，实现教育协同育人的高质量发展。注重理论与实践的有效结合，将理论研究成果转化为实践指导原则和操作模式，指导家校社在协同育人过程中的具体实施。通过构建评价激励和宣传引导机制，激发家庭、学校、社区和社会各界的参与热情，共同推动家校社协同育人的有效实施和持续优化，为中小学生提供全面、多元的成长环境。

（二）强化机制建设，提升协同教育质量

实现家校社协同教育的有效实施与质量提升，亟须加强机制建设，构建一个高效、动态、互补的合作体系。强化机制建设，不仅涉及组织结构的优化，还包括监测评估体系的完善，这对于提升协同教育质量具有至关重要的意义。建立家校社协同教育的组织机制是强化机制建设的基础，这要求家庭、学校、社区在民主协商的基础上，明确各自的职责与分工，实现资源与利益的共享。学校作为协同教育的主导方，需要发挥其在教育资源、专业能力方面的优势，主动引导家庭和社区参与教育

活动。家庭的参与不仅是对孩子成长的直接支持，也是对学校教育的有力补充。社区则应发挥其在提供教育场所、社会实践机会等方面的功能，形成家校社共育的有机整合。通过建立清晰的组织结构和运行机制，确保协同教育的有序进行。

完善家校社合作教育的监测机制是保证教育质量的关键。监测机制的建立，应以合作育人的效果为核心，制定科学合理的评估办法和指标体系，开展定期的评价与监测。这一过程应借助现代信息技术手段，实现监测数据的实时化、数据化处理，从而更准确地把握合作育人的效果，及时调整改进策略。同时，组织合作项目和交流展示等活动，可以有效提升家校社合作的影响力，营造有利于协同教育的社会环境和文化氛围。加强家校社之间的沟通协作，是强化机制建设的重要内容。家庭、学校、社区应定期召开家校社合作会议，建立沟通协商平台，使家长、教师、社区工作者能够共同讨论教育计划、分享育人经验、协商解决合作中的问题。同时，对于协同育人中的优秀实践和模式，应进行总结推广，为其他家庭、学校、社区提供可借鉴的经验。

（三）加快推动实践探索，促进教育资源精准匹配与供给

在当前教育实践中，家校社协同育人模式已被广泛认可，旨在通过家庭、学校、社区三方的共同努力，为中小学生提供一个全方位、多维度的成长环境。然而，实现这一目标的关键在于如何精准匹配和供给教育资源，加快推动实践探索，提升协同育人的实效性。这不仅要求家校社三方能够充分利用各自的资源优势，还需要通过政策引导和创新实践，确保教育资源的有效整合与应用。

1.基于家庭教育需求的家校合作是推动实践探索的重要方面

在家校社协同育人模式中，基于家庭教育需求的家校合作不仅是一种教育资源共享的途径，更是实现教育个性化、精准化的重要手段。当前，随着教育理念的不断进步和家长教育需求的多样化，学校与家庭之间的合作已经成为推动教育创新与实践探索的关键环节。通过开设家庭教育课程，学校可以为家长提供科学的教育知识和方法，指导家长在家中创设合适的学习氛围，开展与中小学生之间的亲子科学活动，这不仅能促进家庭成员之间的情感交流和互动，还能有效地将科学精神和方法

融入中小学生的日常生活，对中小学生的全面发展产生深远影响。

基于家庭教育需求的家校合作能够促进教育资源的精准匹配和供给。通过对家庭教育需求的准确把握和分析，学校能够有针对性地设计家庭教育课程内容，如科学实验操作、环保意识培养、艺术欣赏技巧等，旨在满足家长及中小学生在科学知识、生活技能、情感交流等方面的具体需求。这种需求导向的家校合作模式，有助于实现教育资源的有效利用，提高教育服务的质量和效果。学校通过开设家庭教育课程，不仅可以为家长传授科学的教育理念和方法，还可以为家长提供实际操作的指导和建议，帮助家长在家庭教育中发挥更加积极和有效的作用。同时，这也为家长提供了一个学习和成长的平台，使其在与中小学生的亲子互动中不断提升自身的教育能力和素养。

基于家庭教育需求的家校合作能够促进家庭教育的创新与实践。学校与家庭的紧密合作，可以激发家长在家庭教育中的创新思维和实践能力，鼓励家长根据中小学生的兴趣和特点，设计和开展多样化的亲子活动。这种亲子活动不仅能够增强中小学生的实践操作能力和探索精神，还能够加深中小学生对科学知识的理解和兴趣，为他们的终身学习和全面发展奠定坚实的基础。通过家校之间的有效合作，逐步形成家校互动、资源共享的良好机制，进一步引入社区等社会资源，构建起一个更为广泛的教育支持网络，实现家校社协同育人的目标。

2. 学校加强与社区教育资源的合作交流是实现资源精准匹配的有效途径

学校与社区教育资源的合作交流不仅能够丰富教育内容和形式，也能够提升教育的实效性和多样性。在当前教育资源日益丰富的背景下，如何有效利用社区教育资源，构建学校与社区资源的有效连接，成为推动教育实践探索、促进学生全面发展的重要途径。

学校与社区教育资源的合作交流可以实现教育资源的有效整合与优化配置。学校通过主动"请进来"，引入社区的科技馆、博物馆、艺术中心等资源，可以为学生提供更为丰富和多元的学习机会，拓宽学生的知识视野，激发学生的学习兴趣。同时，学校"走出去"的实践活动，如社区服务、科学实验探索等，不仅能够使学生将所学知识与实践相结合，还能够促进学生社会责任感和实践能力的培养。学校与社区教育资源的合作交流有助于构建开放、互动的学习环境，这种开放的学习环境不仅限于校园内部，还包括社区乃至更广泛的社会范围，为学生提供了一个更加广阔的学习平台。在这样的学习环境中，学生能够接触到多样化的知识和文化，体验到不同的社会实践活动，这对于培养学生的创新思维和问题解决能力具有重要意义。

学校与社区教育资源的合作交流能够促进学生综合素质的全面提升。通过参与社区的文化艺术活动、科学探索项目等，学生不仅能够学习到知识，还能够在活动中培养自己的团队合作能力、沟通能力和社会适应能力。这些非学科核心素养的培养对于学生的全面发展具有不可替代的作用。政府和教育主管部门应出台相关政策，鼓励和支持学校与社区之间的合作交流，为学校与社区提供必要的资源和资金支持，建立健全合作交流的监督和评价机制，确保合作交流活动的质量和效果，从而实现教育资源的精准匹配与供给。

3.社区教育的需求导向探索对于实现家校社教育资源的精准匹配与供给至关重要

在当前教育格局中，社区教育已不仅是补充学校教育的辅助手段，而是成为促进学生全面发展的重要力量。因此，社区教育的有效实施需要基于中小学生的实际需求，这样才能真正实现家校社教育资源的精准匹配与供给。

需求导向的社区教育能够更好地满足中小学生多样化的学习与发展需求。随着社会的快速发展和科技的不断进步，中小学生学习的内容和方式日益多样化。社区通过深入调研中小学生的学习需求和兴趣偏好，结合社区自身的资源优势，可以设计和提供更加贴合中小学生需求的教育活动和课程，如艺术创作工作坊、环境保护实践活动等，从而为中小学生的全面发展创造更多可能性。通过提供与中小学生兴趣相符合的学习项目和活动，社区教育能够有效吸引中小学生的注意力，使他们在参与过程中积极探索、自主学习。这种学习方式有助于提高中小学生的学习兴趣和主动性，培养其创新能力和实践能力，促进其个性化发展。

需求导向的社区教育能够促进社区文化的丰富与发展。社区教育不仅是传授知识的平台，更是文化交流和传承的场所。通过开展符合中小学生需求的教育活动，社区不仅能够满足中小学生的学习需求，还能够借此机会传承社区文化，增强社区凝聚力，促进社区文化的发展和繁荣。

社区教育的需求导向探索需要社区、学校和家庭密切合作，社区在进行需求调研和资源整合时，需要与学校和家庭保持紧密沟通，共同探讨和确定教育活动的内容和形式，确保教育资源的有效利用和分配。此外，社区还需要定期对教育活动的效果进行评估，根据反馈调整和优化教育资源配置，不断提升社区教育的质量和效果。

（四）发挥"互联网＋教育"作用，实现教育资源互通

1.建立信息共享机制

在当今数字化时代，互联网技术的快速发展已经深刻影响了教育领域，为家校社协同育人提供了新的途径和手段。特别是在实现教育资源的共享和互通方面，建立信息共享机制成为一项重要的战略举措。在线平台的建设和运用，不仅能有效地整合家庭、学校、社区的教育资源，还能促进三方之间的信息流通和协同工作，从而提升教育服务的效率和质量。建立信息共享机制的作用如图6-3所示。

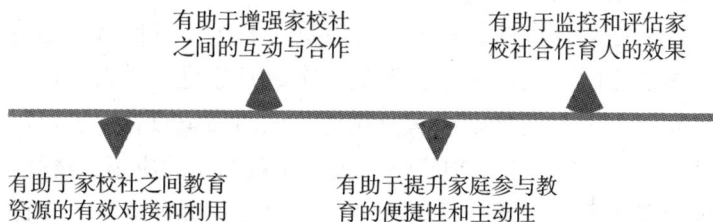

有助于增强家校社之间的互动与合作

有助于监控和评估家校社合作育人的效果

有助于家校社之间教育资源的有效对接和利用

有助于提升家庭参与教育的便捷性和主动性

图6-3 建立信息共享机制的作用

在线平台作为一个信息集成和交流的虚拟空间，可以收录和发布各类教育资源，如课程内容、学习资料、活动安排等，供家庭、学校、社区共同使用。这种资源共享不仅能发挥各方的资源优势，还能避免资源的重复建设和浪费，实现资源利用的最大化。在线平台不仅具有信息发布和资源共享的功能，还可以作为家校社沟通的桥梁，如开设论坛、留言板等交流栏目，让教师、家长和社区工作者能够及时交流教育心得、协调合作事宜、分享教育经验。这种线上互动模式，能够极大地促进家校社之间的信息沟通，增强三者合作的默契和效果。

对于家长而言，访问在线平台可以随时了解中小学生在学校的学习情况和社区的教育资源，从而更加有针对性地参与和支持中小学生的教育。此外，在线平台还可以提供家庭教育指导、亲子活动建议等内容，帮助家长提升家庭教育的质量和效果。在线平台可以收集和分析教育活动的数据，为家校社协同育人的评估提供依据。通过数据分析，家庭、学校、社区工作者可以发现合作中存在的问题，及时调整和改进合作策略，不断提升协同育人的质量和水平。

2.设计合作性课程

设计合作性课程，旨在通过在线平台的便捷性和广泛性，促进家庭、学校、社区的深入合作，共同制定能够满足学生全面发展需求的课程标准，从而实现教育内容的无缝对接和资源的有效整合，为学生提供一个连续统一的、多元化的学习环境。合作性课程设计要求家庭、学校、社区三方在课程内容的确定、教学目标的设定、教学资源的分配等方面进行充分的沟通与协作。家庭、学校、社区通过在线平台建立一个共享的信息交流和协作设计的平台，不仅能够确保课程设计的科学性和实用性，还能够根据学生的实际需求和兴趣点，灵活调整课程内容，使教育更加个性化、目标化。合作性课程的实施有助于打破传统的教育边界，通过线上线下相结合的方式，为学生创造一个跨越家庭、学校、社区的全方位学习空间。学生不仅可以在学校获得系统的知识教育，也可以在家庭和社区通过参与实践活动、项目学习等，实现知识的应用和技能的提升。

合作性课程设计需要注重课程评价的多元化和连续性。在课程实施过程中，通过在线平台的数据收集和分析功能，教师可以实时跟踪学生的学习进度，评价学生的学习效果，及时调整教学策略。同时，家长和社区也能通过平台了解学生的学习情况，并为其提供相应的支持和辅导，形成家校社三方协同育人的闭环。设计合作性课程的成功实施，需要依托强大的技术支持和完善的管理机制。这不仅包括在线平台的建设和维护，还涉及教育内容的数字化、云端资源库的建立、网络安全的保障等。此外，教师和家长还需要通过政策引导和专业培训，提升自身的信息技术应用能力，确保合作性课程的高效实施和教育质量的持续提升。

3.联合举办多样化教育活动

联合举办的教育活动能够为中小学生提供更为丰富和多元的学习机会。通过在线平台的协调，家庭、学校、社区可以根据学生的兴趣爱好和发展需求，举办包括义工服务、社区参与、文化体验、科学探究等在内的多样化活动。这种活动不仅涵盖了学科知识的学习，还包括对学生社会实践能力、创新思维和人文素养的培养。在线平台作为家庭、学校、社区之间沟通的桥梁，能够实现信息的及时传递和资源的有效对接。通过共同参与活动的策划、组织和实施，各方能够更好地理解和尊重彼此的角色和价值，形成互帮互助的良好合作关系。

家庭、学校、社区通过联合举办活动，能够有效地促进学生的社会责任感和公民意识。参与义工服务、社区建设等活动，学生不仅能够为社区贡献自己的力量，还能参与社会实践，学习如何与他人协作、解决问题。这种经验对于培养学生的社会责任感、团队合作能力及解决实际问题的能力具有重要意义。家庭、学校、社区联合举办活动还能够增强社区的文化氛围和凝聚力。举办丰富多彩的文化体验活动，如传统节日庆祝、地方文化探索等，不仅能丰富社区居民的文化生活，还能促进不同文化背景居民之间的交流和理解，提高社区的多元文化包容性，增强社区凝聚力。

4.建立线上互动机制

线上互动机制能够为家庭、学校和社区之间提供一个开放的沟通平台。通过这个平台，教师可以及时分享学生的学习进展和表现，家长可以更加便捷地了解孩子在学校的情况。同时，家长和教师还可以就学生的教育问题进行讨论和交流，共同探索更有效的教育方法。社区资源和活动信息也可以通过该平台发布，便于家庭和学校获取和利用。学生可以在平台上分享自己的学习笔记、研究成果，并与其他同学进行交流和讨论，互相帮助和启发。这种交流不仅能够激发学生的学习兴趣和热情，还能够培养他们的批判性思维和创新能力。线上互动机制还可以促进教育经验和教学方法的共享与借鉴。教师可以通过平台分享自己的教学心得和创新实践，与其他教师进行交流，不断提高自身的教学水平和教育质量。同时，家长也可以通过平台了解更多科学的教育知识和教育方法，为中小学生提供更加科学、全面的教育支持。

（五）建立家长学校，丰富家校合作形式

在当前教育改革的背景下，家庭与学校的紧密合作对于提高教育质量、实现"双减"目标具有重要意义。家庭教育作为学校教育的重要补充，其质量直接影响学生的学习效果和个人发展。因此，建立家长学校，为家长提供必要的教育知识和技能培训，不仅能够帮助家长更好地理解教育理念，参与中小学生的教育过程，还能够丰富家校合作的形式，构建良好的教育生态。

1.家长学校的设立能够有效提升家长的教育意识和能力

家长学校设立的主要目的是帮助家长掌握科学的教育理念和方法，增强其在教育过程中的自信心和应对能力。通过举办系列讲座、设立工作坊和开展培训课程，家长学校可以系统地向家长传授现代教育理念，包括尊重中小学生的个性、鼓励中小学生进行探索学习、培养中小学生的创造力等。这些教育理念的普及，能够帮助家长建立正确的教育观念，避免采用压迫式或溺爱式的教育方式，促进中小学生的健康成长。

家长学校还可以提供心理健康、青春期管理、家庭沟通等方面的培训。面对中小学生成长过程中的心理变化，家长往往会感到困惑和无力。家长学校通过开设专业的心理健康教育课程，能够帮助家长理解中小学生的心理需求，学习如何有效地与中小学生沟通，处理亲子关系中的矛盾和冲突。这不仅有助于维护家庭和谐，也有助于中小学生的心理健康。家长学校还可以作为家长之间交流的平台。家长在参与家长学校的过程中，可以与其他家长分享教育经验，相互学习，相互支持。这种交流不仅能够拓宽家长的视野，还能够形成教育过程中的社会支持网络，减轻家长的心理负担，提高教育的幸福感和满意度。

2.家长能够为中小学生提供更加个性化和针对性的指导

家长学校的设立，不仅是对家长教育能力的提升，更是对家校合作模式的创新。在这种模式下，家长不再是学校教育的旁观者，而是成了参与者和合作者。家长通过参与家长学校的活动，能够更好地理解中小学生的学习和成长需求，进而在家庭环境中为中小学生提供更加个性化和具有针对性的指导与支持。家长学校通过为家长提供教育理念、学习策略和家庭教育方法等方面的培训，使家长能够科学地参与中小学生的学习过程。家长不仅可以根据中小学生的具体情况帮助其制订科学合理的学习计划，还可以在家庭日常生活中创造有利于中小学生学习和成长的环境。例如，家长可以与中小学生一起阅读、探讨学习内容，共同完成家庭作业，或者组织家庭教育活动，如科学实验、艺术创作等，既丰富了中小学生的学习体验，也增强了亲子之间的情感联系。

通过家校合作，家长学校可以成为家庭与学校之间沟通和交流的桥梁。学校可以通过家长学校向家长传达学校的教学理念、教学目标和学生的学习情况，家长则可以通过这个平台向学校反馈中小学生在家的学习和生活状况，双方共同关注和支持中小学生的全面发展。这种密切的沟通与合作，有助于家长和学校形成教育合力，更好地促进学生的学习成效和个人成长。积极参与家长学校的活动还能帮助家长树立正确的教育观念，避免过度干预，为中小学生提供一个轻松愉快的学习氛围。家长要学会平衡中小学生的学习与生活，关注中小学生的身心健康，引导中小学生形成良好的学习习惯，培养他们的人际交往能力，这对于他们社会适应能力和综合素质的提升至关重要。

（六）依托社区，实现教育资源共享

1. 加强社区教育场所的建设和管理

社区教育场所的建设和管理不仅为教育资源共享筑牢了物质基础，也是促进社区文化发展、提高居民生活质量的关键举措。政府应当发挥主导作用，通过财政投入和政策支持，推动社区教育资源的建设和完善，这包括但不限于社区教育中心、图书馆、文化馆等，这些设施不仅为社区居民，特别是中小学生提供了丰富的学习资源和活动空间，也为学校教育提供了有力的补充和支持。例如，社区图书馆可以为学生提供阅读材料，支持学生的自主学习；社区文化馆可以举办各类文化活动和讲座，丰富学生的课外生活。

社区教育场所的建设和管理需要社会各界的广泛参与。除了政府的支持，企业、非营利组织和社区居民等都可以在资源投入、设施建设和活动组织等方面发挥作用。例如，企业可以通过赞助建设图书馆、提供设备支持等方式参与社区教育；非营利组织可以利用自身优势，举办专题讲座和社区教育活动，丰富社区居民尤其是中小学生的学习内容。建立科学的管理制度和运行机制，对于保证社区教育资源的有效利用和社区教育的可持续发展至关重要，这包括建立健全的场所使用规范、活动

组织流程和质量评估机制，确保社区教育场所满足居民的实际需求，促进教育资源的合理分配和高效利用。同时，要通过定期的评估和反馈，不断优化社区教育资源的配置和服务方式，提高其对社区居民，特别是中小学生的吸引力和教育效果。

2.学校可以与社区合作组织多种活动

学校与社区合作开展各种课外活动，不仅能拓宽学生的视野和知识面，还能为学生提供丰富多样的学习体验和实践机会。这种合作模式有效地连接了学校教育与社会实践，为学生的全面发展提供了有力支持。学校与社区的合作能够为学生提供更广泛的学习资源和活动场所。例如，通过与社区图书馆、文化中心等机构的合作，学校可以组织学生参与夏令营、读书俱乐部等活动，这不仅丰富了学生的课余生活，还提升了学生的阅读兴趣和文化素养。同时，社区志愿者活动、环保活动等也为学生提供了践行社会责任、培养团队合作能力的平台。

学校与社区组织合作，联合开展教育活动和社区服务，有助于学生认识和了解社会。通过参与义工活动、环保活动、文艺活动等，学生不仅能学到知识，还能在实践中培养自己的社交能力、组织能力和解决问题的能力，这些能力对于学生的未来发展至关重要。这些活动还能增强学生的社会责任感，使其成为具有社会责任的公民。学校与社区的合作还能促进社区的教育资源共享。学校的参与和推动，使社区内的教育资源得到了更有效的利用，促进了资源的优化配置。同时，这种合作还有助于加强家庭、学校和社区之间的联系和互动，形成支持学生发展的强大社会网络。

3.社区教育资源的共享需要依托多元化的评估体系

学生全面发展评估体系不仅能够评估学生的学业成绩，也关注其社会技能、情感健康、身体发展等方面。这种评估机制的建立，需要家庭、学校和社区三方的共同参与和支持，通过定期的反馈和沟通，形成有效的教育联动和资源共享，这是对教育评估理念和方法的重要补充，对于推动学生全面、个性化发展也具有重要意义。

第七章　家校社协同育人的实践探索

第一节　搭建"教育讲堂"，写好"家庭"文章

2019 年 9 月 6 日，在妇女联合会、教育局、关心下一代工作委员会的指导下，HN 省 CZ 市 YZ 县成长家园家庭教育公益讲堂成立并开讲。成立三年多来，公益讲堂以多样的形式向全县人民进行社会主义核心价值观，中华优秀传统文化、革命文化、社会主义先进文化的传播，引导全县人民注重家庭、家教、家风，共同构建幸福家庭、和谐社会。

《中华人民共和国家庭教育促进法》《湖南省家庭教育促进条例》的出台与实施，将家庭教育从"家事"上升到"国事"，中国父母进入"依法带娃"时代，这既为促进未成年人健康成长和全面发展提供了更加充足、有力的法治保障，也为人们组织开展家庭教育指导服务提供了法律依据和政策保障。2020 年 7 月，YZ 县家庭教育指导服务中心成立，在家庭教育指导服务中心的指导下，YZ 县家庭教育公益讲堂以打造家庭教育样板为目标，致力家庭教育讲师团队的遴选、培养，精品课题的打造、宣讲及相关教育实践指导工作，确保社会主义核心价值观在家庭中落地、落实、落细。家庭教育讲师团队开发了亲子沟通、青春期教育、隔代教育、心理健康等 7 大版块课程，通过多样的形式宣讲 368 期，受众近 20 万人次，形成了县域家庭教育宣讲的"三个一"模式，全面、纵深推进家庭教育工作，不断为家长赋能提质，写好"家"字文章，县域家校社共育工作取得新发展，实现新跨越。

一、培育一支团队，从"一个人"到"一群人"

随着家庭教育工作的不断深入，家长对家庭教育公益讲堂的期待和

需求的日益增加，县妇联、县教育局、县关工委积极创造条件，为培育一支高素质的讲师队伍而努力。

第一，强化队伍建设，成立全市首个县级家庭教育指导服务中心。采取公开招募选拔的方式，吸纳有热情、有专长、有资质、有影响力的家庭教育工作爱好者进入家庭教育志愿者队伍。志愿者积极担当，为讲堂做好服务，每期家庭教育公益课堂都会有专业的志愿摄影师用心、无偿地拍照，以及制作美篇进行宣传报道；遴选优秀的老师组建县级家庭教育讲师团，开展家庭教育"五进"公益巡讲，并建立相关制度，对讲师团成员进行培训、管理、考核，引导讲师不断增强家庭教育的责任感、使命感，提升讲师的积极性、主动性、创造性，促进家庭教育事业的健康发展。

第二，强化主题创新，广泛宣传家庭教育科学理念。讲师团结合形势发展和家庭需求，融合家风家训，不断创新课程开发。创新开展家庭教育公益讲堂、"书香润家风，阅读伴成长"亲子阅读、寻找"最美家庭"等活动。

目前，家庭教育公益讲堂有专业家庭教育讲师 10 名，兼职讲师 14 名，心理咨询师 8 名，家庭教育指导服务中心会员 682 名，家庭教育志愿者 4025 名；讲师团队自主开发了"家长最关心的热点难点问题"课题 60 余件，采取课题"点单"模式，开展"五进"活动，引导广大家庭成员树立新时代家庭观。讲师团队心怀大爱，致力做好家庭教育的研究者、践行者和传播者，把家庭教育知识传入 YZ 县的每一个家庭。

二、建立一个机制，从"一枝独秀"到"春色满园"

家庭教育属于社会的大教育，是新形势下教育的大扩展。近年来，YZ 县妇联在家庭教育工作中不断探索，形成了"党建带动、妇联主动、部门联动、社区互动"的工作运行机制。

第一，与县教育局联合下文，组织全县各学校的学生家长分批次走进公益讲堂听课成长。其中，城区各学校的公益讲堂于每周五晚 7:30—9:00 在 YZ 县妇女儿童活动中心（或校园内报告厅）进行，乡镇各学校自主安排合适的时间和地点开展。城区内的公益宣讲场场爆满，座无虚席。讲师精彩动人、图文并茂的家庭教育课，深深地吸引、打动着每一位牵幼携老的中青年夫妇。讲师会通过课间的互动与分享，向家长传授家庭教育的方式方法，让每一位与课者获益匪浅。课后，家长纷纷添加"家庭教育公益学习交流群"，及时与讲师交流家庭教育经验。

第二，与县关工委"五老"宣讲团有机结合，宣讲隔代家庭教育知识。县关工委于 2020 年成立了隔代家庭教育讲师团，聘请了县内 10 名优秀退休教师和 2 名家庭教育高级讲师组成隔代家庭教育讲师团。讲师用多种方式对隔代家长进行教育培训，着力解决隔代家长在实施对孙辈的教育中遇到的"教什么""如何爱""怎么教"这三个最突出的问题。讲师用生动具体的案例，让正为隔代家庭教育感到纠结、无奈的爷爷、奶奶、外公、外婆初步认识、掌握了隔代教育的方式方法，让参加讲座的隔代长辈茅塞顿开。

第三，与县文化广电旅游体育局联合开展山区人才培训、书香飘万家等活动，有力推进科学的家庭教育观念覆盖每个家庭。活动主要以树立文明乡风、建设美好家园为主要内容，有计划地做好宣讲安排，使"三区"人才"公益讲堂"下基层服务活动开展得更广泛，更接近群众生活，能够服务群众，增强群众的吸引力，提升"公益讲堂"的知名度和影响力，为促进经济更高质量、更有效率、更加公平、更可持续发展营造了优良的环境。

第四，把教师培训、干部培训和家庭教育培训结合起来，在全县的教师培训、干部培训中开设提高教师家校社共育能力的相关课程，使三者更好地践行立德树人的目标。讲师团队先后打造了《成长为幸福的教师》《家校沟通策略》《亲子沟通的策略》等精品课题，至今已影响了 2 万多名教师。

三、创新一种模式，从"固定讲堂"到"移动课堂"

2019 年，家庭教育公益讲堂成立，县妇联便为家庭教育公益讲堂提供了专门的宣讲场地——妇女儿童活动中心，形成了固定讲堂。从家庭教育"五进"宣讲的开展，发展到如今的妇女之家、家长学校、村庄广场、古祠堂、网络直播，家庭教育公益讲堂成为传播科学家教、文明新风的殿堂。

同时，公益讲堂还分学校、分乡镇、分区域创建了家庭教育学习交流微信群，现有交流群 120 多个，家庭教育讲师每日都会在群内发送和更新家风家教知识，并为家长免费提供家庭教育咨询、心理咨询等服务。目前，县家庭教育公益讲堂已开展线下课堂 368 期，覆盖全县 19 个乡镇、90 个村（居）、40 所学校、15 个企业；线上微课堂 890 期，自主走进课堂的家长、儿童 20 万余人次，真正实现了从"有形覆盖"到"有效覆盖"的转变。

小讲座，大能量；小知识，大影响。家庭教育公益讲座深受市民的喜爱和好评。家教是一种伦理认同，也是一种规则认同；家风则是家庭成员共同的生活方式和文化氛围。父母是孩子的第一任老师，如何做一个好人，做一个人格健全的人，是家庭教育的终极目标。家教和家风能够筑起人的内在信仰，养成人的外在规矩。近几年，CZ 市委、市政府为加强家庭文明建设采取了一系列行之有效的措施，做了大量卓有成效的工作。在 CZ 市，学习家庭教育已成为一种社会风尚，传承优良家风，培养卓越人才，建设幸福家庭，已成为社会共识。但是 CZ 市的家风建设目前仍存在一些问题，主要体现在以下四个方面：

第一，家风建设的工作体系尚未建立。做好家风建设工作，必须构建党委领导、政府引导、部门联动、家庭尽责、社会参与的工作格局。目前，CZ 市家风建设的统筹规划滞后，内涵、任务、目标不清晰，家庭、学校、政府、社区各个层面的职责不明确，缺乏统筹协调的工作运行机制，没有形成工作合力。

第二，家风建设与新时代新要求有差距。家风建设的重要使命之一就是推动社会主义核心价值观在家庭落地生根，培养能够担当实现中华民族伟大复兴重任的时代新人。我国是一个崇文重教的国家，自古以来，CZ 市的一些大家族都会保留传承后世的家规家训，但是现代社会难以见到赋予时代新意的家规家训，更多的只是一些碎片化的知识。家庭教育存在缺位、错位现象。目前，我国很多中小学都展开了对中华优秀传统文化的学习，但对新时代良好家风的理解不足，对家庭、家教、家风建设的必要性认识不到位。

第三，政策支持和经费投入不足。当前，村委会（社区）基层自治组织没有专门的人力承担家庭、家教、家风的建设工作，现有人员都是身兼多职，学校承担着家庭教育指导责任，存在师资力量和资金不足问题，家教工作阵地的建立和运行缺乏资金支持。

第四，农村和贫困家庭家风教育薄弱。受自身文化素质、传统观念、隔代教育、人口流动性大等因素影响，绝大部分家庭缺乏正确的家庭、家教、家风建设理念，其中，留守儿童和贫困家庭的问题尤为突出。农村社会中家庭冲突调解机制弱化，农村基层组织中人员的思想政治教育相对薄弱，家风建设相对缺失，一些村民遇到矛盾和困难难以调解。

为此，笔者提出五点建议：

第一，要高度重视家风建设工作，提供财政保障。各级政府要把家庭教育纳入文明新风考核和财政预算，确保家庭教育的落实，让家庭教育真正成为 CZ 市的一项"利在当代，造福千秋"的民生工程。

第二，加强统筹规划。将家风建设纳入新时代精神文明建设总体规划，统筹谋划家风建设工作；将家庭教育指导服务内容和阵地建设纳入城乡公共服务体系建设、纳入政府购买社会组织服务项目，鼓励、支持和引导社会工作服务机构、志愿服务组织和志愿者开展公益性的家庭服务，推动工作模式创新，形成覆盖城乡的家庭教育服务体系；依托学校、工青妇等专业力量，组织开展专业的调查研究，为党委、政府科学决策提供依据。

第三，传承与弘扬并举。新时代要传承和发展中华民族传统家庭美德，充分挖掘其中蕴含的克己修身、尊老爱幼、勤俭持家、敦亲睦邻、乐善好施等思想文化资源，为基层社会治理提供丰厚道德滋养。引导城乡群众撰写、朗诵家规家训，以家规家训引导和感染家庭成员；利用乡贤文化滋养引领家规家训；通过图书、广告、微视频等展示家规家训，开展传家训、写家规、秀家宝等丰富多彩的家风文化，让践行优良家风成为群众的一种生活方式和生活态度。

第四，关注关爱留守儿童和困难家庭。发挥基层组织和各类公益社会力量、社会组织和志愿服务队伍作用，多渠道、多形式开展关爱帮扶活动，统筹社会资源向贫困地区和困难家庭倾斜，为贫困家庭开展创业培训、生产帮扶，为留守儿童开展心理辅导、法律援助，鼓励困难家庭和留守儿童树立自尊、自信、自立、自强精神，推动这些家庭和谐发展、儿童健康成长。切实完善家风教育工作体系，以家庭为基础、学校为平台、政府为引导、社会为载体，构建家庭、学校、政府、社会"四位一体"教育网络，举办各种家长培训班、讨论会，开展咨询服务，通过"文明家庭""好丈夫、好媳妇、好公婆、好子女"典型现身说法等方式，发挥优秀家庭的示范带动作用，要特别关注留守儿童、留守妇女、空巢老人和困难群众等特殊群体的家庭教育。

第五，整合资源，充分发挥专业家庭教育机构的力量。各级政府要大力重视和扶持本地家庭教育组织和机构，依托本地有资质、有实力、有专业素养的家庭教育组织和机构，全面开展家庭教育常态化工作，大力提升市民素质。

第二节 家校社联动下的中小学生法治教育

随着法治社会的不断推进，普法教育在中小学生成长中发挥着越来越重要的作用。某市积极探索家校社协同共育模式，结合普法教育进校园活动，旨在提升中小学生的法律意识和法治素养。本节将通过具体案例，探讨家校社协同共育在普法进校园方面的实践探索与成效。家校社协同共育模式强调学校、家庭和社会在中小学生教育中的紧密合作与相互支持。中小学生教育是一个系统工程，需要学校、家庭和社区三方共同努力，形成教育合力。在普法教育领域，家校社协同共育模式具有独特的优势，可以通过整合三方资源，共同推动普法进校园活动的深入开展。通过普法教育，中小学生可以了解法律知识，掌握法律技能，树立法治观念，从而在日常生活中自觉遵守法律法规，维护社会和谐稳定。

某市某某学校位于市区中心，是一所具有悠久历史和优良传统的学校。该学校注重学生的全面发展，特别是在法治教育方面。为了增强学生的法治观念，该校积极探索家校社协同共育模式，与家庭、社区共同合作，开展普法进校园活动，让学生在实践中学习法律知识，提升法治素养。目前，该校的普法进校园活动取得了显著成效。

一、实践探索

（一）学校层面的实践

1.法治课程开设

该校已将法治课程纳入正式课程体系中，以确保学生每周至少接受一课时的法治教育。此课程由具有法律专业背景的教师授课，旨在通过系统性教学深化学生对法律的理解和认知。该校的法治课程内容丰富，结合当下热点法律案例进行深入分析。通过这样的课程设置，学生不仅能学习到法律知识，还能提高其分析和解决实际问题的能力，培养良好的法治观念和法律素养。

2.法治文化活动

这是一项全面的教育活动，旨在通过有趣且富有教育意义的方式提升学生的法治意识和实践技能。该活动中的法治知识竞赛能够让学生在竞争中复习和加深对法律知识的理解，法治主题征文比赛能够鼓励学生表达自己对法律问题的看法和解决方案。该校还开展了模拟法庭活动，学生在活动中可以扮演律师、法官或当事人等角色，亲身体验法律程序，了解司法过程的严谨性和复杂性。这些活动不仅让学生在理论学习之外得到了实践的机会，还帮助他们建立了正确的法治观念，使他们增强了法律意识。

3.法治宣传栏建设

学校通过设立法治宣传栏，积极推动法治教育，培养学生的法治意识和法律素养。法治宣传栏的位置应选在学生流动频繁的区域，这样能够确保其广泛吸引学生的注意。宣传栏的内容定期更新，包括最新的法治资讯、典型案例分析、法律知识问答等，使学生在课间休息时可以进行碎片化学习。通过案例分析和真实事例的展示，宣传栏不仅能够传递法律知识，还能够引导学生理解法律在日常生活中的重要性。宣传栏的设计图文并茂，生动有趣，能够增强学生的阅读兴趣和学习效果。此外，学校还可以结合重要的法律纪念日和主题活动，推出专题内容，提高宣传的针对性和时效性。这种直观且持续的法治教育方式，有助于潜移默化地提升学生的法治观念，使他们树立遵纪守法的意识，推动形成健康向上的校园法治文化氛围。

（二）家庭层面的实践

1.家庭法治讲座

学校邀请法律专家为家长举办家庭法治讲座，旨在增强家长对家庭教育中法律问题的认识和理解。讲座内容丰富，涵盖未成年人权益保护、家庭暴力防范、监护责任等法律知识。法律专家通过通俗易懂的语言，结合具体案例，深入浅出地讲解这些法律问题，帮助家长了解和掌握相关法律知识。通过讲座，家长能够更好地认识到保护未成年人合法权益的重要性，以及他们应该如何在家庭教育中依法行使监护权，履行监护义务。讲座还特别强调了家庭暴力的危害及法律后果，指导家长如何在家庭生活中建立和谐的亲子关系，预防和处理家庭矛盾。

2.亲子法治阅读

学校推荐了一系列与法治教育相关的书籍，鼓励家长与中小学生共同进行亲子法治阅读。这些书籍内容丰富，涵盖法律常识、未成年人保护等方面，适合不同年龄段的学生阅读。在阅读过程中，家长与中小学生不仅可以共同学习法律知识，还可以通过讨论书中的内容，加强互动和沟通。通过亲子共读，家长可以引导中小学生理解法律条文和案例，帮助他们建立初步的法治观念。中小学生在家长的陪伴下，更容易对法律知识产生兴趣，从而主动参与法治学习。在讨论过程中，家长可以结合实际生活中的例子，让中小学生理解法律在日常生活中的重要性，使他们树立遵纪守法的意识。亲子法治阅读还为家庭成员提供了一个共同学习和交流的机会，增进了亲子关系。中小学生通过阅读和讨论，不仅掌握了基本的法律知识，还增强了逻辑思维和判断能力。这种教育方式既有助于提高中小学生的法治意识，又有助于形成一个法治观念浓厚的家庭氛围，为中小学生未来的成长和发展打下坚实的基础。

（三）社会层面的实践

1.社区法治宣传

学校与社区合作，积极开展社区法治宣传活动，旨在提高社区居民的法律意识和法治水平。这些宣传活动形式多样，包括悬挂法治宣传横幅、发放法律知识宣传资料、举办法治讲座等。在社区主要街道和居民聚集的地方悬挂横幅，能够吸引居民的注意力。学校和社区志愿者还会定期在社区内分发宣传资料，这些资料内容涵盖了常见的法律问题，如消费者权益保护、邻里纠纷处理、婚姻家庭矛盾等，让居民在日常生活中遇到法律问题时有据可依。

学校还邀请了法律专家及律师，在社区活动中心举办法治讲座。讲座内容包括未成年人保护、老年人权益保障、劳动法常识等，法律专家及律师针对社区居民关心的热点问题，进行详细讲解和答疑。居民通过参与这些讲座，能够更全面地了解和掌握相关法律知识，提高自身的法治意识。

2. 法律实践基地

学校与高校法学院、当地法院、检察院等建立了紧密的合作关系，设立了法律实践基地，为学生提供了一个深入了解法律实践的平台。通过这一基地，学生有机会走出课堂，亲身体验法律的实际运作过程。在法律实践基地内，学生可以参观法庭，了解法院的运作过程和司法程序，直观地学习法庭纪律和审判流程。

基地设有模拟法庭，学生可以参与模拟案件的审理，担任不同的角色，如法官、律师、原告、被告等。这种角色扮演式的实践活动，不仅增强了学生对法律知识的理解和运用能力，还培养了他们的逻辑思维、辩论技巧和团队合作精神。法律实践基地还定期邀请法学教授、法官和检察官等专家进行专题讲座，分享他们在法律实践中的经验和心得。学生通过与法律专家的互动交流，能够进一步深化对法律职业的认识，激发他们对法律学习的兴趣和热情。

3. 法治志愿者活动

学校鼓励学生积极参与法治志愿者活动，如法律援助和法治宣传等，使他们将所学的法律知识运用于实践，提升法治实践能力。这些活动不仅是对课堂知识的补充，更是培养学生社会责任感的重要途径。法治宣传活动是一项重要的志愿者形式。学生走进社区、学校和公共场所，通过发放宣传资料、举办法律知识讲座、开展法律咨询等方式，向公众普及法律知识，增强公众的法治意识。在这些活动中，学生不仅巩固了自己的法律知识，还提升了自己的公共演讲和沟通能力。

二、实践成效

通过家校社协同共育模式下的普法进校园实践探索，中小学生的法治意识明显增强，法律素养得到提升；家长的法律素养也有所提高，为中小学生的成长提供了更好的家庭教育环境；社区对中小学生法治教育的关注度提高，共同为构建法治社会贡献力量。家校社协同共育模式下的普法进校园实践探索为中小学生的法治教育提供了新的思路和途径。未来，国家会继续深化家校社协同共育模式的应用，加强学校、家庭和社会之间的沟通与协作，共同为提升中小学生法治素养、构建法治社会贡献力量。

（一）开发区完小防性侵心理健康教育专题讲座

为增强未成年人防范性侵害意识，保护儿童远离性侵害。3月29日，ZX市开发区完小开展了以"预防性侵，守护成长"为主题的防性侵心理健康教育专题讲座。活动中，笔者从"什么是儿童性侵害""了解哪些行为属于性侵害""坏人会如何对未成年人进行性侵害""如何预防性侵害""遇到性侵害时该怎么做"等方面向学生进行了讲解。课堂中穿插了趣味问答、互动游戏、情景模拟等环节，学生积极举手参与互动，在轻松、活跃的气氛中学习了防性侵知识。

此次讲座提高了学生的自我保护意识，让他们学会了在成长路上如何爱护自己，远离性侵害。据悉，开发区完小经常开展防性侵"五个一"教育活动，组织学生观看预防性侵教育专题片、发一封致家长信、上一节预防性侵教育课、开一次主题班会、进行一次家访等，认真落实防范学生遭受性侵害工作，打造和谐平安校园，为学生的健康成长保驾护航。

（二）CZ市白鹿小学"开学第一课"

2023年新学期伊始，为充分发挥"法治副校长"职能作用，增强普法工作的实效性，进一步做好中小学生法治宣传教育工作，9月6日下午，CZ市苏仙区人民法院联合湘南学院教育科学与法学学院到CZ市白鹿小学开展"开学第一课"暨"利剑护蕾"法治宣传活动。通过"法院＋高校"的普法模式，将普法宣传"独唱"变成"合唱"，上好开学法治教育第一课。

"见恶行，要举报，视而不见可不好；不恃强，不凌弱，后果严重警察找……"苏仙区人民法院干警向学生发放了未成年人保护普法宣传册，并带领学生在操场上诵读了宣传册的部分内容。在认真的诵读中，学生深入学习了未成年人保护的相关法律知识，铿锵有力的朗读声让法治"声"入人心。

诵读后，笔者给学生带来了"预防和打击性侵害""防范校园欺凌"的专题法治宣讲，用生动的语言从"认识我们的身体""如何分辨性侵害""如何防范性侵害""万一遭遇性侵害该做什么"等四个方面进行互动教学。

"你认为什么是校园欺凌？"这一问题引发了学生的热烈讨论。"打人、骂人、起外号、造谣"，课堂上传来此起彼伏的回答声，现场气氛活跃。围绕"拒绝校园欺凌"的主题，笔者用通俗易懂的语言、生动形象的法治小故事为学生讲述了什么是校园欺凌，如何远离和应对校园欺凌。

此次"开学第一课"法治宣传活动，有助于学生扣好人生第一粒"法治纽扣"，进一步增强他们的法治观念和法治意识。下一步，苏仙区人民法院将持续延伸司法服务功能，充分发挥中小学生法学教育基地作用，针对不同的社会群体，不断丰富普法内容和宣讲形式，拓宽普法宣传面的广度和深度，通过不定期开展送法进校园、模拟法庭、"法院开放日"等活动，构建"情景式""多元化"的普法宣传新格局，为建设平安、法治、和谐苏仙贡献法院力量。

第三节　家校社协同探索心理健康教育的新篇章

心理健康教育是学生全面发展的重要基石，HN 省 CZ 市八中联合家庭、学校、社区，从"心"启航，以心理健康为起点，以全方位、多层次的育人模式，点亮学生心灵的灯塔，让他们在成长的道路上遇见更美好的自己。

一、课程引领，心育相融

为了丰富和深化心理健康教育的内容，学校采取了多种策略来提升学生的心理健康水平。市八中专门设计并实施了心理健康教育课程，旨在构建一个全面且系统的心理健康教育体系。这一课程体系以积极情绪体验为核心，通过丰富多样的教学活动，如心理训练、角色扮演、小组讨论和案例分析等，让学生在互动中深入了解心理健康的重要性。

专职与兼职心理教师共同参与这一教育过程，不仅注重为学生传授心理健康知识，更注重培养学生的心理品质。课程内容涵盖学习心理、情感管理、人际沟通、自我提升以及压力应对等多个方面。这些课程能够帮助学生更好地认识自我，使他们提升自我调控能力，增强面对挫折的韧性，并学会在复杂环境中健康成长。学生通过积极参与这些活动，不仅能获得理论知识，还能在实践中提升心理素质，形成良好的心理习惯。

将心理健康教育与日常学科教学相结合需要教师在日常教学中积极融入心理健康元素，将心理健康教育的理念和方法渗透各个学科。各科教师也通过自我提升和专业培训，增强了自己的心理健康教育能力，确保心理健康教育与学科教学的有机结合。这些举措有利于构建全方位的心理健康教育体系，为学生的健康成长提供坚实的心理支持。这样的综合教育模式不仅能提升学生的学业成绩，更能促进他们的全面发展，帮助他们成为身心健康、充满自信、具有社会责任感的优秀人才。

二、咨询干预，精准护航

市八中建立了完善的心理辅导站，通过常态化心理普测、个别咨询和团体辅导等方式，为有心理问题的学生提供精准的心理支持和干预。在这里，学生可以倾诉心声，释放压力，找到心灵的归宿。心理辅导站配备了各类功能室，如心理活动室、咨询室、测量室、心理阅览室、放松治疗室以及心理宣泄室，成为学生寻求心灵安宁的港湾。心理辅导工作的重心在于为存在心理困扰的学生提供精准而有效的服务。

第一，实施常态化心理普测。从学习焦虑、人际焦虑、孤独感、自责感以及敏感倾向等八个维度，对学生的心理状态进行细致评估，并建立详尽的心理健康档案，为后续的辅导工作提供数据支持。

第二，强调个别咨询的重要性。秉持"预防、预警、危机干预"的核心理念，构建一套完善的工作体系，旨在早期发现、分级预警和科学干预。对于心理危机程度较高的学生，可以采用面谈、通信等多种方式，为他们提供个性化的心理辅导，帮助他们克服困难，恢复心理平衡，提高自我发展和应对挑战的能力。

第三，注重团体辅导的积极作用。辅导站根据学生的不同需求，组织了丰富多彩的教育和辅导活动，如心理测试、趣味心理拓展、心理电影赏析等。这些活动不仅为学生带来了愉快的体验，也增强了他们对心理健康教育的认同感，有效提升了他们的心理健康水平。同时，这些活动也为家长和教师提供了一个了解心理健康、缓解压力、激发动力的平台。

如今，学校心理辅导站已经成为一个集预防、评估、咨询、辅导于一体的综合性心理健康服务平台，为学生的心理健康提供了坚实的保障。这些措施能够确保每一位学生都在充满支持和关爱的环境中健康成长。

三、活动体验，心手相连

丰富多彩的心理健康教育活动能够让学生在参与中体验，在互动中学习，全面提升他们的心理素质和心理健康水平。这些活动包括心理训练、角色扮演、心理知识讲座等，旨在为学生普及心理健康知识，注重对学生心理品质的全面培养。活动的具体内容包括学习心理指导，帮助学生掌握有效的学习方法和策略，使他们提高学习效率和应对考试压力的能力；情感教育，通过活动让学生学会理解和表达情感，使他们培养情感管理能力；人际关系指导，帮助学生建立健康的人际关系，使他们学会有效的沟通与合作；自我心理修养指导，增强学生的自我认知，使他们提升自我调控能力。

通过这些丰富的活动，学生不仅能正确认识自我，不断增强自我调控、承受挫折、适应环境的能力，还能培养健全的人格和良好的心理品质。活动能够帮助学生树立信心，获得积极的自我认同感，学会调节和控制自己的情绪和意志。参与活动的过程中，学生在合作与互动中增进了友谊和信任，形成了一个更加和谐、互助的班级和校园环境。

这些心理健康教育活动不仅提升了学生的心理健康水平，还促进了他们的全面发展。这些活动能够使每一位学生都在心理上获得成长和支持，具备应对未来挑战的能力，并产生归属感和安全感，从而在学业和生活中取得更大的成功。持续的心理健康教育能够为学生构建一个支持性和富有建设性的学习环境，让他们在心灵和学术上得到全面的发展。

四、读书分享，心灵成长

学校心理咨询室陈列的心理健康书籍是学生的心灵食粮。在课余时间，这些书籍吸引了众多学生，他们不仅在书中找到了解决心理困扰的方法，还通过文字获得了心灵的慰藉和启迪。阅读过程中，学生会深入思考书中的内容，并将其与自己的实际生活相联系，提升自我认知和心理素质。为了更好地服务师生，学校每天安排一名心理老师值班，负责接待前来阅读的师生，心理老师不仅能帮助学生选择适合他们的书籍，还会在阅读后与学生进行深入的交流和讨论，解答他们在阅读过程中遇到的疑问。通过这些互动，学生能够更好地理解和运用心理健康知识，提升自身的心理素养。

心理老师还会组织定期的心理读书会，邀请对心理学感兴趣的师生共同参与。读书会上，大家能够分享自己的读书心得和体会，探讨书中的心理学概念和理论，交流彼此在实际生活中遇到的心理问题及解决办法。这不仅增进了师生之间的理解和信任，也为他们提供了一个相互支持和学习的平台。

心理咨询室的书籍和交流活动不仅帮助学生缓解了学习和生活中的压力，还使他们养成了良好的阅读习惯，树立了终身学习的意识。通过与心理老师的交流，学生学会了更好地面对和解决自身的心理问题，逐渐成长为心理素质健康、情感丰富、具有良好社交能力的人。学校心理咨询室已经成为学生心灵成长的重要基地，为他们的健康成长提供了坚实的心理支持和保障。这些措施能够为学生营造一个温馨、支持性强的学习环境，让每一位学生都能在心理上获得成长和满足。

五、家校社合作，共筑心桥

加强家庭、学校与社区加强联系与合作，有利于共同为学生的心理健康提供支持和保障。通过举办家长讲座、开展亲子活动等方式，家长能够提高对学生心理健康的认识和关注，有利于形成全方位的心理健康教育网络，构建家庭—学校—社区合作模式，共同为学生的心理健康提供支持和保障。

第一，建立多维沟通平台。为确保家庭、学校和社区间的顺畅交流，可以建立包括家长会、家长联络小组、社区座谈会等多维度的沟通平台，强化三者间的协作与互动。

第二，信息实时共享。家庭、学校和社区之间建立了紧密的信息共享机制，确保学生心理健康状况和需求信息的实时更新与共享，以便共同制定更具针对性的教育策略与干预措施。

第三，联合教育活动。家庭、学校和社区能够联合举办多样化的心理健康教育活动，如心理健康工作坊、家庭亲子日等，并开展家长心理健康培训，以提高家长对学生心理健康的重视程度和参与度。

第四，资源整合优化。整合家庭、学校和社区的心理健康教育资源，能够为学生提供更加全面、专业的心理支持与服务，确保学生在心理健康方面得到全方位的关怀。

第五，个性化帮扶计划。针对有特殊心理需求的学生，应建立家庭、学校和社区共同参与的个性化帮扶计划，确保每位学生都能得到及时、有效的心理援助。

第六，广泛宣传推广。校园广播、社区公告、家长会等多种渠道能够广泛宣传心理健康知识，提高公众对心理健康重要性的认识。

第七，构建全面教育网络。家庭、学校和社区通过紧密合作，成功构建了一个全方位的心理健康教育网络，为学生的心理健康发展提供了坚实的保障。

第八，充分利用社区资源。家庭与学校积极与社区心理咨询机构、志愿者组织等建立合作关系，有利于充分利用社区资源为学生提供更加广泛的心理健康支持。

第九，营造积极校园文化。学校应注重校园文化建设，通过校园宣传板报、校园广播等渠道传播心理健康知识，培养学生的积极心态和健康心理。

六、学生互助，温暖传递

学校设立了心理健康委员会，由学校领导牵头，年级组长具体组织和培训学生心理健康委员会成员，形成了一支由学生组成的心理健康支持团队。委员会成员经过系统的培训，掌握了基本的心理健康知识和辅导技巧，旨在能够在同学中发挥积极的引导和支持作用。这种学生互助互帮的模式，通过同伴之间的理解和支持，帮助有心理困惑的同学解决问题。委员会成员会定期举办心理健康主题活动，如心理知识讲座、情感交流会和压力缓解工作坊等，为同学们提供了一个倾诉和交流的平台。这种自助互动的方式，不仅增强了学生的心理韧性，使他们在面对挫折和挑战时更加坚强，还营造了一个充满温暖和关爱的校园氛围。

自助互动咨询服务的"暖心"模式，是心理健康教育服务体系的重要组成部分。通过这一模式，学校构建了一个全面的心理健康教育网络，既有专业心理教师的辅导，也有同伴之间的支持和帮助。委员会成员在日常生活中，能够及时发现和了解同学的心理健康问题，主动为其提供帮助和支持，确保同伴的心理问题能够在早期得到关注和解决。心理健康委员会还设立了多个心理咨询渠道，包括线上和线下的咨询服务，让学生可以随时寻求帮助。在线上，学生可以通过匿名咨询平台，与心理老师或委员会成员进行交流；在线下，心理健康委员会则设有固定的咨询时间和地点，方便学生面谈和交流。

这种自助互动的心理健康服务，不仅有效地提升了学生的心理健康水平，还增强了学生之间的团结和互助精神。通过心理健康委员会的努力，学校逐渐形成了一个相互关爱、互帮互助的校园文化，学生在这里不仅学会了如何关爱自己，也学会了如何关爱他人，为构建和谐校园贡献了力量。这些措施使每一位学生都在心理上得到了全面的支持和发展，有利于他们健康快乐地成长。

七、专家助力，共谋发展

市八中与高校建立合作，引入专家资源，共同研究心理健康教育课题。在专家的指导下，该校不断提升心理健康教育工作的专业水平，为学生的心理健康保驾护航。

学校每学期都会举办由心理专家主讲的心理健康教育系列活动，这些活动旨在帮助全校师生深入了解心理知识，推动他们身心健康的全面发展。其主题内容涵盖了三个核心方向：

第一，注重人际交往与关系建立能力的培养。通过专家的引导，学生将学习如何建立和谐的人际关系，积极回应他人的情感需求，并适应各种人际环境。同时，学校会向学生传授基本的人际交往技巧，助力学生正确处理师生、同学及亲子关系，构建更加和谐的社会交往网络。

第二，聚焦青春期心理健康教育。专题讲座的举办能够使学生全面了解青春期的身心发展特点、卫生常识，并引导他们正确看待异性间的交往，树立健康的恋爱观和婚姻观，这有助于学生在青春期这一关键阶段形成健全的心理素质和情感观念。

第三，强化生活与社会适应能力的培养。在专家的指导下，学生将学习如何主动适应生活和社会中的各种变化，提升抗挫折的能力。同时，专家还将教授学生如何在意外环境下进行自我保护，确保他们在复杂多变的社会环境中保持安全；加强对学生的职业指导，帮助他们更好地适应未来社会环境，实现个人价值的最大化。

从"心"启航，"育"见心灵之光，CZ市八中将继续探索心理健康教育的新路径，为学生心灵的健康成长贡献更多的智慧和力量。

第四节　乡村女童关爱行动

乡村作为社会的重要组成部分，承载着丰富的历史文化和人文情感。在乡村振兴的大背景下，乡村女童的生命教育显得尤为重要。女童作为乡村社会的一部分，她们的成长与发展不仅关乎个体的命运，更关乎乡村乃至整个社会的未来。然而，由于历史、地理、经济等多重因素的影响，女童在生命教育方面面临着诸多挑战。一方面，传统社会观念根深蒂固，对女性的角色和期望存在偏见和限制，这种观念影响了乡村女童的生命教育效果，限制了她们的发展空间。在许多乡村地区，女童往往被视为家庭负担，受教育的机会较少，生命教育资源更为匮乏。另一方面，经济条件的限制也使乡村女童在教育资源获取方面处于劣势。贫困家庭更倾向优先让男孩接受教育，忽视了女童的受教育需求，这不仅影响了她们的受教育水平，还制约了她们综合素质的发展。

笔者曾参与"护蕾童行·携手成长"乡村女童关爱行动，为乡村女童提供生活和学习上的支持和帮助，组织志愿者到乡村进行支教、心理辅导等活动，为乡村女童的成长和发展贡献力量。乡村女童关爱公益项目以教育支持、宣传倡导和法律援助为核心，通过健康教育、安全教育、法治宣传教育等多元化手段，致力改善乡村女童的生活境况，优化其成长环境，进而促进乡村女童全面发展与健康成长。该项目由湘南学院教育科学与法学学院青年志愿者协会主导，联合学校各学院青年志愿者共同开展，整合社会资源，与政府、学校、社区、企业等各方建立合作机制，通过平台加强各方之间的沟通和交流，形成合力，推动乡村女童的教育工作。

一、关爱行动建设目标

（一）关爱与陪伴

实施"护蕾童行·携手成长"关爱行动，旨在为乡村女童提供全面的关爱与陪伴，促进她们的身心健康发展。关爱与陪伴作为帮助行动的重要组成部分，注重为乡村女童提供情感支持和心理关怀，以帮助她们应对在生命教育中面临的多重挑战。关爱与陪伴的核心在于关注女童的情感需求，帮助她们建立健康的心理认知。通过多渠道、多形式的关爱行动，改变传统观念对女童发展的限制，营造一个充满爱与支持的成长氛围，使乡村女童在良好的环境中茁壮成长。最终，该行动通过系统的关爱与陪伴，不仅提升了女童的心理素质和生活质量，更为乡村的长远发展注入了活力和希望。

（二）学习辅导与支持

学习辅导与支持作为关爱行动的重要组成部分，旨在通过组织大学生志愿者为乡村女童提供全面的学习辅导，帮助她们解决学习中的困难，培养她们的学习兴趣和自主学习能力。在辅导过程中，志愿者注重培养女童的学习兴趣和自主学习能力，通过引导女童发现学习的乐趣，鼓励她们积极参与课堂和课外活动，逐渐培养她们对学习的兴趣和热爱。志愿者还通过示范和引导，教会女童科学的学习方法和有效的学习策略，帮助她们养成良好的学习习惯，使她们提升自主学习的能力。学习辅导与支持不仅限于知识的传授，还注重培养女童的综合素质。通过参与各种学习辅导活动，女童不仅能提高学业成绩，还能在团队合作、沟通能力、问题解决能力等方面得到锻炼和提升。大学生志愿者在辅导过程中，注重与女童的互动和交流，帮助她们建立自信，提升她们的综合素质和能力。

（三）心理关爱与疏导

关注乡村女童的心理健康，通过心理关爱与疏导帮助她们建立积极健康的心态。心理关爱与疏导作为这一行动的重要组成部分，旨在关注乡村女童的心理健康，缓解她们的心理压力，增强她们的自信心和抗挫能力。专业的心理教师和志愿者通过一对一的心理咨询，与女童进行了深入的交流，了解了她们的心理困惑和情感需求，为她们提供了具有针对性的疏导和建议。这种个性化的辅导不仅帮助女童解决了心理问题，还增添了她们面对挫折的勇气，使她们在面对挑战时能够保持积极的心态和自信心。通过系统的心理关爱与疏导，乡村女童不仅获得了情感上的支持和心理上的帮助，还在自信心、情感管理和抗挫能力方面得到了全面提升。这一关爱行动为她们提供了坚实的心理支持，使她们能够拥有健康、积极的心态，茁壮成长，为乡村的长远发展注入了新的动力和希望。

（四）亲情陪伴与关怀

此举旨在通过多种形式的活动为乡村女童提供亲情陪伴，增进情感联系，让她们感受到社会的关爱和温暖，促进她们的身心健康发展。亲情陪伴与关怀的核心在于通过家庭走访和互动游戏等方式，建立她们与外界的情感纽带。家庭走访是关爱行动的重要环节，志愿者和心理教师进入乡村女童的家庭，与她们及其家人进行面对面的交流和沟通。这不仅帮助志愿者更好地了解了女童的家庭环境和生活状况，还为她们的家庭提供了及时的情感支持和实际帮助。通过这种直接的互动，女童感受到了来自社会各界的关爱，增强了她们的归属感和安全感。互动游戏则通过丰富多样的形式，为女童创造了愉快和谐的氛围。在这些游戏中，她们不仅能体验到快乐，还能通过团队合作和互动，增强彼此之间的情感联系。这些游戏设计不仅注重趣味性，更融合了教育性，能够帮助她们在玩耍中学习情感表达和社交技巧。通过这种方式，女童能够在轻松的环境中释放压力，感受关怀和支持。

二、关爱行动载体平台

（一）学科与专业平台

该行动以湘南学院国家级一流本科专业——社会工作专业为核心支撑平台，凭借该专业深厚的学术积淀与丰富的实践经验，为"护蕾童行·携手成长"乡村女童关爱行动提供了坚实的学科支撑。同时，湘南学院社会学、法学、教育学与心理学专业亦为该项目的实施提供了重要的理论指导与心理支持，确保项目在推进过程中精准把握儿童的心理需求与教育特质。通过多学科协同作战，湘南学院致力打造集社工、教育、心理、法律等多维度于一体的综合育人体系，为农村留守女童的健康成长保驾护航。

（二）实践基地与合作基础

湘南学院与市法院、检察院等地方司法机构建立了长期稳定的合作关系，通过"法院＋高校"的普法模式，开展了多次中小学校园法治宣传活动，以及暑期乡村留守儿童义教助学活动，积累了丰富的实践经验，为"护蕾童行·携手成长"乡村女童关爱行动项目的实施提供了宝贵的司法资源和社会支持。湘南学院还积极参与了点亮微心愿等关爱留守儿童活动，与地方志愿者建立了良好的合作机制，为"护蕾童行·携手成长"乡村女童关爱行动项目的实施奠定了坚实的基础。

（三）志愿服务与团队组建

建立一支稳定且高效的志愿者团队，能够确保项目的各项措施顺利实施，达到预期效果。团队的建立不仅需要明确的职责分工，还需要通过多种方式加强团队建设，提高志愿者的凝聚力和执行力。

1.建立稳定的志愿者团队

招募和选拔志愿者时应注重其专业素养和服务热情，确保每一位成员都具备开展心理辅导、学业支持及情感关怀的能力。通过严格的筛选和培训，志愿者能够在项目中发挥其专业优势，为乡村女童提供高质量的服务。团队成员的职责分工也需要进一步明确，各司其职，形成一个有序、高效的工作体系。

2.加强团队建设

定期组织团队建设活动，如培训研讨会、经验交流会和团队拓展活动，有利于增强志愿者之间的沟通和合作，提升团队整体的凝聚力和向心力。这不仅能提高志愿者的服务水平，还能增强他们在面对困难和挑战时的协作能力和解决问题的能力。

3.建立合理的志愿者团队管理和激励机制

通过建立完善的管理制度，对志愿者的工作进行有效监督和指导，确保各项任务的高效完成。同时，制定激励政策，对表现突出的志愿者进行表彰和奖励，增强他们的荣誉感和使命感，激励更多人参与志愿服务。

志愿服务与团队组建作为关爱行动的重要载体平台，通过系统化和专业化的团队建设，确保了项目的顺利实施和持续发展。稳定的志愿者团队不仅为乡村女童提供了可靠的支持和帮助，还通过团队的努力和奉献，推动了整个项目的良性循环和不断提升。通过志愿服务与团队组建，关爱行动能够更加深入和广泛地开展，为乡村女童的健康成长和未来发展提供坚实保障。

（四）技术支持与信息平台

技术支持与信息平台是关爱行动不可或缺的载体。借助技术支持和信息平台，关爱行动能够充分利用现代科技手段提升管理效率，优化资源配置，增强传播效果，为乡村女童提供更全面、更便捷的服务。

关爱行动集合了各专业学生，这些学生具备较强的数据搜集与分析能力，这为行动的实施提供了坚实的技术支持。通过系统化的数据收集和分析，项目团队能够深入了解乡村女童的实际需求，制定更具针对性和有效性的关爱措施。数据分析不仅帮助团队监测和评估了项目的实施效果，还为未来工作的改进和优化提供了科学依据。同时，项目团队能够熟练使用各种在线学习平台和信息发布渠道，极大提升了项目的科技含量和传播效果。在线学习平台为乡村女童提供了丰富的学习资源和远程辅导机会，打破了地域和时间的限制，使她们能够随时随地获取优质教育资源。信息发布渠道的广泛应用，如微信公众号、微博和其他社交媒体平台，确保了项目动态和成果的及时传播，吸引了更多社会力量的关注和参与。

技术支持和信息平台不仅在日常管理和信息交流中发挥着重要作用，还为志愿者的培训和团队建设提供了便利。通过在线培训系统，志愿者能够随时学习相关知识和技能，提高服务水平和效率。同时，信息平台还为志愿者之间的沟通和协作提供了便捷通道，有利于增强团队凝聚力和执行力。

三、关爱行动运行机制

（一）项目培育

1.建立完善的项目管理体系

第一，是成立项目领导小组，由学院领导、专业教师、学生代表以及合作单位代表组成，负责项目的整体规划、决策和协调，明确各个成员的责任和任务。第二，制定详细的项目实施方案和管理办法，包括项目的目标、任务、实施步骤、预算安排等，为项目的实施提供指导。

2.组建专业化的志愿者队伍

招募具备专业知识和热情的大学生志愿者，通过培训和实践，提高他们的服务能力和水平。志愿者队伍应具备社会学、心理学、教育学等相关学科背景，以便更好地理解和关爱乡村女童。这样的志愿者队伍不仅能够有效实施项目的各项措施，还将成为推动社会进步和公益事业发展的重要力量。

3.开展多元化的儿童关爱活动

（1）点亮知识之光，守护小小梦想：针对乡村女童的学习需求和心理问题，志愿者能够提供学习辅导和心理关爱服务，帮助她们解决学习难题，缓解心理压力。

（2）走进乡村学校，走进女童内心：开展心理健康讲座、心理咨询等活动，关注乡村女童的心理健康，帮助她们建立积极的生活态度。通过不定期的家庭走访，了解乡村女童的生活状况和家庭环境，与她们建立深厚的情感联系，让她们感受到社会的关爱和温暖。

（3）手拉手心贴心，育人同时育己：组织丰富多彩的文体活动、社会实践等，增进志愿者与乡村女童的交流互动，让她们感受到关爱和温暖。

4. 建立长效合作机制

与地方政府、社区和学校等机构建立稳固的合作关系，形成一个多方参与的支持网络，共同关注乡村女童的成长问题。通过定期的交流与合作，各方可以共享资源，最大化利用现有的教育、心理和社会支持服务。定期的交流会议和合作活动，有助于各方及时了解项目进展，讨论面临的问题，并制定具有针对性的解决方案。地方政府可以提供政策支持和必要的资金保障，社区组织能够动员志愿者参与项目服务，学校则能够在具体实施过程中发挥重要作用。各方的密切配合和资源共享，使关爱行动更具针对性和实效性。这种长效合作机制不仅有助于项目的顺利实施，还为项目的未来发展奠定了坚实的基础。通过不断优化合作模式和提升合作质量，形成合力，共同推动项目的可持续发展，确保乡村女童长期受益，健康快乐地成长。

（二）项目体制机制

1. 组织领导

湘南学院成立了以院领导为组长的项目领导小组，负责项目的整体规划、决策和协调。领导小组下设项目管理中心，负责项目的具体实施和日常管理。为了进一步提升项目的专业性和科学性，学院还邀请了相关领域的专家学者和合作单位代表担任顾问。顾问团队为项目提供了专业指导和建议，从理论和实践层面确保了项目的科学性和有效性。专家的参与，能够不断优化项目实施策略，提升项目的整体质量和效果。

2. 资源整合

湘南学院积极整合校内外资源，包括师资力量、教学设施、实践基地等，为项目的实施提供了全方位的支持。同时，学院积极与地方政府部门、社会爱心团体和志愿者组织等建立了合作关系，形成了强大的支持网络。通过与这些外部机构的合作，学院能够获取更多的资源和支持，确保项目的顺利开展。地方政府为项目提供政策和资金支持，社会团体为项目捐赠物资和资金，志愿者组织则为项目注入新鲜血液和活力。

3.志愿者管理

湘南学院制订了系统的志愿者招募计划，通过多渠道宣传和动员，吸引了许多具备专业知识和服务热情的大学生志愿者加入项目。严格的筛选程序确保每一位志愿者都符合项目要求，具备足够的能力和素质。在管理方面，学院制定了明确的职责分工和考核评估机制，每位志愿者都被分配了具体的任务，并定期进行工作评估，确保他们充分发挥自身作用。通过定期的反馈和指导，志愿者能够在工作中不断改进，提升服务质量。学院还设立了合理的激励机制，激发了志愿者的积极性和创造性。通过表彰优秀志愿者、颁发荣誉证书、提供实践机会等方式，增强志愿者的荣誉感和使命感。合理的激励措施不仅提升了志愿者的工作热情，还鼓励了更多学生参与项目。

4.监督评估

建立项目监督评估机制，定期对项目的实施情况进行检查和评估；通过收集项目数据、分析项目效果、总结经验教训等方式，及时发现并解决项目实施过程中存在的问题。为增强项目的透明度和公信力，学院还定期向政府、企业和社会公众报告项目进展和成果，通过发布项目报告、举办成果展示会和开展公众交流活动，确保各方及时了解项目的最新动态和实际成效。这不仅提升了项目的社会认知度，也为争取更多的支持和资源打下了良好的基础。

四、关爱行动实施过程

（一）实施策略

1.分阶段实施与逐步推进

将项目整体划分为准备、实施、评估与提升三个阶段，确保每个阶段的目标清晰、任务明确。每个阶段也将进一步细分为若干个子阶段或活动，逐步推进，确保项目的稳定性和可持续性。在准备阶段，项目负责人进行了详细的项目规划、资源整合和志愿者培训，为项目的顺利开展奠定了基础。实施阶段，按照预定计划组织各项活动，逐步推进具体任务，如心理辅导、学业支持和亲情陪伴等。评估与提升阶段，通过系统的监督评估，收集和分析项目数据，及时发现问题，优化改进措施，并总结成功经验。每个主要阶段会进一步细分为若干子阶段或具体活动，确保项目的稳定性和可持续性，通过分步推进，使项目各项工作有条不紊地进行，持续为乡村女童提供高质量的关爱和支持。

2. 以乡村女童需求为导向

深入了解乡村女童的实际需求，通过调研、访谈和问卷等方式，获取第一手资料，确保活动和服务精准满足她们的真实需求。志愿者根据收集到的信息，设计有针对性的活动和服务内容，如心理辅导、学习支持和生活技能培训等。项目过程中，定期收集女童的反馈，了解她们对活动的意见和建议。通过灵活调整活动内容和方式，及时响应和满足她们的变化需求，确保关爱行动的有效性和持续性。以需求为导向的策略，不仅提升了活动的参与度和满意度，也促进了乡村女童的全面发展和健康成长。

3. 强化志愿者培训与管理

湘南学院高度重视志愿者的专业能力培训，通过开展系统的培训，确保他们具备为儿童提供有效帮助的能力。培训内容涵盖心理辅导、教育方法、沟通技巧和应急处理等方面，湘南学院通过理论与实践相结合的方式，使志愿者全面掌握所需技能。

4. 多元化合作与资源整合

湘南学院积极寻求与政府、社区、学校、企业等多方合作，旨在形成一个广泛而坚实的支持网络。通过与政府部门合作，学院获得了政策支持和资金保障；与社区组织联手，动员志愿者积极参与；与学校合作，确保项目与教育体系的无缝衔接；与企业合作，获取更多的物质和资金支持。这种多方协作不仅使资源得到了最优配置，还促进了信息共享和协同发展，极大提高了项目的实施效率和效果。多元化的合作模式确保了关爱行动能够持续、稳定地推进，为乡村女童的全面发展提供了坚实的保障。

（二）实施过程

1.准备阶段

完成项目团队组建、需求调研、活动计划制订和志愿者招募培训工作。

（1）调研与评估。在项目开始前，项目团队深入目标地区，对乡村女童的生活、教育和心理状况进行了全面的调研和评估。项目团队通过问卷调查、访谈和实地考察等方式，详细了解了她们的实际需求和困难，为项目制定针对性的措施提供了依据。

（2）资源整合。项目团队积极整合各方资源，包括资金、人力和物力等，通过与政府、企业、社区和学校等多方合作，获取必要的支持和保障。资金支持用于项目活动和设施建设，人力资源确保有足够的志愿者和专业人员参与，物资供应则为女童提供了学习和生活所需。通过有效整合资源，项目得以高效实施，为乡村女童的全面发展提供了坚实保障。

（3）志愿者招募与培训。项目团队积极招募具有爱心和专业专长的志愿者，确保他们具备为乡村女童提供有效帮助的能力。招募完成后，志愿者会接受系统培训，内容涵盖心理辅导、教育方法和沟通技巧等。培训后，志愿者还会得到持续的支持和指导，确保他们在服务过程中高效工作，为乡村女童的成长和发展提供切实有效的帮助。

（4）宣传与推广。通过各种渠道宣传和推广项目，包括社交媒体、新闻媒体、公益活动和社区宣传等，广泛宣传项目的意义和成果，提高社会对乡村女童问题的关注度和参与度。积极的宣传推广不仅增强了项目的影响力，还收获了更多资源和支持，为乡村女童的全面发展提供了有力保障。

2.实施阶段

按照活动计划开展各项关爱活动，加强与合作伙伴的沟通与协作，定期收集反馈并调整方案。一是有序开展各项关爱活动，如学业辅导、心理咨询、家访等；二是组织心理关爱活动，为乡村女童提供心理咨询和疏导服务，缓解他们的心理压力；三是实施假期陪伴计划，组织志愿者了解乡村女童的家庭情况，并为她们提供必要的帮助和支持；四是定期收集反馈意见，及时调整活动方案，确保活动的针对性和实效性。

3.总结与提升阶段

进行全面评估，总结项目成果和经验教训，探索可持续发展路径；吸取经验教训，学习优秀实践案例，总结项目成果，展示项目价值；分享推广经验，为其他类似项目提供借鉴和参考。

（三）重点难点突破

1.乡村女童需求精准对接

关爱行动通过深入的调研和访谈，精准识别乡村女童的具体需求，确保项目活动直接回应她们的期望和关切。因此，项目团队要设计多样化的调研工具，如问卷、访谈提纲和实地考察等，确保信息的全面性和准确性；还要通过详细的问卷调查获取广泛的数据，利用访谈深入了解个体的具体情况和特殊需求，结合实地考察全面评估乡村女童的生活环境和教育资源。

2.志愿者活动质量提升

关爱行动致力提升志愿者的专业素养和能力。因此，项目团队应加强志愿者的选拔，确保招募具备专业知识和服务热情的志愿者。系统的培训内容涵盖儿童心理学、沟通技巧、活动组织等方面，确保志愿者具备必要的技能和知识，能够有效地开展各项活动。同时，建立完善的志愿者激励机制，通过颁发荣誉证书、提供实践机会、举办表彰活动等方式，激发志愿者的积极性和参与度。这些激励措施不仅增强了志愿者的荣誉感和归属感，还吸引了更多优秀人才加入项目。

3.合作伙伴建立与维护

项目团队与政府部门、社区组织、学校等建立了稳固的合作关系，共同推进项目的各项工作。通过签署合作协议和制订合作计划，确保各方在资源共享、任务分工和项目执行上密切配合。同时，项目团队定期组织了合作交流活动，如研讨会、联席会议和培训活动，加强了合作伙伴之间的沟通与协作。通过这些交流活动，合作伙伴能够分享经验、解决问题、优化项目实施方案，从而提升项目的整体效果和效率。

4.资源保障与风险管理

项目团队积极寻求政府、企业和社会组织的多方支持，优化资源配置，提高资源利用效率。通过多渠道筹集资金和物资，确保项目的各项活动有充足的资源保障。同时，识别项目实施过程中可能面临的风险和挑战，如女童参与度低、志愿者流失等，并制定相应的风险应对措施。为提高女童的参与度，项目团队加强宣传，利用多种媒介广泛传播项目的意义和价值，激发女童和家长的兴趣和参与热情。优化活动设计，使活动内容更加丰富有趣，贴近女童的实际需求，增强活动的吸引力。

五、关爱行动突出成效

大学生志愿者积极参与"护蕾同行·携手成长"乡村女童关爱行动，不仅有效促进了乡村女童的健康成长，而且展现了当代青年大学生以实际行动践行社会主义核心价值观的担当。在奉献爱心、服务社会的过程中，志愿者实现了自我成长与进步，进一步增强了关爱儿童、服务社会、报效国家的责任感和使命感，真正实现了育人自育的目标。

（一）育人成效显著，提升大学生社会责任感

在"护蕾童行·携手成长"乡村女童关爱行动中，大学生志愿者的参与不仅对乡村女童产生了积极影响，也显著提升了大学生的社会责任感，体现了育人成效的显著性。通过这一项目，大学生志愿者在亲身实践中深刻体验到了关爱他人和奉献社会的价值。

在与乡村女童的互动过程中，大学生志愿者不仅传递了爱心和温暖，还学习到了如何关爱和尊重他人。这种互动使志愿者在帮助女童克服学习和生活中的困难时，感受到了自身行为对他人生活产生的积极影响，进而增强了他们的社会责任感。志愿者通过辅导女童学习、陪伴她们进行心理疏导和参与各种活动，真正践行了社会责任的内涵。项目的实际操作和面对的挑战也使大学生志愿者在解决问题、应对困难和团队合作等方面得到了锻炼和提升。通过这些经历，志愿者不仅在知识和技能上有所收获，更在思想上和心理上实现了成长，他们在奉献和付出中找到了人生的意义和价值，形成了积极向上的人生态度和价值观念。关爱行动使大学生志愿者认识到了自己在社会中的角色和责任，激发了他们投身公益事业的热情，并将这种责任感带入今后的学习和生活。通过长期的志愿服务，大学生不仅在个人素质和能力上得到了提升，还为社会贡献了自己的力量，体现了当代大学生的社会担当和时代精神。

（二）关爱活动成效显著，促进儿童健康成长

通过"护蕾童行·携手成长"乡村女童关爱行动的实施，乡村女童得到了大学生志愿者的关爱与帮助。通过项目的实施，大学生志愿者为乡村女童提供了多方面的支持，包括学习辅导、心理关爱和物质帮助，全面改善了她们的成长环境。志愿者在学习辅导方面，为女童提供了课业辅导和学习方法指导，帮助她们克服了学业上的困难，提升了学习成绩。同时，通过定期的心理关爱活动，志愿者对女童进行了心理疏导和情感支持，帮助她们缓解了心理压力，增强了她们的自信心和心理韧性。在物质帮助方面，志愿者还为女童提供了必要的学习用品和生活物资，改善了她们的物质条件。

关爱活动还积极与地方政府、社区和学校合作，共同为乡村女童的健康成长创造良好的社会氛围。地方政府在政策和资金方面提供了有力支持，社区组织动员社会力量参与关爱活动，学校则在具体实施过程中提供了场地和人员配合。多方协作下，项目形成了一个全方位的支持网络，确保关爱活动的顺利开展。

六、关爱行动广泛影响

（一）社会影响深远，传递积极能量

在"护蕾童行·携手成长"乡村女童关爱行动中，大学生志愿者的积极参与和无私奉献，为乡村女童送去了关爱与温暖，显著改善了她们的成长环境。这一行动不仅展示了社会的温暖与关怀，更在社会上传递了积极能量，产生了深远的影响。这一系列关爱行动，不仅直接改善了乡村女童的生活和学习条件，更通过实际行动传递了社会的温暖和关怀，彰显了公益项目的社会责任感和使命感。通过志愿者的积极参与，项目展示了当代大学生的社会担当和奉献精神，激发了更多人对乡村女童问题的关注和参与。社会各界在项目的带动下，纷纷加入关爱行动，形成了广泛的社会支持和参与网络。

项目的成功实施和广泛影响，不仅为乡村女童创造了更好的成长环境，还在社会上传递了积极能量，推动了公益事业的发展和社会的和谐进步。通过这个项目，社会各界进一步认识到了关爱乡村女童的重要性

和紧迫性，激发了更多人投身公益事业的热情，形成了良好的社会效应。

（二）媒体关注度高，扩大项目影响力

乡村女童关爱行动自实施以来，受到了多家媒体的关注和报道，这些报道不仅提升了项目的公众知晓度，也吸引了更多社会力量参与关爱乡村女童的行动。媒体报道通过多种形式，全面展示了项目的实施过程和取得的成效。这些媒体的报道，不仅为项目赢得了广泛的社会关注，也增强了公众对乡村女童问题的认识和理解。通过媒体的传播，项目的影响力得到了大幅提升，越来越多的人开始了解并支持这一关爱行动，纷纷加入志愿服务和捐赠行列。这种社会各界的积极响应，不仅为项目提供了更多的资源和支持，也进一步推动了关爱乡村女童事业的发展。

（三）引发社会关注，形成关爱合力

乡村女童关爱行动的成功引发了社会的广泛关注，形成了多方力量共同参与的关爱合力。这一项目使越来越多的人意识到了乡村女童的成长问题，积极投身关爱行动，推动了社会对这一群体的关注和支持。

项目的实施促进了政府、学校、社区等多方力量的合作与联动，形成了强大的关爱合力。政府部门通过政策支持和资金投入，为项目的顺利开展提供了重要保障。学校在教育资源和场地提供方面积极配合，确保女童能够拥有良好的学习和成长环境。社区组织则通过动员志愿者，提供社会资源，增强了项目的实施效果和社会影响力。这种多方联动的合作模式，不仅提升了项目的实施效率和效果，还为乡村女童的健康成长创造了良好的社会环境。政府、学校、社区和社会各界共同努力，形成了一个全面、系统的关爱网络，有力推动了女童成长环境的改善和发展机会的增加。

（四）树立典范，推动类似项目发展

湖南学院通过实施"护蕾童行·携手成长"乡村女童关爱行动，树立了关爱乡村女童的典范，为其他类似项目提供了宝贵的经验和借鉴。该项目的创新模式和有效策略不仅为受助女童带来了实质性的改善，也为社会各界如何有效关爱乡村女童提供了可参考的范例。

"护蕾同行·携手成长"乡村女童关爱行动项目树立的典范作用，有

助于推动更多类似项目的发展，进一步提高社会对乡村女童问题的关注和关心。社会各界通过借鉴项目的成功经验，可以更有效地设计和实施关爱行动，提高资源利用效率，提升项目效果。同时，项目的示范效应还激发了更多社会力量参与关爱乡村女童的事业，形成了更大规模的社会支持网络。

第八章 结论与展望

第一节 研究总结与主要观点

一、中小学生个体成长

（一）身体成长

中小学时期是个体生理和心理迅速成长变化的关键阶段，中小学生的身体状况是其成长的基石，身体成长不仅直接关系到中小学生的生活质量和幸福感，而且对其学习能力、社会交往以及未来的职业发展均有深远影响。

遗传因素是影响中小学生身体状况的基础。遗传信息决定了个体在身高、体质甚至某些健康状况方面的先天属性。尽管遗传因素对个体的身体特征和健康状况有着决定性影响，但科学的管理和适当的干预可以在一定程度上优化遗传潜能，减少遗传疾病的影响。营养状态对中小学生的成长发育至关重要。良好的营养状态可以保障中小学生的健康成长，促进其智力和体能的发展；相反，营养不良或营养过剩都会对中小学生的健康产生负面影响，如引起生长迟缓、肥胖、骨骼发育不良等问题。中小学时期的不良生活习惯，如熬夜，不合理的饮食、吸烟和饮酒等，都会对个体的身体状况产生负面影响。这些不良习惯不仅可能导致个体出现中小学时期的身体健康问题，还可能对其成年后的健康状态产生长期影响。因此，合理的饮食习惯和均衡的营养摄入对中小学生来说至关重要。

锻炼作为改善身体状况的有效手段，对中小学生的健康成长同样重要。适量且规律的体育活动可以增强中小学生的身体素质，改善他们的心肺功能，促进他们骨骼和肌肉的健康发展，同时也有助于中小学生缓解学习压力，提高自我控制能力和社会适应能力；而缺乏运动则可能导致中小学生体质下降、免疫力减弱，进而影响中小学生的学习和生活。

（二）个人性格

个人性格的形成与发展对中小学生成长的影响深远，它不仅塑造了中小学生的社会交往方式，还直接影响中小学生的学习成绩、行为习惯及未来的职业选择。性格，作为个体行为模式的稳定特征，是由遗传和环境共同决定的。在中小学生成长的过程中，性格特征的显现尤为重要，它在很大程度上决定了中小学生如何看待自己和周围的世界，以及如何与这个世界互动。

性格特点的多样性意味着每个中小学生都有独特的成长路径。例如，内向的中小学生往往较为敏感、谨慎，他们可能会在人多的场合感到不适，更喜欢独处或与少数亲近的人交往。这种性格特点可能使他们在社交方面显得较为被动，需要更多的时间和空间来适应新环境或建立新的社交关系。然而，内向并非全是劣势，这类中小学生往往拥有较强的自我反省能力，能够深入思考，有利于他们内在世界的丰富发展。又如，外向的中小学生通常更加开朗、主动，他们乐于与人交往，能够更快地适应新环境和建立广泛的社交网络。这种性格特质有利于中小学生提升自信心，促进团队合作能力的发展。然而，过于外向的中小学生可能会在学习上缺乏专注力，更容易受到外界干扰，这些中小学生就需要学习如何平衡社交活动和个人学习时间。

性格不仅影响着中小学生的社交和学习，还与其心理健康紧密相关，不同的性格特征可能使中小学生在面对压力和挑战时表现出不同的应对策略。例如，容易焦虑的中小学生在面对学业和人际关系的压力时可能更容易感到不安和压抑，需要更多的心理支持和鼓励。因此，了解中小学生的性格特点，对于家长和教师来说至关重要，有助于他们为中小学生提供更为个性化的指导和支持，促进中小学生的全面发展。

二、家庭环境

家庭环境的影响力在中小学生的身心发展过程中占据着举足轻重的地位。家庭的稳定性、情感氛围、教育方式、价值观念传递等方面，都在无形中塑造着中小学生的性格、行为习惯及世界观。

家庭结构的稳定性是中小学生健康成长的重要基础。在一个稳定的家庭环境中，中小学生能够感受到安全感，产生归属感，这对于他们自尊心和自信心的建立至关重要。父母之间的和谐关系以及与孩子之间的良好互动，能够为中小学生提供一个积极的情感支持系统，有助于中小学生在遇到困难和挑战时获得足够的支持和鼓励。父母对孩子的关爱与关注不仅体现在物质供给上，更体现在情感交流、价值观的传递、行为习惯的养成等方面。父母是中小学生的第一任老师，他们的言行举止、对待人际关系的态度、处理问题的方式等，都会被中小学生学习和模仿。因此，父母的积极引导和正确示范对于中小学生形成健康的心理状态具有指导性作用。

如果家庭环境不稳定或不和谐，如家庭成员经常发生冲突、缺乏有效沟通，将对中小学生的心理健康产生负面影响。这些不利因素会增加中小学生出现情绪问题的风险，如焦虑、抑郁等，甚至可能导致行为问题的出现，如逃学、攻击性行为等。此外，不和谐的家庭环境也不利于中小学生社会适应能力的培养，使其在人际交往中表现出退缩或过度防御的态度。

促进中小学生的全面发展，需要建立一个温馨和谐的家庭环境，父母应该积极采取有效的沟通技巧，与孩子建立开放、坦诚的交流渠道。同时，家庭成员应注重培养中小学生的责任感、同情心和社会责任意识，引导他们形成正确的世界观、人生观和价值观。在处理家庭冲突时，家长应采取建设性的方式，为中小学生树立解决问题的典范，从而营造一个有助于中小学生健康成长的家庭环境。

三、教育系统

学校教育系统不仅为中小学生提供基础学科知识的学习，更重要的是，它为中小学生提供了一个丰富多元、互动密切的社会性环境，促进了他们的社会性发展和情感成熟。在这个环境中，教师的角色尤为关键，他们不仅是知识的传递者，更是价值观念的引导者和中小学生心理成长的支持者。优秀的教师通过高效的教学方法激发学生的学习热情，用合适的指导方式帮助学生解决学习过程中的困惑，帮助学生建立自信心。

更重要的是，教师通过树立榜样形象，向中小学生传递正面的人生态度和价值观，这对他们的人格形成和价值观念的建立有着深远的影响。

在学校教育系统中，学校的环境和文化构建了一个学习和社交的共同体。一个开放、包容、鼓励创新的学校环境，能够促进学生主动学习，激发学生的创造力和探索精神。同时，正面、具有支持性的校园氛围有助于培养学生的社会技能，如团队合作、沟通协商和领导力等，这些技能对学生未来的学术发展和职业生涯至关重要。同学之间的互动也是学校教育系统中不可或缺的一部分。通过与同龄人的交往，中小学生能够学习如何在社交中建立自我认同，如何处理人际关系中的冲突和压力。健康的同伴关系能够为中小学生提供情感支持，减少中小学生的孤独感，缓解中小学生的社交焦虑，促进其社会适应能力的发展。

不过，面对学校教育系统中存在的种种挑战，如学业压力、同伴欺凌等问题，教师、家长和社会各界人士共同努力，构建一个全方位支持中小学生成长的教育生态。学校应当采取多元化的教育策略，关注学生的个体差异，为学生提供个性化的学习计划和心理健康支持。学校还要加强家校沟通，让家庭成为学校教育的有力支持者，共同为中小学生的全面发展创造条件。

四、社会环境

（一）政治环境

国家的政策法规是中小学生成长的重要基础和指导，尤其是教育及教学方面的政策改革，对于家庭教育引导、学校教育教学乃至社区参与教育的方式和效果都具有深远的影响。国家政策法规能够为学校教育体系提供清晰的发展方向和规范。通过教育政策的制定和优化，国家可以明确教育的重点领域、投入资源的方向，以及师资力量的培养和利用方式，从而确保教育活动沿着既定的轨迹高效推进。例如，学校通过推广素质教育，减轻学生的课业负担，能够促进学生全面发展，避免单一应试教育导致的创新能力缺失。

政策法规对于家庭教育引导具有重要作用。通过实施与家庭教育相关的政策，学校不仅可以增强家长的教育意识，还可以通过提供家庭教育资源和服务，为家长提供科学的教学方法。这样的政策措施有助于家庭形成健康的教育环境，促进家庭教育和学校教育的有效衔接，提高教育的整体效果。政策法规直接影响学校教育教学的内容和方法。教育政策中对教师队伍建设、课程改革、教学方法创新等方面的规定，能够指导学校优化教育教学活动，提升教育质量。例如，通过推行新课程标准，鼓励教师采用多元化的教学方式和评价体系，学校能够更好地满足学生的个性化学习需求，激发学生的学习兴趣和创新能力。国家政策法规也加强了社区参与教育的广度和深度。通过社区教育相关政策的支持，社区能够发挥其教育资源的优势，为社区内的中小学生提供多样化的学习和发展平台。这种政策支持增强了社区教育的活力和效果，促进了教育资源的均衡分配和利用，有利于形成家庭、学校与社区三方协同育人的良好局面。

（二）经济环境

经济环境不仅包括地区的经济发展状况和水平，也包括学生家庭的经济条件。经济环境对家庭、学校、社区的教育资源配置、教育质量，以及中小学生的个人发展机会都有着深刻的影响。中小学生家庭的经济条件直接决定了中小学生能够获得的教育资源和学习环境的质量。经济条件较好的家庭能够为孩子提供更多的教育机会，如参加各类兴趣班、补习班，为中小学生购买教育资源，甚至是海外留学的机会，这些都能促进中小学生的全面发展。相反，经济条件较差的家庭可能无法负担这些额外的教育开支，这部分中小学生的学习资源和发展机会相对有限，这在一定程度上加剧了教育不平等的现象。地区经济发展水平对学校和社区教育的影响也非常显著。在经济发达地区，学校通常能够获得更多的教育投资，如现代化的教学设施、丰富的教学资源和雄厚的师资力量，这些都能提高教育教学的质量，促进学生的全面成长。此外，经济发达地区的社区往往能够提供更多样化的教育活动和学习平台，为中小学生的成长提供广阔的空间。反之，在经济欠发达地区，学校和社区的教育资源相对匮乏，可能会限制中小学生的学习和发展。

经济环境还会影响教育公平的实现。经济条件优越的家庭和地区能够通过投资教育使中小学生获得更多的发展机会，而经济条件较差的家庭和地区则会使中小学生在教育方面面临更多的挑战和困难。这种差异不仅体现在资源获取上，还体现在教育成果和未来的社会地位上，进一步加剧了社会分层和不平等。

（三）文化环境

文化环境是政治、经济、地域环境的综合反映，也是使中小学生形成正确世界观、人生观和价值观的关键因素。文化环境的内容丰富多样，包括但不限于历史传统、民族文化、社会风俗、艺术表现、教育理念，这些文化要素共同作用于中小学生的成长过程，塑造他们的个性和行为模式。在有着深厚文化底蕴和背景的地方，中小学生所接受的历史文化教育更为丰富和深刻。无论是家庭和学校教育还是社区生活，生活在有着深厚文化底蕴和背景的地方的中小学生能够更早地接触各种历史故事、文化遗产和艺术作品，从而对中华民族的历史和文化传统有更深的认识和理解。这不仅增强了中小学生的文化自信和民族自豪感，也为他们形成正确的价值观和人生观提供了坚实的基础。

文化环境还通过多种方式影响中小学生的行为和决策。例如，生活在浓厚学术氛围中的中小学生，可能更倾向追求知识和学术成就；而在艺术氛围浓郁的环境中长大的中小学生，则可能对艺术有更深的理解和追求。这说明文化环境不仅能够促进中小学生的知识学习，还能够激发他们的兴趣爱好和特长发展。但文化环境也存在差异性，不同地区的文化资源分配和文化氛围存在显著差异，这可能导致中小学生接受文化教育的机会不均等。因此，如何平衡文化资源，使每个中小学生都在公平的文化环境中成长，是一个值得关注的问题。

针对这一问题，政府和社会各界应该采取积极措施，如加大对文化教育的投入，丰富社区公共文化设施，推动文化资源向农村和边远地区流动，以及利用现代科技手段，为中小学生提供更广泛的文化学习机会。同时，学校和家庭也应该重视文化教育的重要性，鼓励中小学生积极参与文化活动，培养他们对文化的认识和兴趣。

五、朋辈和社交环境

朋辈在中小学生的社会化过程中扮演着至关重要的角色。朋辈不仅是学生在学校生活中的主要交往对象，也是他们情感交流和认同的重要来源。通过与朋辈互动，中小学生逐步学会了如何处理人际关系、解决冲突和进行有效沟通，这些技能对他们的社会适应和心理发展具有重要意义。

在朋辈互动中，学生往往会受到群体规范和价值观的影响，这种影响既可能是积极的，也可能是消极的。积极的朋辈关系能够增强学生的自尊心和自信心，促进他们的学业成就和心理健康。例如，友善和互助的朋辈关系可以为学生提供情感支持和学习帮助，减轻他们的学业压力和情绪困扰。相反，消极的朋辈关系，如同伴间的欺凌和排斥，则可能对学生的心理健康和学业表现产生负面影响，甚至导致他们出现自我认同问题和社会退缩行为。

社交环境也是影响中小学生成长的重要因素。一个积极、具有支持性的社交环境可以为学生的成长提供有利条件。在这样的环境中，学生能够接触多样化的观点和信息，培养开放的心态和批判性思维能力。同时，良好的社交环境能够促进学生社会技能的发展，提高他们的合作能力和团队意识，这些都是中小学生在未来社会生活中不可或缺的素质。

六、媒体的影响

在当代社会，媒体已成为中小学生生活中不可分割的一部分。随着科技的发展和互联网的普及，大量的电子设备和社交媒体渗透中小学生的日常生活，成为他们获取信息、交流沟通乃至娱乐消遣的重要渠道。然而，媒体的广泛使用对中小学生的成长带来了深远的影响，特别是在思维方式、行为模式以及社交技能的发展上。媒体内容的多样性和丰富性为中小学生提供了广阔的知识视野和文化体验，有助于开拓他们的思维，增强他们的创造力。通过接触不同类型的媒体内容，中小学生可以了解到多元文化、科学发现、社会现象等，从而激发他们的好奇心和探索欲。同时，媒体也成为中小学生表达自我、分享经验的平台，促进了他们个性的形成和自我认同的建立。

但媒体的影响并非全然积极。过度使用电子设备和沉浸在虚拟世界中，可能会削弱中小学生与现实世界的联系，占用他们应投入人际交往和现实生活体验中的时间。此外，媒体中的某些内容可能会向中小学生传递错误的价值观和不良的行为模式，如暴力、歧视、不实信息等，对中小学生的价值观形成和行为选择造成负面影响。

因此，为了确保媒体对中小学生成长的正面影响，必须引导他们正确使用媒体，培养他们的批判性思维和媒体素养，这包括教育中小学生辨别媒体内容的真伪，理解媒体信息背后的价值观和意图，以及培养他们对媒体使用的自我控制能力，确保他们合理分配荧幕时间和现实生活时间。家庭、学校和社会应共同努力，为中小学生创造健康的媒体环境、提供丰富的现实生活体验，帮助他们在享受媒体带来的便利和乐趣的同时健康、全面地成长。

第二节 理论与实践的结合点再思考

一、家校社合作育人的教育政策

在政策和法规层面，中国很早就开始实施相关的法律文件，以推动家庭、学校和社区之间的合作教育。近年来，随着这一教育模式的重要程度逐渐增强，政府相继出台了更多政策措施，旨在深化和优化家校社三方合作的育人机制，确保每个中小学生都能在多元化的教育环境中获得全面发展。1986 年，我国颁布了《中华人民共和国义务教育法》，这是我国第一次以法律形式明确国家、社会、学校和家庭应依法保障适龄儿童、少年接受义务教育的权利；2010 年，中共中央、国务院颁布《国家中长期教育改革和发展规划纲要（2010—2020 年）》，要求把德育渗透教育教学的各个环节，贯穿学校教育、家庭教育和社区教育的各个方面。

尤其是党的十八大以来，家校社合作育人的重要性日益凸显，相关政策文件也陆续发布，从不同领域、不同方面表明了国家对义务教育、中小学生成长的高度关注，并且将家校社合作育人作为了重要的路径支撑和任务措施。相关政策如表 8-1 所示。

表8-1 家校社合作育人的政策文件

时间（年）	部门	政策	相关内容
2017	中共中央、国务院	《关于深化教育体制机制改革的意见》	把德育渗透教育教学的各个环节，贯穿学校教育、家庭教育和社会教育的各个方面
2018	教育部	《教育信息化2.0行动计划》	深入推进协同育人，促进协同培养人才制度化
2019	中共中央、国务院	《中国教育现代化2035》	建立全社会参与的推进机制
2021	国务院	《全民科学素质行动规划纲要（2021—2035年）》	重视家庭教育和社会教育
2021	中共中央、国务院	《关于进一步减轻义务教育阶段学生作业负担和校外培训负担的意见》	建立校内外科学教育资源有效衔接机制，推动学校、社会和家庭协同育人
2021	国务院	《中国儿童发展纲要（2021—2030）》	完善家校社协同机制，创新协同方式，推进协同育人共同体建设
2021	全国人大常委会	《中华人民共和国家庭教育促进法》	提高儿童科学素质，坚持学校教育与家庭教育、社会教育有机结合，形成学校、家庭、社会协同育人合力，健全学校、家庭、社会"三位一体"教育网络
2023	教育部等13部门	《关于健全学校家庭社会协同育人机制的意见》	家庭教育、学校教育、社会教育紧密结合、协调一致
2023	教育部等18部门	《关于加强新时代中小学科学教育工作的意见》	形成定位清晰、机制健全、联动紧密、科学高效的学校家庭社会协同育人机制

二、关于教育政策和实践方面的建议

（一）关于政策方面的建议

政府和教育管理部门要重视家校社合作育人模式的战略意义，明确该模式在促进中小学生全面发展过程中的作用。通过制定和完善相关政策法规，政府不仅能够为家校社之间的合作提供法律支持和指导，还能够确立合作育人模式的基本原则、目标和任务，为各方合作提供清晰的指导和依据。政策法规的制定和完善需要基于对家校社合作育人实践的深入理解和分析，政策制定者应广泛征求家长、教师、社区工作者等各方面的意见和建议，结合具体的地区特点和实际需求，设计灵活多样、操作性强的政策措施。这些政策措施既要能够激发家庭、学校、社区的积极性和创造性，又要能够保障三方合作的协同性和有效性。

政策法规要明确家校社合作育人的权利义务关系，为各方的合作行为提供明确的规范和保障。例如，政策中可以规定学校在合作中的主导作用，家庭的参与方式，以及社区应提供的支持和资源。同时，政策还应包含对合作育人成效的评价标准和机制，确保合作活动达到预期的教育效果。政策法规的实施需要建立有效的监督和激励机制，确保各项政策措施得到有效执行。政府要通过建立反馈和评价体系，及时了解政策实施的效果，根据实践中出现的新情况和新问题及时调整和优化政策内容。

（二）关于实践方面的建议

1.理顺家庭教育工作管理体系

为了提升家校社共育的效果，教育行政部门要建立统一的家庭教育管理组织体系。明确行政管理职能部门的设定，是保障家庭教育工作顺利进行的基础。规定各地教育厅和县级教育局的具体职责，能够确保家庭教育工作在行政层面有明确的归属和管理，从而促进家庭教育工作的规范化和系统化。开展家庭教育工作单位的建立，为家庭教育提供了专业的指导和服务。成立家庭教育指导中心，并保证其独立法人资格或在现有机构设立家庭教育专业人员岗位，可以确保家庭教育工作得到专业化、系统化的支持和推进。

学校内部家庭教育指导教师的配备，会直接影响家庭教育工作的具体实施和效果。为每所学校配备一名享受班主任待遇的家庭教育指导教师，可以加强学校与家庭的沟通和合作，提升家庭教育工作的针对性和实效性。LN省某市区"五级家庭教育联动化模式"的成功实践，展现了家庭教育管理体系在地方层面的具体应用和成效。通过区级整体统筹，社区融合普及和学校、年级、班级等多层级的合作和协调，形成了全方位、立体式的家庭教育指导服务体系，有效地促进了家庭教育工作的深入开展。

经费投入机制的建立和师资队伍的建设，能够为家庭教育的持续发展提供了坚实的保障。建立以区政府财政列支家庭教育专项经费投入为主，以市教育专项经费和社会捐赠为补充的经费投入机制，能够为区域家庭教育发展提供坚实保障。形成专家高端引领、名师辐射带动，名师、讲师团规范授课，志愿者有益补充的多层级家庭教育指导师资队伍，能够有效地提升家庭教育的质量和影响力。

2.推动家校社共育工作制度化

制度化的家校社共育不仅能够明确各方的责任和角色，还能够通过规范化的操作和协调，有效提升教育工作的系统性和连续性。家长委员会是连接家庭与学校的桥梁和纽带，其作用不可小觑。明确家长委员会的职能、工作流程和参与方式，可以有效地促进家长在学校教育管理和日常教育工作中的积极参与，为家校共育提供强有力的支撑。

联合社区推动家长学校的规范化建设是提升家庭教育质量的重要措施。设置科学、系统的家庭教育课程体系，并结合社区资源开展丰富的教育活动，可以有效提升家长的教育理念和育儿技能，进而促进家庭教育的科学化和规范化发展。家访工作的制度化对于教师了解学生家庭状况及深化家校联系具有重要意义。将教师家访纳入学校常规管理，建立教师家访的保障机制，不仅能够促进教师对学生家庭环境的了解和关注，也能够为家庭提供必要的教育支持和指导，增强家校互动的实效性。

学校与社区联合建立特殊家庭支持体系，对于关怀和支持处于不同家庭背景学生的成长具有重要作用。学校与社区通过组建专业的支持团队，针对单亲家庭、留守家庭等有着特殊家庭背景的学生提供个性化的关怀和指导，可以有效缓解学生的情感和心理压力，促进其健康成长。采取多种方式引导家长学习和践行家庭教育基本行为规范，是提升家长育人能力的关键。学校通过家长学校、家庭教育指导中心等平台为家长提供家庭教育知识和技能培训，可以有效提升家长的教育意识和实践能力，促进家庭教育整体质量的提升。

第三节　对未来研究的建议和展望

一、研究存在的问题和不足

近年来，家校社协同育人得到了相关行政部门及学界的高度重视，从理论阐释到实践探索均取得了一定成果，对我国家校社协同育人格局的构建发挥了重要作用，也为家校社协同育人的实践提供了理论基础。但家校社协同育人仍存在一些不足，需要在今后的研究中不断完善。

（一）家校社协同育人的价值内涵有待澄清

家校社协同育人具有丰富的理论内涵和实践内涵。家校社协同育人指的是家庭、学校、社区紧密联动从而实现高效育人，它既是一种理论框架，也是一种育人方式，兼具理论性和实践性特点。从这个层面来看，厘清家校社协同育人的价值内涵尤为重要。

一方面，要明晰家校社协同育人的理论内涵，即家校社协同育人的本质"是什么"，以及家校社"为什么"要协同育人。从协同治理理论来看，家校社协同育人的本质是探寻家庭、学校、社区各个系统如何协作发挥功能，继而达到最佳育人成效。这就要求家庭、学校、社区作为儿童发展的重要组成部分，既要看到三方育人的共性目标，又要尊重各方的个性诉求，实现各个子系统之间的动态协同，进而发挥家校社协同育人的最大功效。因此，家校社协同育人的本质在于强调三方协同的育人成效，而非家庭、学校、社区某个单一教育主体的育人成绩。从生态系统理论来看，个体成长发展离不开包括其生活的微系统（个体特征）、中观系统（家庭、学校等）、宏观系统（社会文化环境等）在内的全域生态环境，因此，要将个体发展的影响效应置于全生态系统视域进行考量。

另一方面，还要明确家校社协同育人的实践内涵，即家校社协同育人"育什么"，哪些教育内容是需要家庭、学校、社区共同助推的。当前相关研究多从学校体育、劳育、德育等视域探究家校社协同育人的推进路径，缺乏从多个学科内容维度探索家校社协同育人的研究，如从教育法律法规、重大社会关切、家庭教育问题、儿童危机干预等多个维度思考。可见，家校社协同育人的实践内容与家庭、学校、社区某一育人主体的教育内容不尽相同。家庭教育侧重家庭成员、资源对个体发展的重要影响；学校教育主要关注如何通过学校教育教学质量提升促进儿童成长成才；社区教育重在营造个体成长发展的大环境。因此，从实践内涵层面来看，家校社协同育人研究应聚焦三者愿意协同且能够协同的育人模块，探索如何实现有效、常态化的协同。

（二）家校社协同育人的责任边界有待厘清

厘清家校社协同育人的责任边界，是家庭、学校、社区开展合作的基点，这就要明确三方应如何协作与分工。换言之，家校社协同育人研究既要明确家庭、学校、社区在儿童教育发展中的角色交叉和共同责任，又要明确三方在儿童发展过程中的不同角色定位和职责分工。

一方面，从家庭、学校、社区三者的协同层面来看，有学者基于包容理论与共同责任理论、教育生态系统理论、多元智力理论与全景教育理念提出了"三位一体"育人模式，将家校社协同育人分为以学校为本、以家庭为本、以社区为本的三结合教育，对厘清家校社协同育人的责权边界具有重大意义。其核心要义在于，指出了以学校为本的三结合教育要通过家长参与学校教育、学校家庭教育指导、学校教育社会化发挥学校的组织、牵头、协调作用；以家庭为本的三结合教育应通过家庭学业辅导、家长联合会配合学校教育与社区教育，进而发挥家庭教育的基础作用；以社区为本的三结合教育要开展社会化家庭教育指导、以社区为本的教育模式、以校外活动教育为本的教育模式，发挥其平台和资源开放效能。可见，家校社协同育人的育人成效建立在家庭、学校、社区协同运转的基础上。

另一方面，从家校社协同育人的责任分工来看，学校、家庭、社区作为不同的教育主体，其教育功能也不尽相同。鉴于当前家校社协同育人中存在的主体缺位、主体越位或一方占位的"不平衡"现象，有专家学者基于交叠影响阈理论提出学校、家庭、社区应平衡主体关系，厘清责任边界。具体而言，家庭要注重孩子道德品质和生活习惯的养成，做他们行为的督导者和榜样；学校作为制度化、系统化的教育机构，应发挥主导作用；社区的责任是促进个体社会化。新时代背景下，家庭、学校、社区的责任又体现为法律责任和义务的履行。

（三）家校社协同育人的经验启示有待整合

国外关于家校社协同育人的相关研究较国内早，因此，在研究初期，国内学者广泛吸收了国外学者的研究经验。

一方面，从研究内容来看，国内研究主要借鉴了家校社协同育人的相关理论、模型及行动框架；从研究类型来看，主要是基于"点"的实践应用，探索家校社协同育人体系的理论研究相对不足，基于家校社协同育人效果评估的质化、量化及混合研究较为匮乏；从地域空间来看，我国学者梳理了美国、英国、日本、韩国等国家家校社协同育人的有效经验。国外的研究经验为国内家校社协同育人的深入研究提供了宝贵借鉴，但因为所处时代及地域空间的限制，部分经验存在内容和形式呈现碎片化的特点。因此，我国家校社协同育人相关研究的推进还需进一步整合国外有效经验。当前，我国的大多数研究都做到了第一步——"凝练"有效经验，对于如何"有效整合"还处于探索阶段。换言之，研究者需要遵循实践理念整合国外经验与国内实践，厘清哪些是有效经验，如何整合有效经验，以及从哪些学科视域整合有效经验。

另一方面，家校社协同育人相关研究的深化还要结合国内有效经验，立足我国立德树人的根本任务，指向培养德、智、体、美、劳全面发展的社会主义建设者和接班人这一目标。这启发研究者，要立足国情思考新时代背景下家校社协同育人的育人内涵、育人方式、育人主体。例如，德育作为五育之首，在前期研究中已经相对成熟、丰富，并形成了一套相对完善的德育研究体系，那么我国学者就可以在此基础上进一步深化家校社协同育人研究；又如，践行社会主义核心价值观可以提炼协同育人的个人品德、家庭美德、社会公德等育人内涵；再如，我国针对"三全育人"的思政教育方式研究，其全员育人、全过程育人、全方位育人的要旨都可以整合到家校社协同育人研究之中。这些基于学校教育、社会发展过程中的有效研究经验都可以作为家校社协同育人的重要参考。

（四）家校社协同育人的在地实践有待创新

实践原则，即信息共享原则、平等与互利互惠原则、目标一致原则、兼容性原则、循序渐进原则。近年来，我国学者们家校社协同育人进行了大量探索，围绕家庭、学校、社区如何实现高效育人，开展了从普通儿童到特殊儿童、从初等教育学段到中等教育学段、从教育教学实践到家庭教育指导等一系列的研究，这种探索在"双减"政策出台后达到高峰。目前，我国初步形成了政府统筹、学校主导、家长参与、社区支持的、协同一体的行动框架，但仍存在家校社协同育人的"在地化"实践创新不足的问题。

一方面，从研究的地域性来看，东部沿海地区、经济发展水平高的城市总体研究成果丰硕，具有一定的典型性。但这些经验不能简单地平移到经济文化发展相对滞后的乡村、民族地区、易地扶贫搬迁社区，这些地区家校社协同育人的实践探索还有很大提升空间。从研究的时空维度来看，当前社会环境急剧变迁，中小学生成长面临抑郁、自伤自杀、厌学拒学、网络成瘾等成长难题。家庭、学校、社区如何调整其功能定位，需要进行大量的"在地化"实践探索，可能是"一地一策"，也可能是"一校一策"，需要结合社会变迁的时空特征加以思考。从研究对象的特殊性来看，当前，流动家庭、独生子女家庭、双职工家庭等多样态家庭并存，家校社协同育人面临诸多挑战。随着少子化、老龄化时代的来临，家庭类型将越来越多样，这必然使家校社协同育人的实践重点发生变化。

另一方面，当前实践研究问题的来源比较单一，更多的是"问题导向式"研究。多靠政策助推或在学校教育中发掘的难点问题，对于诸如公共危机事件应对、中小学生心理健康等问题的关注较少，对家校社如何协同，实现个体全面发展缺乏系统思考。此外，我国当下的实践研究更多关注的是家长和社会组织如何被动配合学校开展相关工作，缺乏从教育资源优化和整合视角对三者协同的内生动力与政策保障等相关问题进行深入、系统的探讨。鉴于此，立足国家相关政策和法令，探索自上而下的协同育人机制和自下而上的育人路径，创新家校社协同育人的在地实践研究，是当前学界亟须关注的重要内容。

二、家校社共育体系创新

（一）教育理念优化

教育理念优化是家校社共育体系创新的核心，它要求教师对当前的教育价值观、目标和方法进行深入反思和系统研究。在快速变化的社会和技术背景下，传统的教育理念已经难以满足中小学生全面发展的需要。因此，优化教育理念，构建适应未来社会需求的教育体系成为教育改革的重要方向。随着信息技术的发展和全球化进程的加速，未来社会将更加重视对学生创新能力、批判性思维、跨文化交流能力等软技能的培养。因此，教育理念应当强调学生的个性化发展，注重培养学生的创造力、合作能力和终身学习能力，而不仅仅是知识的传授。

教育理念的优化需要通过系统研究和系列化培训实现，这意味着教育工作者、政策制定者和社会各界人士需要共同参与教育理念创新的研究，通过实证研究、理论探讨等方式，探索适应新时代需求的教育理念和教育模式。同时，通过系列化的培训活动，将新的教育理念传递给教师、家长和社会工作者，提高他们教育理念的更新速度和实践能力。教育理念的优化需要通过多渠道开展，以促成家庭、学校、社区未来化教育思想的共识，这包括利用传统媒体和新媒体平台，组织公开讲座、研讨会、教育峰会等形式多样的活动，促进教育理念优化的社会化讨论。这些活动可以集合社会各界的智慧和资源，共同推动教育理念的优化。

（二）培养模式创新

传统教育模式多侧重知识的传授和学生考试成绩的提高，忽视了对学生个性、创新能力和社会实践能力的培养。为了适应新时代对人才的需求，学校必须从以管理体制改革为核心转变为以人才培养体制改革为核心，探索家庭、学校、社区三主体共育机制模式。该模式的构建要求人们充分认识到每个主体在中小学生成长过程中的独特作用和潜能。家庭是中小学生成长的第一课堂，家长不仅要承担起基本的生活照料和情感支持职责，更要关注孩子的兴趣培养、性格塑造等方面；学校则需要在为中小学生传授知识的同时，注重对学生能力的培养，如创新思维、批判性思考、团队合作等；社会则可以为学生提供更为广阔的实践平台，使学生将所学知识应用到实际生活中，增强他们的社会责任感和公民意识。

多样化的培养模式需要在内容和形式上进行创新。内容上，除了基础知识的学习，还应加强对学生软技能的培养，如情感管理、沟通能力、跨文化理解等，这些能力对于学生未来的发展至关重要；形式上，则要打破传统的课堂教学模式，采取项目式学习、探究式学习、服务式学习等多种教学方法，让学生在实践中学习，在解决问题中成长。提升育人质量的关键在于实现家庭、学校、社区三方的有效沟通和协作。建立一个开放、互动的平台，有利于家长、教师和社会各界人士共享信息、资源，共同参与中小学生的教育和成长过程。定期的家长会、社区活动、学校开放日等方式，能够增强三方之间的联系和理解，形成育人的合力。

（三）学校制度更新

1.从人的教育培养角度关注家庭、学校、社区三结合的育人模式

学校作为教育的主导力量，其制度变革对于推动合作育人模式的创新发展具有决定性作用。学校作为连接家庭和社区的桥梁，应当发挥其在中小学生教育中的核心作用。这要求学校在教育管理和教学模式上进行必要的改革，如建立更为开放的校园文化，鼓励家长和社区成员参与学校教育活动，为学生提供更加丰富和多元的学习资源和经验。

明确三方主体职责，是实现教育共育的关键。学校需要在为学生传授知识的同时，注重对学生品德和社会能力的培养，为学生提供全面发展的平台；家庭要为中小学生提供温馨和谐的生活环境，关注他们的情感需求，支持他们的学习和兴趣发展；社区则应成为学校教育的有益补充，通过举办各类文化、体育活动，为中小学生提供实践学习的机会，帮助中小学生更好地了解社会、参与社会。为了促进合作育人模式的有效实施，政府应通过制定相关政策、提供必要的资源支持，确保家庭、学校、社区在中小学生教育中的共同参与和合作。同时，政府还应推动教育观念的更新，倡导全社会对中小学生教育的共同关注和投入。

2.家长学分制探索

家长学分制是近年来家校社共育体系的一项重要探索，旨在通过构建在线平台，激励家长更加主动、积极地参与孩子的教育和成长过程。这种模式以家长对孩子正面教育的贡献为评价标准，为家长提供学分奖励，既强化了家长的榜样作用，又促进了亲子关系，有助于孩子的健康成长。学校联合社区开通家长学分网络平台，家长能够通过这个平台记录和分享自己在教育孩子过程中的体会和感悟，上传亲子活动照片、工

作进步记录以及参与学校或社区服务的情况。学校与社区可以通过平台了解家长的活动参与度、内容的质量和积极性，并给予相应的学分奖励，该学分可以用于兑换社区的相应奖励和服务，进而激发家长继续深入参与孩子的成长教育。

家长学分制还重视个性化和针对性教育，根据不同年级家长的需求，学校和社区开发了一系列专题性、实用性的培训课程和活动，从而满足了不同家庭的个性化需求。这种课程化、序列化、系统化的家长培训模式，不仅使培训更有针对性，也为家长提供了丰富的学习资源和交流平台，使其能够更有效地参与孩子的教育过程。网络平台的构建，让家长能够随时随地通过手机、电脑登录学习，互动交流，不仅增强了家长间的沟通，还加强了家长与学校、社区的联系。这种在线学习和沟通方式，既方便了家长的参与，又拓宽了家长教育的视野和渠道，使家长能够及时获取最新的教育信息和资源，更好地配合学校教育，共同促进孩子全面发展。

家长学分制模式具有较强的可复制性，学校可以根据当地的需求、地域特性及社会背景，灵活设定学分的分值及获取方式。通过充分利用互联网、智能手机等当下广泛使用的现代通信手段，该制度能够在不同地区得到实施。基于其高效的实施方式和显著的教育效益，家长学分制被视为具有广泛推广潜力的创新教育模式，能够适应不同地区教育发展的需求，为家校社三方合作育人提供了有效途径。

三、家校社共育机制创新

传统的家校社共育机制往往受限于学校管理的范畴，缺乏更广阔的视角和创新性的实践。鼓励各地各校开展家校社共育机制创新实践，适应新时代多元化社会变迁的需求，通过整合区域内的教育资源和社会力量，构建更为全面、高效的育人模式。因此，跳出传统的家校社育人模式，将视野扩大到整个社区乃至更广阔的区域层面至关重要。这种思维上的转变意味着，家校社共育不再局限于学校教育的延伸，而是基于整个社会的教育资源整合，形成一个涵盖家庭、学校、社区的多维育人环境。

家校社共育机制的创新，需要人们把思维视角提升到新时代多要素变迁的大时代背景下，基于区域发展现状和未来趋势的"人的培养模式转变"。这意味着，每一个区域的共育机制都应当具有独特性，既要考虑区域内社会经济发展的特点，也要适应中小学生成长需求的多样性。在地化实践能够为构建家庭、学校、社区有机合作机制与区域未来化的育人模式贡献智慧。这不仅需要教育管理部门的引导和支持，也需要家庭、学校、社区等多方主体的积极参与。实践探索可以使家庭、学校、社区逐步构建出适合本区域特点的家校社共育模式，形成一套可复制、可推广的成功案例。家校社的有机合作可以为中小学生提供一个更加丰富多元、开放包容的成长环境，促进他们成为能够适应未来社会发展的人才。

四、跨学科视角下的中小学生成长研究趋势

虽然现有的中小学生研究已经涉及了多学科视角，但这些研究在深度和融合性上仍面临一定挑战。多学科研究尽管在理论和实践上提供了广阔的视野，但其结果常常局限于对问题的"片面深刻"分析，未能全面考虑中小学生成长的复杂性。跨学科研究通过将不同学科的视角和方法集中于同一研究主题，有效弥补了单一学科研究的局限性，促进了学科间的深入融合，能够使学者更全面地理解中小学生发展的多维度问题。为真正实现中小学生研究的跨学科融合与创新，家庭、学校、社区应从多方面推动中小学生研究的综合性进展，加强学科之间的对话和合作，共同构建中小学生研究的学科群体，以更好地应对中小学生成长过程中出现的问题。

（一）打破单一学科思维定式，强调融合视角

跨学科研究日益成为解决当代复杂社会科学问题的关键途径，特别是在探讨中小学生的成长和发展问题时，这种研究方式表现出了无可比拟的优势。中小学生成长是一个多维度、跨领域的过程，涉及生理、心理、社会等多个方面，单一学科的视角往往难以全面捕捉其复杂性。因此，打破传统单一学科的思维定式，采用跨学科视角进行研究，不仅是学术发展的需要，也是适应社会实际问题的必然选择。传统的单一学科研究在处理中小学生成长的问题时，往往只能从一个角度出发，如心理学重视心理发展，教育学关注学习技能，社会学分析社会关系等。而跨

学科研究通过整合这些不同的视角，能够为学者提供一个更为全面的理解框架，例如，将心理学的发展理论与社会学的结构分析相结合，可以更深入地探讨中小学生在不同社会环境中的行为和心理反应。中小学生成长的研究不仅仅是学术上的探讨，更具有实际应用的价值。例如，教育实践需要理解中小学生的心理变化和学习需求，而这些理解又必须基于深入的理论分析。跨学科研究通过融合教育学、心理学、社会学等学科的研究成果，能够为教育实践提供更科学的指导和支持。

跨学科研究还有助于创新知识的生成。当具有不同学科背景的研究者共同探讨中小学生的成长问题时，他们的不同视角和方法可以相互补充，产生新的理论见解和研究方法。这种知识的交叉融合是单一学科难以达到的，它不仅丰富了中小学生成长的研究内容，也推动了相关学科理论的发展。中小学生成长的问题涉及家庭、学校、社区等多个方面，这些领域的专家和实践者通过跨学科合作，可以共同设计研究项目，分享研究资源，提高研究效率和质量。这种合作不仅加深了专家和实践者对中小学生成长问题的理解，也促进了社会资源的有效利用。

（二）重视系统性和整体性，防止线性思维

跨学科研究是一种方法论，其核心价值在于其对复杂问题的宏观、系统和整体视角的强调，这一点在中小学生成长的研究中尤为重要。中小学生成长是一个涉及多个层面、多方面因素互动的复杂过程，需要借助跨学科的方法论进行全面理解和有效干预。中小学生成长不仅受到生物遗传因素的影响，还受到心理、社会、文化等多方面因素的制约，这些因素相互交织，共同作用于中小学生的发展过程。

系统论和整体思维为学者提供了一种非线性的思考方式，这对于破解中小学生成长中的复杂性问题至关重要。在实际研究中，这意味着研究者需要打破单一学科的局限，采用多学科的知识和理论构建研究的理论框架和方法。例如，心理学的研究方法可以与社会学的理论结合，探讨中小学生的社会行为与心理状态之间的相互作用。这种方式不仅可以使研究者更全面地理解中小学生的行为和心理机制，还可以使研究者探索其背后更深层次的社会文化因素。在中小学生成长的研究中，系统性和整体性的视角要求研究者关注个体成长的每个阶段，并理解这些阶段

之间的逻辑关系。例如，中小学生早期的家庭环境如何影响其后期社会适应能力的形成，以及这种影响如何通过不同的社会机制实现。通过系统的分析，研究者可以构建一个连贯的发展模型，更准确地预测中小学生可能面临的问题。

防止线性思维也是跨学科研究的一个重要方面。在中小学生成长的研究中，线性思维可能导致研究者对因果关系的简单化理解，而忽视了现象背后的复杂性。跨学科研究鼓励研究者识别和分析那些非线性的、动态的互动过程，比如如何理解中小学生行为背后的多因素动态交互。这不仅有助于更深入地揭示中小学生成长的真实机制，也有助于开发更为有效的干预措施，为中小学生的健康成长提供科学的理论支撑和实践指导。

参考文献

[1] 尹世久，尹宗硕.家庭文化资本与青少年健康饮食：基于对"青少年健康主题数据库"的实证分析 [J].青年研究，2023（4）：12-23，94.

[2] 彭银辉，赵莉，李祥，等.家庭功能对青少年内外化问题行为的影响：共情和情绪能力的多重中介作用 [J].四川大学学报（医学版），2024，55（1）：146-152.

[3] 陈福美，赵云燕，罗芮，等.父母 – 青少年对家庭亲密性的感知差异及其对青少年孤独感与攻击行为的影响：基于 RSA 模型的分析 [J].心理科学，2023，46（4）：873-880.

[4] 马克思，恩格斯.马克思恩格斯全集：第 23 卷 [M].中共中央马克思恩格斯列宁斯大林著作编译局，译.北京：人民出版社，1972.

[5] 马克思，恩格斯.马克思恩格斯全集：第 42 卷 [M].中共中央马克思恩格斯列宁斯大林著作编译局，译.北京：人民出版社，1979.

[6] 李德栓.论习近平关于促进人的全面发展重要论述 [J].临沂大学学报，2021，43（1）：1-10.

[7] 马克思，恩格斯.马克思恩格斯全集：第 3 卷 [M].中共中央马克思恩格斯列宁斯大林著作编译局，译.北京：人民出版社，1966.

[8] 马克思，恩格斯.马克思恩格斯全集：第 1 卷 [M].中共中央马克思恩格斯列宁斯大林著作编译局，译.北京：人民出版社，2012.

[9] 缪斯.青春期理论 [M].周华珍，译.上海：上海社会科学院出版社，2014.

[10] 张文龙，刘瑞芳.自我决定论视域下青少年家庭教育中的心理健康教育路径 [J].中小学心理健康教育，2023（30）：78-80.

[11] 高红，张启森，朱冠华，等.家庭教育指导服务体系赋能家长群体素质提升路径研究：以无锡市青少年家庭为例 [J].云南开放大学学报，2023，25（2）：26-32.

[12] 梁学三，兰祥 . "双减" 政策下我国青少年家庭体育发展机遇，挑战及应对策略 [J]. 贵州体育科技，2023（1）：55-61.

[13] 李瑞菁，方浩帆，刘庆奇，等 . 父母情感温暖对儿童青少年学校投入的影响：有调节的中介模型 [J]. 心理学探新，2022，42（4）：368-376.

[14] 辛绪坤，杨淑萍 . 让青少年的感恩品质在学校的土壤中生长 [J]. 基础教育研究，2022，（7）：14-16.

[15] 任万杰 . 现代教育理念下中职生物教学方法探讨 [J]. 发明与创新（职业教育），2019（3）：30.

[16] 路梦 . 人的全面发展视域下家庭德育目标构建 [J]. 文化产业，2021（16）：102-103.

[17] 杨飞龙，李翔，朱海东 . 学校氛围和青少年社会适应的关系：一个有调节的中介模型 [J]. 中国临床心理学杂志，2019，27（2）：396-400.

[18] 王建芳 . 农村学校青少年心理健康问题的预防与干预研究 [J]. 智力，2023（15）：160-162，170.

[19] 宋娴，罗跞，胡芳 . 高质量校外教育的助推器：专业化科技研学教育人员的评价指标 [J]. 全球教育展望，2021，50（12）：90-101.

[20] 刘红建，高奎亭，张航 . 中外青少年和学校体育政策演进及借鉴 [M]. 南京：南京大学出版社，2023.

[21] 王天瑞 . 青少年社区矫正对象社会融入的困境与出路：以社会支持网络为视角 [J]. 河南司法警官职业学院学报，2022，20（1）：36-40.

[22] 张静，邵艺，王增星 . 青少年社区教育多元保障模式研究 [J]. 山东开放大学学报，2022（1）：26-29.

[23] 刘铁芳 . 学校教育学 [M]. 北京：教育科学出版社，2011.

[24] 论宇超，王辉，韩增林，等 . 社区和学校邻里建成环境对青少年体质健康的影响：以大连市初中学生为例 [J]. 地理研究，2023，42（7）：1842-1855.

[25] 方金友 . 社会治理视阈下的青少年成长报告 [M]. 合肥：合肥工业大学出版社，2018.

[26] 亓璐，牛文芳，赵超越 . 大学生志愿服务参与社区治理的模式研究：以社区青少年科普活动为例 [J]. 住宅与房地产，2023（19）：97-100.

[27] 樊宏 . 社会工作发展背景下青少年社区矫正工作存在的问题及破解策

略 [J]. 法制博览，2023（18）：136–138.

[28] 王涵妤 . 优势视角下社会工作介入青少年社区矫正的研究 [J]. 民风，
2023（1）：14–16.

[29] 齐彦磊，周洪宇 . "双减"背景下家校社协同育人遭遇的困境及其应对 [J].
中国电化教育，2022（11）：32–36，67.

[30] 叶方兴 . "双减"背景下青少年课后社区托管服务长效机制构建路径探
析：以湖北科技职业学院"区微里"志愿服务队为例 [J]. 湖北开放大
学学报，2022，42（5）：58–64.

[31] 郑明玲 . 社区青少年心理健康教育的策略探讨 [J]. 新丝路，2022（2）：
97–98.

[32] 李俣然 . 我国青少年社区矫正研究的回顾与展望 [J]. 市场周刊，2022，
35（7）：186–190.

[33] 李敏，寇祖杨，李欣玥，等 . 学校社区协同促进青少年女生体育参与
机制研究：以美国 TAAG 项目为例 [J]. 沈阳体育学院学报，2023，42（6）：
46–52.

[34] 谭婧 . 多维联动，奏响学生自信成长的华彩乐章 [J]. 班主任，2022（3）：
9–12.

[35] 高朝平，尹万青 . 家校协同视域下青少年心理问题预防策略 [J]. 文学少
年，2022（8）：73–75.

[36] 武文亭 . 探究家庭环境对青少年心理健康的影响 [J]. 教育现代化，
2020，7（22）：158–160.

[37] 胡晓雪，杨树保，肖云玲 . 立德树人背景下"家—校—社会"协同育
人现状调查分析 [J]. 学园，2020，13（29）：5–9.

[38] 新华社 . 习近平主持中共中央政治局第三次集体学习并发表重要讲
话 [EB/OL].（2023–02–22）[2023–07–05].https://www.gov.cn/xinwen/
2023–02/22/content_5742718.htm.

[39] 周森 . 父母教养投入与青少年个人成长主动性的关系：一个有调节的
中介模型 [D]. 广州：广州大学，2022.

[40] 邵晓枫，郑少飞 . 新形势下的家校社协同育人：特点、价值与机制 [J].
现代远程教育研究，2022，34（5）：82–90.

[41] 王馨楠，秦绍正 . 青少年情绪发展与健康成长 [J]. 教育家，2023（43）：

68-70.

[42] 伍宁.小议养成教育 [J].河南教育（职成教版），2015（7）：51.

[43] 齐丹红.在活动中开发资源在体验中引领成长 [J].辅导员，2015（33）：38-39.

[44] 全国妇联儿童工作部，中国家庭教育学会，中国儿童中心.开拓 发展 创新：改革开放与家庭教育论坛文集 [M]// 陆士桢.改革开放 30 年的家庭教育与社会教育.北京：中国妇女出版社，2009.

[45] 新华社.习近平出席全国教育大会并发表重要讲话 [EB/OL].（2018-09-10）[2023-07-05].https://www.gov.cn/xinwen/2018-09/10/content_5320835.htm.

[46] 施莱德，穆拉基，多比亚斯.成长不设限：写给青少年的成长型思维训练 [M].叶壮，苏静，译.北京：中国人民大学出版社，2022.

[47] 黄祎霖.数字技术下青少年人际关系症候考察及多维重塑 [J].新生代，2022（2）：11-15.

[48] 李龙，唐颖，胡曦元.与祖父母同住如何影响初中阶段青少年的健康状况：基于 CEPS 的多维考察 [J].中国卫生政策研究，2022，15（6）：39-45.

[49] 朱飞.浅析马克思主义关于人的全面发展学说[J].长江丛刊，2018（11）：182.

[50] 何梅.亲子子系统质量对农村青少年抑郁的影响研究：青少年正面成长品质的中介作用 [D].成都：西南财经大学，2022.

[51] 黄杰.生态视域下校园足球对青少年发展的多维效用及发展路径探微 [J].文体用品与科技，2022（11）：52-54.

[52] 冯刚，王振.高校思想政治教育治理引论 [M].北京：团结出版社，2022.09.

[53] 程豪，李家成."家校社"协同推进劳动教育：交叠影响域的立场 [J].中国电化教育，2021（10）：33-42.

[54] 毕诚."家校社"协同育人的文化思考 [J].人民教育，2021（11）：61-63.

[55] 李启迪，李朦，邵伟德.我国学校体育"家校社共育"价值阐析、问题检视与实践策略 [J].北京体育大学学报，2021，44（9）：135-144.

[56] 倪闽景 . "家校社" 协同育人需要进行顶层设计 [J]. 人民教育, 2021（8）：19-22.

[57] 石显富, 李秀兰 . 与孩子一起成长：青少年生命教育家长手册 [M]. 北京：中国发展出版社, 2022.

[58] 方金友 . 社会治理视阈下的青少年成长报告 [M]. 合肥：合肥工业大学出版社, 2018.

[59] 庞晓东, 齐欣, 张磊, 等 . 我国家校社协同开展科学教育的现状及对策研究 [J]. 科普研究, 2023, 18（4）：72-78, 110.

[60] EPSTEIN J L. School/Family/Community Partnerships：Caring for the Children We Share[J].Phi Delta Kappan, 2010, 92（3）：81-96.

[61] 赵伟, 周然 . 家校社协同育人政策的执行困境与破解之策：基于史密斯公共政策执行过程模型的分析 [J]. 教育导刊, 2023（7）：33-42.

[62] LIU X F, WHITFORD M.Opportunities-to-Learn at Home：Profiles of Students With and Without Reaching Science Proficiency[J].Journal of Science Education and Technology, 2011, 20（4）：375-387.

[63] 周静, 严明理 . 青少年安全感的缺失案例分析 [J]. 卷宗, 2018（7）：201-202.

[64] 刘庆龙 . 家校社协同育人机制何以落实：基于 "愿景—权能—风险" 行动逻辑的分析 [J]. 湖南第一师范学院学报, 2023, 23（3）：59-66.

[65] 张俊等 . 面向实践的家校合作指导理论：交叠影响域理论综述 [J]. 教育学术月刊, 2019（5）：3-12.

[66] 姜永志, 白晓丽 . 青少年社交媒体使用与幸福感的关系：多重中介作用 [J]. 中国药物依赖性杂志, 2023, 32（1）：61-64, 70.

[67] 冉嘉洛, 贺雪萍 . 小学教育学 [M]. 长春：东北师范大学出版社, 2019.

[68] 翟潇桐 . 试论网络媒体对青少年思想的影响与规避对策 [J]. 国际公关, 2022（8）：138-140.

[69] 叶海波, 魏超燕 . "双减" 背景下家校社 "三元循环" 的协同育人策略 [J]. 教育科学论坛, 2022（13）：37-40.

[70] 黄宝珍, 郑昕颖, 金杨, 等 . 城市留守儿童性教育及性侵害认知现状调查与分析 [J]. 中国性科学, 2020, 29（8）：149-153.

[71] 叶松庆, 卢慧莲 . 安徽省农村留守儿童教育与关爱机制研究：以合肥

市肥西县、肥东县、庐江县为例 [J]. 淮北师范大学学报（哲学社会科学版），2017，38（5）：51–58.

[72] 程子珍，夏文仪，张利红，等 . 农村留守儿童青春期性教育：以粤西北地区为例 [J]. 南方论刊，2017（1）：83–85.

[73] 廖琴香 . 我国农村留守儿童性教育现状与对策研究 [J]. 农村经济与科技，2019，30（13）：208–210.

[74] 李毅 . 农村地区留守儿童性侵害的预防策略及干预机制 [J]. 国际公关，2022（10）：71–73.

[75] 王祈然，黄寻 . 儿童性侵的学理界定与防治体系构建 [J]. 预防中小学生犯罪研究，2018（6）：61–70.

[76] 刘人锋，彭婧 . 农村留守儿童性安全与性教育研究：基于湖南省宁乡市部分农村中小学的调查 [J]. 教育观察，2019，8（8）：54–56，60.